①　②

①汉字砖"仓天乃死"。出土于安徽亳州市曹操宗族墓葬元宝坑一号墓,被中国国家博物馆作为一级文物收藏。东汉末年,在民不聊生的背景下,河北人张角创立了"太平道",并在农民中暗暗传播"苍天乃死,黄天当立"的谶语,鼓动农民起义。这块汉字砖出土于依靠镇压黄巾军起家的曹操的宗族墓葬中,引起格外关注。

②东汉《曹全碑》。《曹全碑》全称《汉郃阳令曹全碑》,记载了曹全在东汉末年镇压黄巾起义以及张角领导农民起义波及陕西的情况等,为研究东汉末年农民起义提供了重要的历史资料。此碑立于东汉灵帝中平二年(185)十月,高272厘米,宽95厘米,碑阳二十行,行四十五字。书体为隶书,共1165字。此碑于明万历初年在郃阳(今陕西合阳)莘里村出土,现保存于西安碑林博物馆。

③唐代阎立本《历代帝王图》局部。《历代帝王图》是唐代画家阎立本人物画代表作,又称《古帝王图》。绢本设色,纵51.3厘米,横531厘米,现藏于美国波士顿美术馆,全卷共画有自汉至隋13位帝王的画像,其中包括三国时代的3位帝王,分别是魏文帝曹丕、吴大帝孙权和蜀汉昭烈帝刘备。

③

001

④明代戴进《三顾草庐图》局部。《三顾草庐图》又名《三顾茅庐图》，是明代画家戴进创作的绢本设色画，现藏于北京故宫博物院。明朝宣德前后，表现三国故事题材的作品在宫廷中颇为流行。此种招贤礼士、蕴含忠孝节义思想的题材，因为具有政治教化意义，所以受到统治者的提倡。除本画外，还有明宣宗朱瞻基创作的《武侯高卧图》、商喜创作的《关羽擒将图》、倪端创作的《聘庞图》等。

⑤元代《诸葛亮像》图轴。纸本设色，纵60.5厘米，横45.2厘米，现藏于北京故宫博物院，左侧有"赵氏子昂"朱文印，绘诸葛亮手持如意，凭隐囊而坐。

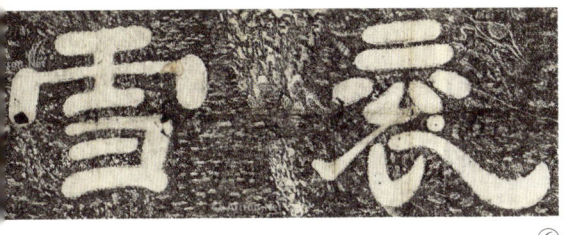
⑥

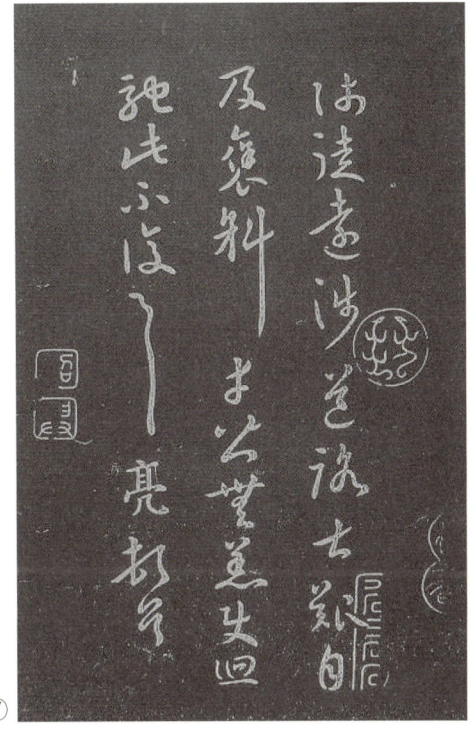
⑦

⑥曹操书法"衮雪"拓片。曹操是公认的书法家,但书法作品现留存于世的只有汉献帝建安二十四年(219)征汉中时写在石门南褒河一块大石上的"衮雪"二字,书体为汉隶大字,现藏于陕西汉中市博物馆。"衮雪"二字形容河水冲击石块,水花四溅,犹如滚动之雪浪,故云"衮雪",为《汉魏十三品》之一。

⑦诸葛亮《远涉帖》拓片。诸葛亮唯一传世的书法作品,是诸葛亮的养子诸葛乔北伐归来,诸葛亮写给自己的哥哥、诸葛乔生父诸葛瑾的家书。内容为:"师徒远涉,道路甚艰;且及褒斜,幸皆无恙。使回,驰此,不复云云。亮顿首。"传此帖为晋王羲之摹诸葛亮书。据《宣和书谱》著录,《远涉帖》曾入宋内府。

⑧金代张瑀《文姬归汉图》。张瑀创作的绢本设色画,现藏于吉林省博物院。共画12人,前面是胡服官员执旗骑马引道,中间是骑着骏马、头戴貂冠、身着华丽胡装的蔡文姬,马前有两人挽缰,后面有官员护送,并有猎犬、小驹、鹰相随。画面上风沙漫天,人骑错落有致、神情逼真,塞北风光尽现。

⑧

003

⑨曹休铜印。2009年河南省文物局在洛阳邙山陵墓群考古获重大发现,一座大型曹魏贵族墓葬经考古发掘后被专家认定墓主人是曹操族子、三国名将曹休。此印出土于曹休墓,边长约2厘米,篆书白文"曹休"二字,是墓主人身份的确切证据。现藏于洛阳市文物考古研究院。

⑩东汉铜车马仪仗俑。1969年出土于甘肃省武威市雷台汉墓,与大名鼎鼎的"马踏飞燕"一同被考古人员发掘,墓主可能是张掖的张姓军事长官。现藏于甘肃省博物馆。

004

⑪

⑪朱然墓越窑青瓷方格盒。此方格盒与我们现代用的餐盘很像，还配有小勺。朱然是东吴名将，曾与潘璋擒杀关羽，又随陆逊打败刘备，死于赤乌十二年（249）。朱然墓是迄今发掘的吴墓中等级最高的一座，为双室砖墓，全长8.7米，位于安徽省马鞍山雨山乡（现雨山区），于1984年发掘，出土随葬器物140多件，有漆木器、瓷器、陶器、铜器等。

⑫吴国环首刀。长146厘米、宽2.6厘米。1987年出土，现藏于湖北鄂州市博物馆。

⑬蜀汉铭文青铜弩机。青铜质，长13.3厘米、宽6.7厘米、高15.3厘米。弩机部件保存比较完整，因锈蚀严重已不能活动。机身有铭文"延熙十六年四月廿日中作部典□□遂绪吏李飞□杨汲□工杨茗作立坂重二斤五两"三十五字。现藏于四川省成都武侯祠博物馆。

⑫   ⑬

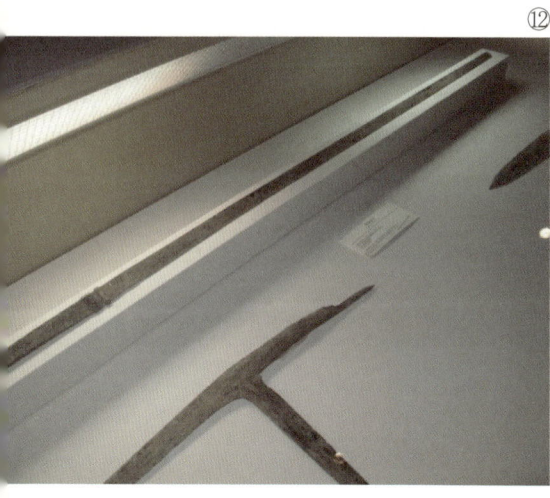
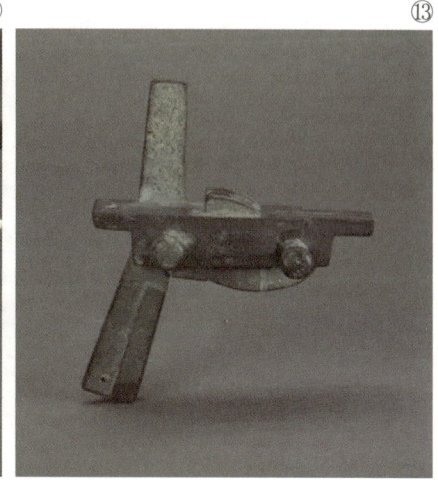

⑭

⑭三国黄褐釉陶楼。通高104厘米、进深31厘米、宽33厘米。2008年10月于樊城蔡越墓出土。陶楼由门楼、院墙和二层楼阁组成。院墙的平面呈长方形，左、右、后三面墙顶盖双坡式檐瓦。现藏于湖北省襄阳市博物馆。

⑮受禅台遗址。受禅台筑成于东汉延康元年（220），为汉末三国时期魏王曹丕接受汉献帝禅让的地方，位于今河南漯河市。台高20米，长、宽约30米。

⑯《受禅表碑》。在位于许昌西南17公里处的繁城镇汉献帝庙内。高322厘米、宽102厘米、厚28厘米，圭形，上有碑穿额题篆书阳文"受禅表"三字。碑文22行，每行49字，隶书阴镌，内容首先阐明禅让是自古以来的美德，接着对曹丕进行颂扬。该碑系王朗文、梁鹄书、钟繇镌字，谓之"三绝"，即文表绝、书法绝、镌刻绝。

⑰"魏武王常所用"石牌。石牌为圭形，分别刻有"魏武王常所用挌虎大戟""魏武王常所用挌虎短矛""魏武王常所用挌虎大刀"等。刻铭圭形石牌属古代遣策类，《仪礼·既夕礼》："书遣于策"。2009年曹操高陵出土7件，追缴1件。每件长10.8厘米，宽3.1厘米，厚0.8厘米。现分别藏于河南省文物考古研究院、安阳曹操高陵管理委员会。

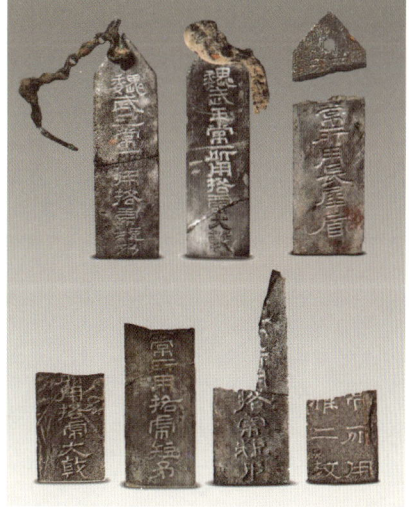

007

⑱

⑲

⑱五丈原诸葛亮庙。三国时期,诸葛亮屯兵五丈原与司马懿对阵,后因积劳成疾病逝于五丈原(今陕西省宝鸡市岐山县蔡家坡镇境内),人们为纪念诸葛亮,在这里修建诸葛亮庙,五丈原由此闻名于世。

⑲"晋平吴天下太平"砖。长30厘米,宽15.4厘米,厚5厘米。1985年南京市江宁区淳化乡索墅砖瓦厂1号墓出土。现藏于南京博物院。280年,西晋灭孙吴,结束了三国鼎立的分裂局面,重新统一天下。"晋平吴天下太平"这段文字直截了当地宣告了三国时代的终结。

南门太守 著

盘三国

中国文联出版社

图书在版编目（CIP）数据

盘三国 / 南门太守著 . -- 北京：中国文联出版社，2021.9
ISBN 978-7-5190-4623-1

Ⅰ．①盘… Ⅱ．①南… Ⅲ．①历史人物—生平事迹—中国—三国时代—通俗读物 Ⅳ．① K820.36-49

中国版本图书馆 CIP 数据核字 (2021) 第 132143 号

盘三国

著　　者：南门太守
责任编辑：张超琪　许可爽
责任校对：胡世勋　鹿　丹
装帧设计：书心瞬意

出版发行：中国文联出版社有限公司
社　　址：北京市朝阳区农展馆南里 10 号　　邮编：100125
网　　址：http://www.clapnet.cn
电　　话：010-85923091（总编室）　010-85923058（编辑部）
　　　　　010-85923025（发行部）

经　　销：全国新华书店等
印　　刷：三河市百福春印刷有限公司

开　　本：710 毫米 ×1000 毫米　　1/16
印　　张：19.5
字　　数：260 千字
版　　次：2021 年 9 月第 1 版
　　　　　2021 年 9 月第 1 次印刷
书　　号：ISBN 978-7-5190-4623-1
定　　价：78.00 元

版权所有　侵权必究
如有印装质量问题，请与本社发行部联系调换

目录

刘宏：裂隙里求生存

一、无法摆脱的宿命 /003
    1. 意外当皇帝 / 003
    2. 士人出身的外戚 / 005
    3. 难以打倒的宦官 / 006

二、艰难的尝试 /008
    1. 清流与浊流 / 008
    2. "金商门事件" / 010
    3. 调查"谣言" / 011
    4. 推行改革 / 013

三、一个另类 /014
    1. 亲自捞钱 / 014
    2. 四处置办房地产 / 016
    3. 一名文艺青年 / 017

四、继续演下去 /018
    1. 令人敬畏的老师 / 018
    2. 宠极而衰的皇后 / 020
    3. 令人失望的大将军 / 021

4. 开启了大动荡时代　/ 022

袁绍：汉末动乱的罪魁祸首

一、迥然不同的道路　/ 026
  1. 出身政治世家　/ 026
  2. 袁氏的"门生故吏"　/ 027
  3. 一群神秘的叛逆者　/ 029

二、制造更大的乱局　/ 031
  1. 与外戚结盟　/ 032
  2. 幕后的"操盘手"　/ 033
  3. 没有退路的博弈　/ 036

三、挑起联军内斗　/ 039
  1. 又一个"袁氏故吏"　/ 039
  2. 带头掀起内讧　/ 041
  3. 陷入废立的迷思　/ 043
  4. 反客为主占冀州　/ 044

四、从巅峰跌落深谷　/ 046
  1. 两大军事集团　/ 046
  2. 与曹操的恩怨情仇　/ 047
  3. 功败垂成皆因性格　/ 049

曹操：由配角到主角

一、一个不甘寂寞的青年　/ 054
  1. 少年时代的烦恼　/ 055
  2. 渴望得到认可　/ 055

3. 彻底与宦官划清界限 / 057

二、有"能臣"无"治世" / 058

　　1. 天子身边的"曹秘书" / 058

　　2. 投身军界当"旅长" / 060

　　3. "曹市长"黯退济南国 / 061

三、乱世中的强人 / 063

　　1. 筑密室思考未来 / 064

　　2. 成为朝廷通缉犯 / 065

　　3. 艰难的创业之路 / 066

　　4. 屯田试点 / 067

　　5. 三场转折之战 / 070

　　6. 一生征战未能统一天下 / 072

四、"非常之人，超世之杰" / 073

　　1. 魏宫夺嫡伤元气 / 073

　　2. 小心翼翼 / 075

　　3. 内心不如外表强硬 / 078

　　4. 千载毁誉任评说 / 081

吕布：匆匆而过的历史搅局者

一、来到历史舞台中央 / 086

　　1. 出身边地的"飞将" / 086

　　2. 轻信董卓杀丁原 / 088

　　3. 再次反叛杀董卓 / 089

　　4. "红颜知己"只是传说 / 091

二、难寻立身之地 / 092

　　1. 以恩人自居却难立身 / 093

2. 老朋友也难以依靠　/ 094

　　3. 有功劳却被谋害　/ 096

三、搅进更大乱局之中　/ 098

　　1. 与曹操争夺兖州　/ 098

　　2. 对刘备反客为主　/ 099

　　3. 老对手"握手言和"　/ 103

四、历史的匆匆过客　/ 104

　　1. 命丧白门楼　/ 104

　　2. 英雄原是"妻管严"　/ 107

　　3. 败给了"人情"　/ 108

袁术：志大才疏的历史狂人

一、由世家公子到"造反者"　/ 113

　　1. 亲哥变"堂哥"　/ 113

　　2. 在动乱中推波助澜　/ 115

　　3. 逃出洛阳陷僵局　/ 116

　　4. 借助他人站住脚　/ 118

二、趁乱割据淮南　/ 119

　　1. 吞并孙坚的队伍　/ 120

　　2. 转战兖州遇劲敌　/ 121

　　3. 钻了一个空子　/ 123

三、轻信"预言"成伪帝　/ 124

　　1. 与刘备势不两立　/ 124

　　2. 利用孙策抢地盘　/ 126

　　3. 冒天下之大不韪　/ 128

　　4. 走向穷途末路　/ 129

5. 失败的心理学解读 / 132

刘备：一个时代的励志传奇

一、个性鲜明的青年 / 136
1. 姓刘但不是"刘皇叔" / 137
2. 不爱学习爱交友 / 139
3. "桃园结义"的虚与实 / 141

二、充满坎坷的创业路 / 142
1. 步入仕途却难施展 / 142
2. 在老同学那里不如意 / 144
3. 跻身于群雄行列 / 146
4. 还是新手 / 147
5. 夹缝中求生存 / 148

三、终成一代霸主 / 151
1. 寄人篱下的日子 / 151
2. 逐渐成熟 / 153
3. "借荆州"的是与非 / 154
4. 夺取益州重攻心 / 157

四、带着遗憾离开人间 / 160
1. 伐吴之战不得已 / 160
2. 白帝城托付后事 / 162
3. 一生执着成就励志传奇 / 164

诸葛亮：古代知识分子的楷模

一、乡村青年的成才之路 / 169
1. 少年时代的灰色记忆 / 169

2. 身在山村心系天下　/ 171
　　3. 不走世俗"捷径"　/ 172
　　4. "每自比于管仲乐毅"　/ 174

二、走进风云时代　/ 175
　　1. 两种版本的相见　/ 175
　　2. 一份战略规划书　/ 178
　　3. 受到破格重用　/ 179
　　4. 成为左膀右臂　/ 181

三、挑起千钧重担　/ 182
　　1. 拒绝对手招降　/ 183
　　2. 国家利益高于一切　/ 185
　　3. "七擒七纵"不是传说　/ 186
　　4. "出师一表千载无"　/ 188
　　5. "子午谷计划"的争论　/ 190

四、"诸葛大名垂宇宙"　/ 193
　　1. 北伐不是为了"保权"　/ 193
　　2. 军事才能不容置疑　/ 195
　　3. 千古第一忠臣　/ 199

刘协：在反抗挣扎中走向消亡

一、凄惨的人生经历　/ 205
　　1. 母亲死于非命　/ 205
　　2. "史侯"与"董侯"　/ 207
　　3. 黑夜里的逃亡　/ 208
　　4. 一片哭声中登基　/ 209
　　5. 失去唯一亲人　/ 210

二、血染东归路 / 212
    1. 天子成为人质 / 212
    2. 找机会逃出长安 / 214
    3. 面临生存危机 / 217
    4. 没人愿意来迎驾 / 218

三、漫长的幽禁岁月 / 219
    1. "挟天子"与"奉天子" / 219
    2. 诛杀曹操的唯一机会 / 222
    3. 令人无奈的纠结 / 224
    4. 带着遗憾离开皇位 / 226

孙权：一生都冲不破那道铁幕

一、不平坦的路 / 230
    1. 个人军事能力有限 / 230
    2. 不是理想的接班人 / 232
    3. 面对威胁与恐吓 / 233
    4. 来自家族内部的挑战 / 234

二、开创孙吴基业 / 237
    1. 不愿意屈居人下 / 237
    2. 赤壁之战赢在"时间差" / 240
    3. "生子当如孙仲谋" / 241
    4. 袭杀关羽夺荆州 / 243
    5. 不断开疆拓土 / 246

三、晚年争议不断 / 247
    1. 暗推暨艳改革 / 247
    2. 纵容校事弄权 / 250

3. 挑起南鲁之争 / 253

4. 知人善任成大业 / 255

司马懿：口水淹没不了历史功绩

一、由文吏到智囊 / 260

1. 郡政府任职 / 260
2. 拒绝出仕之谜 / 262
3. "狼顾相"与"三马同槽" / 263
4. 为曹操出谋划策 / 265

二、由智囊到重臣 / 266

1. 成为核心人物 / 266
2. 文人带兵创先例 / 267
3. 成为托孤大臣 / 269

三、由重臣到权臣 / 270

1. 千里奔袭平孟达 / 270
2. 阻击诸葛亮北伐 / 271
3. 借刀杀张郃的嫌疑 / 272
4. 诗中的"政治密码" / 274

四、由权臣到霸主 / 276

1. "忍，不可忍" / 276
2. 发动高平陵政变 / 278
3. 消灭政治对手 / 281
4. 历史功绩不容抹杀 / 282

参考文献 / 285

刘宏：

裂隙里求生存

姓名	刘宏
谥号	孝灵皇帝
家庭出身	汉章帝刘炟的玄孙，河间孝王刘开的曾孙，父亲为解渎亭侯刘苌，母亲为董氏。
生卒年	157—189
生平履历	建宁元年（168），继位为皇帝，为东汉第十一位皇帝。
	建宁二年（169），发生第二次"党锢之祸"。
	建宁四年（171），行元服，大赦天下，立宋氏为皇后。
	光和三年（180），力排众议，立何贵人为皇后。
	光和七年（184），黄巾起义爆发，在北地郡太守皇甫嵩及中常侍吕强等建议下宣布解除党锢，组织政府军平叛。本年，黄巾起义被镇压。
	中平五年（188），在洛阳平乐观举行阅兵仪式，自称"无上将军"，骑马持剑检阅军队。
	中平六年（189），驾崩于洛阳南宫嘉德殿。

东汉末年有两位皇帝名声不太好——汉桓帝刘志和汉灵帝刘宏，诸葛亮在《出师表》中说，他与先帝刘备经常讨论汉室兴衰的原因，每到此时"未尝不叹息痛恨于桓、灵也"，说的就是他们二人。人们普遍认为，东汉帝国之所以灭亡，刘志和刘宏要负主要责任，其中刘宏的责任更大。在中国古代300多位帝王中，昏庸的有秦二世胡亥、汉成帝刘骜、晋惠帝司马衷、明武宗朱厚照，荒淫的有后赵太祖石虎、北周宣帝宇文赟、隋炀帝杨广、金海陵王完颜亮，不务正业的有"词人皇帝"南唐后主李煜、"画家皇帝"宋徽宗赵佶、"木匠皇帝"明熹宗朱由校，而能集上面这些劣迹于一身，既昏庸又荒淫，既不务正业又最能败家，似乎只有汉灵帝刘宏才当之无愧。

史书对汉灵帝刘宏的描写可以概括为：昏庸无能，荒诞不经，贪财自私，相当另类。刘宏与他的前任一样，对宦官情有独钟，在政治上依靠他们，对他们言听计从。刘宏身边的宦官主要是张让、赵忠等"十常侍"，这些宦官个个权倾天下，他们的子弟横行乡里，朝廷里从三公到九卿多是他们的走狗、党羽。刘宏曾亲口说过："张常侍是我公，赵常侍是我母。"刘宏整天跟宦官们打成一片，国政彻底废了。

一、无法摆脱的宿命

刘宏是汉章帝刘炟的玄孙、河间孝王刘开的曾孙，因父亲解渎亭侯刘苌早逝，刘宏很早就世袭了解渎亭侯的爵位。本来，刘宏与他的上一任皇帝刘志没有太近的血缘关系，只因为刘志死时没有子嗣，所以需要找一位宗室子弟继位，刘宏这才被选中当上了皇帝。

1. 意外当皇帝

汉桓帝刘志驾崩于永康元年（167）十二月二十八日，次日，以太尉陈蕃为首的内外朝一致尊皇后窦妙为皇太后，临朝主政。历史似乎正在重演着东汉末年的政治循环：先皇帝驾崩、皇后升格为太后、太后临朝、酝酿新皇帝人选、太后和外戚总揽朝政。现在，后面的程序也确实如此，不同的只是主角换了，太后和外戚不再是刘志登基时的梁氏而姓窦。还有一点不同，当年宦官们在曹腾带领下与外戚建立了政治同盟，现在类似的政治同盟依然存在，但换成了士人与外戚，即士人领袖陈蕃与外戚窦武这一对新的政治组合，士人一向看不起外戚，所以这个同盟看起来有点儿另类，但在众人的眼里它又是无比强大的，因为这个联盟第一次把实力和社会舆论结合在了一起，要硬的有，要软的也有。

这就是刘宏继位前的基本政治格局，在这种情形下，最紧张的应该是曹节、王甫这些宦官，面对士人与外戚结成的同盟，他们处于明显弱势，"陈窦联盟"似乎就是为了对付他们而产生的，宦官阵营空前紧张。令人窒息的对峙、风雨欲来的紧张让每一个人都能感受到，因为担心随时发生新的流血政变，很多人称病不敢进宫，尚书台等在宫里办公的机构竟然没有多少人来上班，太尉陈蕃知道后十分生气，他写了一封公开信，抄送给不来上班的人，对他们予以严厉谴责，办公秩序才勉强恢复。

陈蕃和窦武商量，必须尽快确定新的天子，以安定人心。当时最熟悉刘氏宗族情况的是侍御史、河间人刘儵，他本身也是刘氏宗亲，刘儵不失时机地推荐了他家乡的解渎亭侯刘宏。刘宏是个亭侯，比前任刘志的县侯矮了一级；刘宏本年12岁，比刘志当年小了3岁。但这些并不妨碍什么，大家此时要找的更多的是一种象征，重要的是出自皇族，其他的并不重要。马上就元旦了，事不宜迟，窦武请示了窦太后，任命刘儵为特使，率领中黄门、虎贲、羽林卫士等一千多人组成仪仗队前去迎接刘宏。次年正月二十日，解渎亭侯刘宏抵达洛阳郊外的夏门亭，窦太后命窦武出城，用青盖车迎接刘宏入宫。第二天，刘宏便成为东汉第十一位皇帝，即后世所说的汉灵帝。

2. 士人出身的外戚

早在汉桓帝刘志病危时，外戚窦武即被任命为大将军，这曾是著名的跋扈将军梁冀担任过的职务，与梁氏一样，窦家的女儿也是临朝称制的皇太后。然而，与梁冀不同的是，窦武本质上也是一名士人，作为本朝开国元老之一窦融的玄孙，窦武是有着光荣传统的窦氏家族的一员。窦武少年时代就开始专心学术，并成为地方上的名人，他本不想参与政事，但因为女儿被陈蕃等推选到宫中并成了皇后，他才不得已站到了目前这个位置上。

太尉陈蕃力主选立窦妙为皇后，窦家对此相当感激。窦太后下诏封陈蕃为高阳乡侯，食邑三百户，但被陈蕃拒绝。窦太后不允，再次下诏，陈蕃再次上书谢绝，你来我往，前后十次之多，太后于是作罢，朝野各方和太后本人对陈太尉增添了更多的敬意。人们想到了十多年前也担任过太尉的李固，在今天陈太尉的身上的确有当年李太尉的风采：深得名望，胸怀理想，正直执着，为皇家江山能够永固不辞辛劳，也不惜牺牲生命。但也有一些人不这么看，那就是曹节、王甫等宦官。李太尉曾经视宦官为仇敌，这个陈太尉似乎也不是什么善类。当初还有外戚可以依靠，如今士人和外戚站到了同一个阵营，这很可怕。这些年来，由于"五侯"等宦官做了许多歹事，社会舆论对宦官越来越不利。"五侯"虽然烟花散尽，但仍在位的宦官们却极有可能为此付出代价，挥向他们的利刃随时会举起。

事实也正如宦官们所料，陈蕃和窦武不用太多的试探就结成了志同道合的同志，他们眼前的目标只有一个——铲除宦官。窦武利用太后称制的便利，把陈蕃推荐的一些人安插到重要岗位上，曾在延熹二年（159）政变中立有功勋的尚书令尹勋重新回到原来的岗位担任尚书令，如果搞政变，这是一个十分重要的地方。此外，任命刘瑜为侍中，这是随时待在皇帝身边的职务，可以就近监督和控制皇上；任命冯述为屯骑校尉，大将军的侄子窦绍为步兵校尉，他们二人掌握北军；在汉桓帝时代因党锢事件被罢免回家的前司隶校尉李膺、宗正刘猛、太仆杜密、庐江太守朱寓等人也都悉数征召回京，安排了新的工作。任命朱寓为司隶校尉，刘祐为河南尹，虞祁为洛阳令，他们三个掌握着洛阳及周边的地方行政。

3．难以打倒的宦官

建宁元年（168）五月初一，发生了日食。改元建宁后，陈太尉升任太傅。陈蕃与窦武商量，借着这次天变正好可以诛杀宦官，宦官此时已经成了砧板上的肉，可以随时动刀。然而，窦武还想把事情做得再周全些，于是进宫向女儿窦太后请示。作为政治嗅觉异常发达的族类，曹节、王甫等宦官当然感受到了危险，他们也在做着最后的抗争。曹节、王甫等人反复向窦太后求情，窦妙虽为太后，但她只是个从小生活在优渥环境里的年轻女子，在政治斗争方面基本上是白丁，禁不住宦官们的陈说，心里开始动摇，对她父亲提出来的诛杀全部宦官的请求，窦太后表示不能接受。窦武犯了难，如果上面坐的只是自己的女儿，窦武可以用家法来管束，但上面是皇太后，理论上说是君，自己是臣，窦武满脑子都是君臣思想，竟然拿女儿没有办法。可见窦家的人读书都给读傻了，女儿如此，老父也如此，政治理论一流，政治智商却很低。结果，宦官们推出两个倒霉鬼，一个叫管霸，一个叫苏康，把他们交出来杀了，希望以此消除外界的敌意。

但是，在陈太傅等士人看来这显然不够。八月的一天，一贯只在东边天空出现的太白星竟然出现在西边的天空中，这是罕见的天文现象，比上次日食还严重。精通天文学和神秘预言学的侍中刘瑜抓住"天机"，立即上书称这是"大凶之兆"，有些当断不断的事宜速决断。太白星即太阳系八大行星之一的金星，它在天空中的位置基本上固定不变，对这次异动，后世天文学家认为不大可能，对史书中的这次记载，他们怀疑可能是把某个彗星当成了金星，但这不影响陈蕃、刘瑜等人的判断，并且让窦武也再次坚定了决心。在宦官队伍里，窦武、陈蕃也安排有自己的人，这个人名叫山冰，窦武安排他担任黄门令，这个职务负责宦官队伍的纪律监察。山冰上任后开始对宦官进行清查，侦察犯罪线索，拿到证据后对宦官进行抓捕。

窦武的想法仍然是一切都要按照程序来，从这一点来看，窦武确实是依法治国的模范，但他却犯下了致命错误，因为对手未必像他一样懂法讲法。山冰通过严刑拷打等手段取得了曹节、王甫等人犯罪的证据，窦武立即上书太后，要求惩办宦官，这个案子涉及的人很广，包括大部分宦官。曹节、王甫一派的宦官朱瑀那天正好在太后的寝宫长乐宫值班，他偷偷看到这封奏书，见上面提出将现任的宦官一网打尽，其中包括他自己，顿时感到既恐惧又愤怒。朱瑀立刻召集太后宫中的十七名宦官秘密商议，同时向曹节等通报情况。这时已经是半夜，曹节把汉灵帝刘宏叫醒，递给刘宏和周围的人每人一把剑或刀，让他们到德阳殿躲一躲，那里比较宽敞，动起手来不容易造成误伤。曹节告诉刘宏，如果遇到乱兵，只要他上下挥舞刀剑，就没有人能靠近他。

事发在夜间，皇宫里，尤其是禁省之中主要以宦官为主，曹节、王甫一派占据优势。曹节立即动手诛杀了山冰，任命王甫接替山冰担任黄门令。他们迅速占领了在宫内办公的尚书台，杀掉了企图反抗的尚书令尹勋，把重要印信、符节都收了起来，用刀架在值班的尚书们脖子上，逼着他们写出一道道诏书。曹节等立即组织能够调动的力量直扑窦武的大将军府。对于这个突变，窦武完全没有预料，仓促间逃往北军，进到步兵营。城里的太傅陈蕃也得到消息，此时的陈蕃已年近八旬，他仍然把身边的人以及一些学生组织起来，有八十多人，他们拿着临时找来的武器向皇宫进发。神奇的是，他们居然闯入了承明门，接近了尚书台，但毕竟力量有限，王甫率人及时赶到，将老太尉抓了起来关进北寺狱。城外的北军解决起来比较麻烦，好在窦武叔侄直接控制的只有步兵和屯骑两个营，王甫通过尚书台立即任命自己人少府卿周靖代理车骑将军，统筹指挥京师地区的所有武装。

在这次政变中，负责皇宫和京城守卫的虎贲、羽林以及卫尉、城门校尉等有何作为，史书没有太多记载，这些分属各部门统辖的部队也许仓促之间不明就里，无法做出明确判断，所以只好观望。但也有可能是，陈蕃和窦武军其实根本没有完全掌握这些力量，有人未必乐意看到一个新跋扈将军的诞生，于是故意坐山观虎斗。不管怎么样，结局是王甫、周靖指挥的力量很快瓦解了窦武叔侄所掌握的北军两个营，窦武叔侄双双自杀。随后，陈蕃也被杀于北寺狱，被杀的还有刘瑜、冯述等人。凡是与窦武、陈蕃有关系的人全部受到调查，轻的也要免去官职，永不录用。窦氏家族全体人员被发配到帝国最南端交州刺史部日南郡，这里是现今的越南境内，当时这一带设有两个郡，北部是九真郡，日南郡还要靠南，已经接近今越南的胡志明市。

二、艰难的尝试

宦官们竟然轻易扳回一局，外戚和士人遭受重创。在这场你死我活的斗争中，帝国名义上的最高首脑刘宏只不过是一名看客，他这个皇帝是捡来的，对拥立他的宦官们来说，这个皇帝只需是个摆设就行，宦官们要的是提线木偶。但是，任何人的内心都有一股对权力的渴望，更何况是至高无上的皇权？刘宏并不想当傀儡，随着年龄的增长，刘宏也为此进行了许多尝试，只是这些努力都异常艰难和凶险。

1. 清流与浊流

宦官重新得势后没有废除窦妙，她还是名义上的皇太后，但不能再临朝称制了，她被迁到南宫居住。南宫由于之前连续不断的几次大火，实际上到处是废墟，帝国的权力中心集中在北宫，窦太后被软禁在南宫里。大权被曹节、王甫、侯览、张让等宦官左右，外朝名义上以黄琼、胡广等为领袖，但实际上逐渐分化成两派：一派是在野的士人，他们延续了李固、杜乔、陈蕃以来的传统，主张激进，主张与宦官做斗争，代表人物是李膺、范滂等人；一派是当权的士人，主张温和改进，对宦官区别看待，有斗争也要有合作，总体以合作为主，其实就是投降，代表人物是胡广等人。

李膺等虽然因陈蕃、窦武事件被罢黜，但受到舆论的追捧，在民间享有巨大号召力，虽然不能掌握权力，但李膺等人通过互相激扬和标榜提高声望。东汉以来民间产生了"清议"的传统，用舆论来评议时下各类人物，这与当时的选官制度有关，在不是通过考试而是靠推荐选拔官吏的情况下，民间舆论的作用是巨大的，为此还产生了一些非正式的民间清议机构，汝南郡许氏兄弟以及他们的"月旦评"就是最著名的一个。在野的这些士人们自视为"清流"，而把宦官以及与宦官合作的人视为"浊流"，他们在清议的基础上制造出了一些名号，把一些志同道合的人标榜为"三君""八顾""八俊""八及""八厨"等。浊流拼实力，清流拼人气，各有所长，清流的策略是硬的不行来软的，他们认为软实力才是真正的实力。

朝廷的要犯、刚刚被诛杀的陈蕃、窦武、尹勋等人，以及目前被罢黜不用的李膺、张俭、范滂等人，都上了被追捧的名人榜。在宦官看来，这些人明摆着不拿国家法律当回事，没有把朝廷放在眼里。于是在曹节等人精心策划下，一张大网慢慢张开，进入这张网的有多达数百名著名党人，宦官将要对他们实施抓捕。奏书呈递给汉灵帝刘宏，这个少年皇帝对党人还没有概念，只是觉得一次捕杀这么多人是否有点过分，于是问曹节党人有什么罪过，为什么一定要杀，曹节说他们图谋不轨、结党营私，少年天子不懂什么叫图谋不轨，再次发问，曹节说就是不让陛下你当皇帝。刘宏这下子明白了，立即在奏书上签字。宦官们于是动手，党人逃亡的逃亡、被抓的被抓。李膺等人被抓后在狱中被拷打致死，另一个著名党人张俭开始了千里大逃亡，参与逃亡的党人还有成百上千，这就是发生在建宁二年（169）的第二次"党锢之祸"。

"党人"其实并不是个好词，原来的意思是结党之人，孔子曾说过"君子矜而不争，群而不党"。在宦官眼里，那些不肯与他们合作的士人通通都是党人。其实，这时的"党人"，就是士人，这个群体产生于春秋战国，当时的士人没有多余的财产，也没有固定的主人，即"无恒产，无定主"，算不上一支政治力量，到两汉时士人已发展成为士大夫阶层，获得了稳定的做官途径，参与政权管理，成为官僚队伍的主体。汉末政治黑暗，宦官和外戚轮流掌权，士人既是他们拉拢的对象，更是他们专权的障碍，宦官、外戚于是对士人展开了打击，打击之下士人分化为清流和浊流，经过两次"党锢之祸"，士人群体元气大伤，在政治舞台上被边缘化，这种状况一直维持到十多年后的黄巾起义爆发时。

2."金商门事件"

第二次"党锢之祸"发生于刘宏继位的第二年，随着刘宏逐渐长大，他的心里也有了一些雄心和抱负，他是皇帝，他不想当宦官们的傀儡。到了熹平六年（177），刘宏已经20岁了，是亲政的年龄了，但权力仍掌握在宦官们手中，刘宏不敢公开表达什么，但内心里有了许多想法。这时频繁发生了灾害事件，日食、地震不说，还出现了更不可思议的事，禁省之中办事机构之一的侍中寺里一只下蛋的母鸡打起了鸣，变性为公鸡。更有甚者，有人看到天子卧室所在的温德殿前出现了一道黑气，有十多丈长，像一条龙，还有人看到一道青色霓虹降到南宫玉堂附近。上面这几件事，放在今天来说都很平常，第一件是无稽之谈，可以不理，后面两件是UFO事件，交给UFO爱好者探索就行了。

但刘宏并不这么看，长期在宫中无所事事，让他增加了许多个人爱好，研究五行学就是爱好之一，并且，他还想利用这些灵异事件做点儿文章，于是下令迅速召集有关人员开会讨论。讨论的地点是南宫金商门内的崇德署，参加会议的有宦官头目曹节，光禄大夫、刘宏的老师杨赐，谏议大夫马日䃅，太史令单飏，议郎相当于天子的顾问，他们有两位代表出席，分别是张华和蔡邕。讨论的形式也很特别，每个人发了一副笔砚和两块一尺长的奏板，这种奏板俗称"尺一"，外面还有一个为奏板加密用的封囊。刘宏要求这几位大臣现场笔答，之后由曹节当着大家的面封好，交给他本人亲阅。

一次普通的讨论却搞出这么多名堂，这些都是刘宏的主意，刘宏想告诉大家，他才是重要议题的设定者和裁决者。被封好的奏章全部集中到刘宏这里，其中有一份深深触动了他，是议郎蔡邕所写。蔡邕认为，所有怪异现象都是亡国之兆，是妇人或小人乱政的结果。哪些是乱政的妇人和小人呢？蔡邕一口气点了好几个人的名字，包括刘宏的乳母赵娆、永乐宫宦官霍玉以及外朝的太尉张颢、光禄勋伟璋、长水校尉赵玄、屯骑校尉盖升等。蔡邕同时建议，罢黜那些奸臣、逆子和野心家，重用敦厚老成、聪明方直、忠实守正的大臣，如郭禧、桥玄、刘宠等人。在这份奏章的最后，蔡邕请求皇帝陛下务必为自己保密，以免给自己招来祸端。

刘宏看完蔡邕的对策沉思了许久，他认为蔡先生说得很对，但要落实起来，刘宏又发现自己也无能为力。过了一会儿，刘宏去洗手间方便，一直在旁边侍立的曹节立刻上前把群臣的奏章看了一遍，看到蔡邕的奏章，曹节不禁恨得咬牙切齿。宦官们立刻反击，写了一封匿名信，以莫须有的罪名诬告蔡邕及其叔父卫尉蔡质，案子审下去，结果自然是蔡氏叔侄有罪，判决结果是弃市，有关报告呈到了刘宏面前，只等天子的批准就可执行。刘宏提笔要批的时候，突然想起蔡邕奏章中最后那几句话，他想了想，于是把判决改为"减死一等，与家属髡钳徙朔方，不得以赦令除"。这样，蔡邕和家属们——包括著名的才女蔡文姬总算捡回一条命，但不得不离开洛阳，开始了流放朔方的漫漫旅途。

3. 调查"谣言"

"金商门事件"最大的受害者是蔡邕，这样的结果其实也是宦官们对汉灵帝的一次委婉警告，宦官们是想提醒刘宏帝国的实权并不在他的手里，要想平安地坐在皇帝宝座上就必须与宦官们合作。对此，想必刘宏的心里也受到过触动，他不得不承认这是现实。不过，这却没有阻挡住刘宏对权力追求的脚步，一有机会他还会再做出新的尝试。

光和五年（182）正月，社会上流传起不少"谣言"，老百姓编了很多顺口溜，把一些贪官污吏的丑事编进去到处流传，这些东西的传播速度一向很快，迅速成为人们茶余饭后津津乐道的事。有些"谣言"也传到宫里，宫女、宦官也会了不少，自然刘宏也知道了。刘宏觉得这又是个机会，所以刘宏装作特别生气，让三公牵头查一查，看看这些"谣言"里说的事情属不属实，如果属实，都涉及谁，以此为线索往下挖，有犯罪行为的移送司法部门查处。这里所谓的"谣言"并不是贬义词，本意是用民谣一类形式传播的顺口溜，被看作社会舆论的一种表达方式。

刘宏想查"谣言"本是件好事，但这种事一定要交给正直又敢碰硬的人去查，否则不如不查。刘宏交给三公去查，当时的三公是太尉许馘、司空张济和司徒陈耽，其中许馘和张济都仰宦官的鼻息，自己带头贪污受贿，怎么能把清查工作做好？陈耽虽然正直，但孤掌难鸣，而且外朝官素以太尉为首席，司空居次，陈耽顶多是"三把手"，说了不算。结果，清查名单出来了，一共26名官员"上榜"，这些人都是清正廉洁、不肯与宦官合作的人，而应该在这个名单上的反倒一个没有。陈耽彻底愤怒了，他直接向汉灵帝上书揭露事实真相，与陈耽同时上书的还有时任议郎的曹操，他认为三公府拿出来的这个名单纯粹颠倒黑白，是"放鸱枭而囚鸾凤"，奏书"其言忠切"。刘宏对三公报上来的名单也有所怀疑，加上这时候有不少吏人跑到宫门外"上访"，反映清查活动弄虚作假。刘宏于是下令重查，调查结果出来，确实是把"鸾凤"当成了"鸱枭"，刘宏申斥了许馘和张济等人，但也只是申斥而已，对上了名单的这26名官员，既然查实是有德有才之人，刘宏下诏全部征为议郎，面对强大的舆论，宦官们对此也不便阻拦。

4. 推行改革

类似上面这种"查贪官"的事刘宏倒可以做上几件，但涉及根本性问题仍然力不从心，权力的柄杖一直未能牢牢地攥在刘宏的手中，不过，在力所能及的方面刘宏也进行了一些政治上的革新。汉末政治荒废已久，传到刘宏手里早已日薄西山，刘宏虽是衰世之君，但他其实并不蠢，他也奋发有为过。在政治改革方面，汉末的几项重大改革举措，比如，"三互法"的推行、侍中寺的设立、鸿都门学的创办、刺史改州牧等都是刘宏搞出来的。

"三互法"主要针对的是吏治，汉代还没有科举，选官靠的是推举，人为因素很强，很容易形成地方保护主义和朋党政治，"三互法"规定任官必须籍贯回避，本人不能在籍贯所在地当官。不仅如此，官员之间籍贯上有关联关系也不行，甲州人士在乙州为官，乙州人士就不能再到甲州为官。如果甲州人士在乙州为官，乙州人士在丙州为官，丙州人士对甲、乙、丙三州都要回避。"三互法"后来进一步扩大到婚姻之家，不仅本人要回避，本人妻子的籍贯也在回避范围内。不说这一套办法的科学性和可操作性如何，能想出这么复杂的制度设计，都算是天才。

在汉代，官员的选任由三公进行，由尚书台负责监督，但内有宦官掌权，外有豪族政治，这一套制度逐渐形同虚设。刘宏于是在尚书台外设立了一个侍中寺，侍中本是加官，也就是兼职，拥有此职者方可出入官省，担任皇帝侍从，此职无定员，职责也很杂，与皇帝有关的事都可列入其内，有资格担任此兼职的人也比较多，上起列侯、下至郎中都行。刘宏将侍中制度规范起来，专门设立侍中寺进行管理，这也是一项政治制度上的创举。刘宏将侍中寺抓在自己手中，这样一来尚书台的一部分权力便被抓了过来。

鸿都门学因校址设在洛阳鸿都门而得名，学生皆由州、郡以及三公荐举，主要选拔的是那些能作尺牍、辞赋以及工书鸟篆者，经考试合格方得入学，也就是说，这是一所"艺术大学"，有人认为这是世界上第一所国立的艺术学校。汉代只重经学，太学以经学为纲，艺术被视为旁门左道，刘宏设立鸿都门学，一反经学传统，其目的并非研究艺术、培养艺术人才，而是使之作为"后备干部"的培养基地。之前，朝廷培养"后备干部"的地方是太学，太学生一毕业即可作为郎官进入公务员行列，或在中央各部门任职，或到各地任职，刘宏规定鸿都门学的毕业生也和太学生一样可以当官，文凭比太学生更吃香，在职务晋升中能得到更多照顾。于是，鸿都门学的毕业生有不少出任了州刺史、郡太守，有的担任了尚书、侍中，还有的封侯赐爵，鸿都门学一时非常兴盛，在校学生最多时达到千人，成为汉灵帝培养嫡系的"黄埔军校"。

刘宏制定"三互法"、设立侍中寺、开办鸿都门学以及惩治贪官，背后的真实目的只有一个，那就是抓权。刘宏想成为一名手握大权的皇帝，也想成为一名有所作为的好皇帝，可惜的是这些努力虽有一些成效，却效果有限，党人们不信任他，宦官们欺骗他，他的改革措施不是虎头蛇尾就是无法推行，如"三互法"，推出后就不断有官员给他出难题，说限制条件太多，合适的官员实在挑不出来，结果有的州郡长官久缺未补。

三、一个另类

在宦官们的严密防控下，刘宏的政治抱负难以施展，"小打小闹"可以，如果触动了宦官的根本利益就不行，刘宏甚至随时还有被"换人"的可能，到那时面临的将是生命危险。刘宏很快明白了这样的现实，于是他的志趣不再放在帝国的中兴上，而是肆意挥霍着自己的欲望和任性。在人们的眼中，天子刘宏最终成为一个暴发户、败家子、守财奴和典型的"玩主"，同时还是一名跨界的文艺青年。

1. 亲自捞钱

刘宏当皇帝前只是一个小小的亭侯，日子过得紧紧巴巴，因一个偶然机缘当了皇帝，对财富的欲望比一般皇帝显得更加强烈，于是他变着法地搞起了"创收"，卖官就是他"快速致富"的渠道。刘宏下令，在皇家园林西园设立了专门机构卖官鬻爵，对外明码标价。卖一个品秩两千石的官员 2000 万钱，卖一个品秩四百石的官员 400 万钱，大体上品秩一石合 1 万钱，童叟无欺，同时"以德次应选者半之，或三分之一"，也就是在群众中口碑比较好的可以享受 5 折优惠，但最低不能少于 3 折。两千石大约相当于九卿，也就是朝廷的部长，四百石相当于县丞。买个部长要花 2000 万钱，也就是 2000 万枚五铢钱，这大概值现在的多少钱呢？从购买力角度看，汉桓帝时 1 石米 50 钱，汉代 1 石为 4 钧，30 斤为 1 钧，1 石即 120 斤，汉代 1 斤相当于今天的 0.5 斤，1 石相当于今天的 30 千克，照此推算下来，汉末 50 钱约相当于今天 150 元人民币的购买力，即当时的 1 钱与现在 3 元人民币相当，买个部长要花 6000 万元人民币！

一时拿不出这么多钱也没关系，可以先付一部分，剩下的分次付，相当于分期付款；如果连"首付"都拿不出来，也没关系，可以先上任再交钱，但价钱翻一番，相当于零按揭贷款，这些"天才创意"都出自刘宏的头脑。不过，买到手的人也别太高兴，更甭指望一上任马上捞回本钱，因为大多数人很快就会被免职，腾出位子再卖。曹操的父亲曹嵩时任大司农，相当于财政部部长兼农业部部长，一时心血来潮，也赶了趟时髦，花 1 亿钱，约相当于 3 亿人民币买了个太尉当。汉末实行三公九卿制，不设丞相，太尉是三公之一。当时有位名士叫崔烈，因为名声不错，刘宏给出一个"特价"，花 500 万钱就卖给他一个司徒，也是三公之一。刘宏亲自参加了崔烈的就职仪式，仪式上他突然有些后悔，对跟前的人说"悔不少靳，可至千万"。崔烈虽然升了官，但《后汉书》说"论者嫌其铜臭"，这就是"铜臭"一词的由来。

从理论上说天下的一切都是皇帝的，土地、财产、金钱，皇帝要多少随时都可以拿，不必给自己捞钱。刘宏身为皇帝何以还如此热衷卖官收钱呢？这引起历代史学家们的好奇，他们对刘宏的心理状况分析后认为，刘宏确实是因为继位前日子过得不怎么样，心里种下了厌贫的种子，继位后看到他的前任汉桓帝刘志过得也不怎么样，于是就想方设法搞起了"创收"。

2. 四处置办房地产

其实，早在汉安帝、汉桓帝时卖官鬻爵就已经有了，并且形成了制度。之所以这么做，是因为国库已经一贫如洗，庞大的军费开支、官员的薪俸、后宫的开销都是刚性支出，哪一项都不能少，但两汉时期社会财富逐渐向豪族聚拢，朝廷的财政极度窘迫，形成了田野空、朝廷空、仓库空的"三空之厄"。汉武帝那样的强势帝王可以通过盐铁专营等一系列垄断工商业的政策增强朝廷收入，同时打压豪强士族，使问题得到解决。但强人之所以称为强人，就是因为他们只偶尔才出现一个，东汉中期以后朝廷对豪强士族的优势就已不复存在，无法直接向他们要钱，只能通过借租税、减官俸等形式温和地"借钱"，卖官鬻爵跟这些措施其实差不多，也是一种"借钱"的方法，目的是扩大朝廷的财源。所以，刘宏只是延续了前朝的做法，不同的是他扩大了卖官的范围，最后连三公九卿也卖，卖官的钱也没有交给国库，而是进入了自己的小金库，正是这些才让他受到后世的诟病，被称为"卖官皇帝"。

卖官的钱主要供刘宏挥霍，刘宏用这些钱大修宫苑，用不完的就存起来。刘宏是个收藏迷，喜欢收藏天下奇珍，由各郡国按时贡献，这些东西须先送到内署，由那里的人验货，合格才收。为了让内署的人在皇帝面前说好话，让贡献的东西不被驳回，各郡国还要额外向皇帝身边的人奉上金钱，名叫导行费。刘宏下令专门修建了黄金堂、玉堂殿，储藏堆积如山的金钱缯帛，没事时就跑到这些地方数钱玩，把玩那些宝贝，每到这时刘宏的心里都感到很享受。除了金银财宝，刘宏还是最关注房地产的古代皇帝之一，他的老家在冀州刺史部河间国，刘宏花钱在那里购买了大批田产，修建了不少豪宅，成为当世最著名的房地产商。在刘宏的影响和带动下，一批宦官和权贵也在房地产领域大量投资，最有名的是宦官首领赵忠，到处都有私宅等不动产，后来汉献帝西迁长安，长安的旧宫被破坏无法居住，临时下榻的就是赵忠在长安置办的宅院，少帝刘辩被董卓杀死后来不及准备陵寝，用的也是赵忠置办的墓地。

3. 一名文艺青年

如果只是上面这些，刘宏顶多是个普通的昏君，还算不上另类皇帝。说刘宏很另类，因为除了是个守财奴以外，他的业余生活也相当丰富，他是一个跨界文艺青年、一个史上最会玩的皇帝。

刘宏喜欢音乐、书法，诗歌、辞赋也写得不错，曾创作了《皇羲篇》五十章，艺术水准相当高，《汉诗》中收录有他的作品。除了喜欢文艺，刘宏还有一些个人癖好，比如，他特别喜欢驴，后宫没有驴，宦官们便从外地精心选了几头驴进宫，刘宏爱如至宝，每天乘着4头驴驾驶的车子在宫里游玩，还"躬自操辔，驱驰周旋"。消息传到宫外，立即引起了轰动，洛阳的许多达官富人竞相模仿，成为时尚，致使民间驴价陡涨。当人们以乘驴车为时髦时，刘宏又有了新爱好，喜欢宠物狗。为讨刘宏欢心，宦官们别出心裁，把狗打扮一番，给它们戴上进贤冠，穿上朝服，还佩上绶带，拉着这些狗上朝。刘宏看见大悦，拊掌大笑："好一个狗官！"这句话绝对只是就事论事，但分列左右的百官们听后莫不觉得是在骂自己。

刘宏还嫌不热闹，下令在后宫修建街市，让一部分宫女嫔妃扮成商人，"作列肆于后宫，使诸采女贩卖"，还有的扮成卖唱的、耍猴的，自己则穿上商人衣服在这个人造集市上逛来逛去，有时饮酒作乐，有时与"店主""顾客"吵嘴厮斗，不亦乐乎。街市虽然是山寨版的，但肆中货物却不是道具，而是真的，并且很多都是各地搜刮来的珍宝，这些值钱的东西常被宫女嫔妃们偷走，她们经常为偷多偷少暗中争斗，刘宏浑然不知。刘宏下令在西园大量修建室舍，让人采来绿色的苔藓覆盖在台阶上，引来渠水绕着各个门槛到处环流。渠水中种植南国进献的荷花，花大如盖，有一丈多高，荷叶夜舒昼卷，一茎有四莲丛生，取名夜舒荷。每逢盛夏，文艺青年刘宏就到这里避暑，他挑选14~18岁之间的美女为他执篙摇橹，陪他彻夜宴饮。

四、继续演下去

刘宏的种种乖张之举，反映的是他心中的无奈，面对被架空的皇权，他早已胸无大志，如果再把他想得智慧些，也可理解为他是在用这些荒诞不羁的行为掩饰内心里的不安与骚动。然而，东汉末年的时局始终处于风云激荡之中，宦官虽然强大，却也有无法一手遮天的时候，加上汹涌而起的民怨所酝酿出来的冲天怒火，让政局变得越来越不可捉摸。作为皇帝，刘宏还得把自己的角色继续演下去，只不过能做的事依然有限，只能是在几股势力间寻找着平衡。

1. 令人敬畏的老师

刘宏当然知道宦官们干的种种丑事，从心底里他也瞧不起宦官这个族群，但他更知道自己离开宦官是"玩不转"的，所以还得紧紧地依靠着宦官。此外，刘宏宠信宦官还源于他对党人缺乏好感。在汉桓帝、汉灵帝两朝，宦官对清流士人的打压达到高峰，先后发生了两次"党锢之祸"，清流士人被扣上结党谋逆的大帽子，或被杀或被抓，侥幸漏网的也都被剥夺了政治权利，清流士人已为数不多，那些浊流士人与宦官其实无异，让刘宏难以产生真正的信赖。

但也并非没有让刘宏敬重的士人，有一个人声望和地位都很高，刘宏对他相当尊敬，宦官也不敢轻易向他下手，这个人名叫杨赐，司隶校尉部弘农郡人，时任三公之一的司徒。后来曹操的手下杨修，就是绝顶聪明、智商一流、让曹操既爱又恨的那位，杨赐是杨修的爷爷，杨赐自己的爷爷叫杨震，父亲叫杨秉，他们都做过太尉，杨赐本人也当过太尉。太尉被认为是三公之首，祖孙三代都居此高位，成为政坛佳话。

弘农郡杨氏是一个有着光荣传统的政治世家，凡是这样的家族都更看重操守和名节，他们不会被一时一地的利害得失所左右，在任何大风大浪面前都能保持独立的理想和人格，因为他们不仅要为自己着想，更要为子孙后代考虑，要让家族的荣光世代延续下去。他们往往有着双重身份：既是朝廷高官又是当代数得着的学者。杨赐少年时便传承家学，研习儒术，当时的政治已趋险恶，清浊激荡，杨赐无意出来做官，而是隐居授徒，州郡多次征召都不接受，跋扈将军梁冀垄断朝廷，征召杨赐，杨赐不敢不来，但心里一百个不高兴，因为"非其好也"。杨赐虽然来了，却不愿意在梁冀身边伺候，主动要求到关中东部的陈仓当县令。后来，杨赐因为出身高第升为侍中、越骑校尉等职，刘宏刚继位时，在太傅胡广及三公主持下为刘宏择选老师教授儒术，大家一致举荐杨赐侍讲，随后杨赐继续高升，先后担任了少府、光禄勋，最终名列三公。

有一次，刘宏接见朝臣的御殿里又发生了一件诡异的事，一条青蛇爬上了御座。随后几天，洛阳又刮大风、降冰雹，有一百棵大树被连根拔起。刘宏再次不安，又让三公九卿上封事陈述对这些反常现象的分析。这时宦官专权，已故党人陈蕃、窦武仍蒙冤，杨赐在封事中引用典故，劾奏宦官。这时，提出为党人平反、罢退宦官的还有大司农张奂、郎中谢弼等人，除杨赐外其余人都遭到宦官们的强力反击，张奂被下诏切责，本人只好到监狱自首，后被释放，但仍被罚俸三个月；谢弼被贬为广陵府丞，后被宦官迫害致死。宦官没敢动杨赐，因为他是皇帝的老师，不过后来他们又抓住了把柄，说杨赐聘用党人，要治杨赐的罪，在刘宏的保护下杨赐仅受到了降职的处罚。不久，司徒刘郃被宦官诬陷下狱致死，在刘宏支持下杨赐再次出任司徒。

刘宏一再支持杨赐，考虑的并非仅是师生之情。杨赐是纯粹的士人，是硕果仅存的清流，刘宏尽管不喜欢士人，但他不愿意看到这股政治力量消亡，他希望士人成为平衡宦官和外戚的力量。不过，士人的力量这时已非常微弱了，除杨赐外，当时另两位三公是太尉许馘和司空张济，他们虽然也是士人出身，但一贯看宦官的脸色行事，和宦官同流合污，以下的九卿、侍中等朝廷高官也多是宦官的人，要么是宦官所引荐，要么是宦官的亲属或养子，党人相继被罢黜，清流士人集体噤声，杨赐孤掌难鸣。

2. 宠极而衰的皇后

当年，在华光殿临时辟出来的豪华讲堂里，杨赐老师的学生不止刘宏一个，还有一个学生名叫何进，因为妹妹何贵人受到刘宏的宠爱，何进逐渐得到重用，成为新的外戚。何贵人本出身屠户，地位较低，但她不仅长得漂亮，而且生育能力也远超后宫其他女人，她生的儿子是刘宏的长子，取名刘辩。后宫里不缺大家闺秀、名门千金，缺的是会说话、能来事、跟任何人都能打成一片的市井女子，这又是何贵人的另一项特长。

通过观察，何贵人发现要保住地位，姿色靠不住，儿子也未必管用，能保她圣宠在握、家族永固的只有宦官。为了获得宦官们的力挺，何贵人果断地把亲妹妹嫁给了宦官首领张让的儿子。宦官没有后人，这个儿子是张让的养子。何贵人通过联姻让自己变成了张让的晚辈，从而找到了靠山。出身微贱、会来事、长得漂亮，又是自己人，在张让等宦官眼里没有谁比何贵人更适合当皇后了。有张让帮忙说话，何贵人后来成了新皇后。

何皇后登上了大位，自恃地位稳固，无人再能撼动，人也就变了。过去见谁都挺客气，谁有困难争着帮，很会来事、很低调；现在仰着头走路，拿鼻孔出气，动不动发脾气。屠户出身的何皇后本来就不是吃斋念佛长大的，从社会的底层爬到人生的巅峰，让她很快意，更让她明白只有不断斗争才能保住眼前的一切。为了获得刘宏的专宠，何皇后对其他妃嫔一律很忌妒，谁敢向刘宏主动献媚，让她知道了准要倒霉，后宫的姐妹们提起她都感到胆战心惊。刘宏原来也是喜欢何皇后的，但刘宏的爱情观向来一塌糊涂，喜欢不等于爱，爱不等于只爱一个，刘宏喜欢和爱的人还有很多，何皇后长得再漂亮也敌不过一样东西，那就是时间，距离可以产生美，时间却可以把美冲淡，慢慢地刘宏对何皇后的宠爱减弱了。

3. 令人失望的大将军

在妹妹被册封为皇后的同时，何进接到命令，征召入朝担任侍中，不久又担任了将作大匠、河南尹，从这几个职务的任命上可以看出刘宏对他有培养之意，侍中是天子的近侍，与议郎一样都相当于高级秘书和顾问，但侍中比议郎的地位要高得多，因为可以自由出入禁中，所以相当于皇帝的"贴身秘书"，品秩也很高，是两千石。将作大匠虽不是九卿之一，却是准九卿。河南尹虽是郡太守一级，却比任何郡太守地位都重要。说到何进，如果想到的还是一个杀猪卖肉的小子，一个靠妹妹的裙带关系爬上高位的人，那就大错特错了。何进，一个高级知识分子，大学士杨赐先生的学生、天子的同学，担任过近卫军指挥官、天子的秘书、准内阁成员、地方大员，这是多么完整的一份履历呀，即使世家大族子弟也未必都能占全，而何进现在拥有这一切，有什么理由能拒绝他在此后成为一个风云人物呢？

光和七年（184）爆发了黄巾起义，东汉帝国摇摇欲坠，宦官们虽然显赫一时，把持甚至垄断了朝廷，却无法单独扑灭这场大火。在刘宏主持下党人被开禁，朝廷组织了多路讨伐兵团，名将卢植、朱俊、皇甫嵩等被重新启用，而何进被任命为大将军，负责统一指挥全国的武装力量。何进的军事能力平平，但卢植、皇甫嵩、朱俊都相当厉害，所以黄巾军在当年就被剿灭了，而最大的功劳算在了从未上过前线的何进头上，何进的声望也进一步提高。

然而，在汉灵帝的心中对何进却越来越失望了。刘宏提携何进，为的是培养自己的力量，这个力量当然不是用来对付党人的，而是对付那些表面上百依百顺、内心无比险恶的宦官，但何进兄妹得势后却与后者打得火热，双方的结盟之势已毫无掩饰，成为天下人都知道的秘密，这让刘宏很担心，在一个失衡的权力舞台上，所处位置越高越不安全，刘宏感到的是不安全。刘宏于是开始讨厌这一对兄妹，心里也逐渐产生了一个念头，那就是不能让何皇后所生的长子刘辩继位，必须把次子刘协立为太子，让何氏兄妹的如意算盘落空。

4. 开启了大动荡时代

长期的抑郁和不节制的纵欲，使得三十多岁的刘宏身体日渐衰弱，中平六年（189）初刘宏一病不起，病情日趋加重，这让他感到已来日无多。最让刘宏放心不下的是继承人问题，虽然高居于皇帝宝座，但刘宏此时所能依赖的人实在很有限，党人对他疏远，唯一有特殊感情的党人杨赐老师也已故去，外戚虽是他一手扶持起来的，但目前也是要提防的人。刘宏只能在宦官里物色新的亲信，他把目光投向了身材高大、孔武有力的蹇硕，刘宏把蹇硕叫到病榻前，托付他照顾好次子刘协，蹇硕流泪答应。交代完这些，中平六年（189）四月十一日，汉灵帝刘宏驾崩于洛阳南宫嘉德殿，时年34岁。

刘宏是一个颇有传奇色彩的皇帝，也是一个极具个性的青年。他比曹操小两岁，原是正在走向衰落的一个亭侯，因为一个偶然的原因成为皇帝。刘宏继位以来，看到的全是党人、外戚与宦官们如何恶斗，其间发生了第二次"党锢之祸"，他因此在党人心中的形象变得很差，但那些基本是宦官们一手操持的，他只是被作为工具加以利用。

其后，刘宏也曾试图励精图治，革除社会及官场弊端，但还未及施展就觉得力不从心。从此，刘宏变得心灰意冷，耽于享乐，昧于朝政。他在文学艺术方面居然获得了很高造诣，同时对发明创造情有独钟，他曾指挥钩盾令宋典、掖庭令毕岚等一批发明家，发明了类似于喷泉的"天禄虾蟆"和人工洒水车"翻车渴乌"。另外，据说他还兴建了裸游馆等纵欲场，以无休无止地消解心中的苦闷。汉灵帝刘宏死了，东汉末年黑暗的"桓灵时代"暂告结束。"桓灵时代"确实算不上一个光明的时代，在这个时代，宦官当权、奸臣阻道，正义得不到伸张，人民处于水深火热之中。在这个时代，民族矛盾尖锐，土地兼并严重，农民起义频发，国家风雨飘摇。总之，这是一个黑暗的时代、一个恐怖的时代，但它也是一个孕育新时代的时代。

作为这个时代的最重要的象征，汉桓帝刘志和汉灵帝刘宏确实不够称职，他们没有带领国家走向振兴，没有使正义得到弘扬，反而一次次亲信小人，压制贤良。他们自己生活奢侈，大起宫殿，安于享乐，为了聚敛财富，他们不仅加重赋税，还推行了卖官制度，使吏治彻底崩坏。但是，他们的内心又充满了太多的无奈，从登上皇位的那一刻起他们就开始被别人操纵，没有亲人，没有真正的亲信，生活在没有亲情、没有安全感的皇宫里，时刻提防着宦官，提防着外戚，党人不理解，人民埋怨。在权力的争夺战中，刘宏学会了一个本事——平衡术，他小心翼翼地平衡着各派之间的势力，借助一派力量打击另一派，没有永恒的同盟，只有不断增加的敌人。由于始终生活在巨大的心理压力之下，所以他三十多岁就离开了这个世界。

袁绍：

汉末动乱的罪魁祸首

袁绍履历表

姓名	袁绍
爵位	邟乡侯
家庭出身	生于汉末"四世三公"之家，父亲袁逢官拜司空，叔父袁隗官拜司徒，后过继给伯父袁成。
生卒年	？—202
生平履历	中平五年（188），东汉朝廷置八校尉，任中军校尉。
	中平六年（189），与大将军何进谋除宦官。
	初平元年（190）正月，关东州郡起兵讨伐董卓，被推举为盟主，自号车骑将军。
	初平二年（191），迫使韩馥让出冀州，自称冀州牧。
	初平二年（191）冬，与公孙瓒战于界桥，大胜。
	初平三年（192），与曹操合击，大破袁术、公孙瓒及陶谦联军。
	兴平二年（195），汉献帝及天子东归，派郭图等前往察看，之后部下就是否迎请天子展开争论，最终放弃。
	建安二年（197），被朝廷拜为大将军，曹操派孔融持天子符节出使邺城，宣布拜任诏书。
	建安四年（199），将公孙瓒围于易京，公孙瓒兵败自杀。
	建安五年（200），与曹操在官渡决战，大败。
	建安七年（202），病逝于邺县。

两汉虽不是门阀制度最鼎盛的时代，但门阀已经逐步形成。东汉末年，出现了汝南袁氏这样的"四世三公"之家，前后四辈人里都有人做到三公高位，成为绵延近百年的政治世家。袁绍就出生在这样的家庭里，他的生父袁逢官拜司空，叔父袁隗官拜司徒，朝中及各地遍布"袁氏故吏"，一来到这个世界上袁绍就有了让人羡慕不已的天生优势。

丰厚的政治资源，原本可以保证袁绍一帆风顺，加之袁绍长得仪表不凡，在重出身也重长相的汉末时代，袁绍的未来可谓一片光明，创造"五世三公"的神话唾手可得。然而时代正发生着巨变，创造出"几世几公"的那个社会，其基础正发生着动摇，袁绍以其敏锐的眼光窥伺到了这一切，所以年轻时自觉走上了一条与先辈们迥然不同的道路。在随后的风云变幻中，袁绍始终是舞台中央的主角，他赢得了声誉，也拥有了实力，结束天下乱局的重任最有可能落在他的肩上。然而，由于自身性格上的缺陷，造成袁绍在战略和战术上的接连失误，袁绍的政治梦想过早地止步了。

一、迥然不同的道路

袁绍字本初，汉末豫州刺史部汝南郡汝阳县（今河南省商水县）人，出身于汉末著名的汝南郡袁氏家族。袁绍生于何年，史书均未记载，只知道他比曹操大几岁，曹操出生于汉桓帝永寿元年（155），袁绍当出生于此前。袁绍字本初，有人推测他或许生于汉质帝本初元年（146），但这个说法没有依据。

1. 出身政治世家

汝南郡袁氏家族是汉末时期著名的政治世家，这个家族兴起于一个叫袁安的人。据《后汉书·袁安传》载，袁安本是一名为人厚道的基层官吏，他的祖父袁良研习《孟氏易》有心得，以明经被举荐走上仕途，不过只做到了县令。袁安少年时代由祖父传习经学，不仅学问好，而且"为人严重有威，见敬于州里"。袁安一开始也只担任了县里的功曹，这个职务负责官吏考核工作。

真正让袁安声名远播的是一件事，有一年冬天，袁安家乡一带发生严重雪灾，"大雪积地丈余"，很多人没有吃的，手中有些权力的官吏都会想办法收取贿赂以求活命。县令出来巡察，走到袁安家门口，发现雪地上没有一点脚印，县令以为袁安已饿死，就让人去收尸，结果发现袁安还有一口气。县令问袁安为什么困于家中，袁安回答："大雪人皆饿，不宜干人。"宁可饿死也不肯收受贿赂，这种精神感动了袁安身边的人，"袁安困雪"成为一个典故，袁安因此被举荐为孝廉。

之前袁安的身份是"吏"，举为孝廉后就可以当官了，袁安先后担任了几个地方的县长或县令，因为有才干，为人又清廉，逐渐升为河南尹、太仆等，汉章帝元和三年（86）袁安接替告老致仕的第五伦担任司空，次年又代替桓虞担任司徒。自袁安开始，后人袁京、袁敞、袁平、袁成、袁汤、袁逢、袁隗等也都曾位至三公，前后延续四世。

2. 袁氏的"门生故吏"

东汉的三公指的是司空、司徒和太尉，品秩万石，地位高于品秩两千石的九卿，相当于后世的宰相。在东汉，三公拥有开府的特权，也就是组建自己的办事机构。以司空为例，《后汉书·百官》记述其职责是"掌水土事。凡营城起邑、浚沟洫、修坟防之事，则议其利，建其功。凡四方水土功课，岁尽则奏其殿最而行赏罚"，分管九卿中的宗正、少府、司农，司空府属吏包括"长史一人、掾属二十九人、令史及御属四十二人"，上述七十二人组成一个庞大的行政机构，而这些属吏均由司空自行聘任。

三公自行聘任属吏，相当于本职行政权力之外还拥有一项重要的人事权，通过这项权力可以大量培植自己的势力，那些被招揽来的人就称为三公的"门生故吏"。在"门生故吏"眼中，聘用自己的人不仅是长官，还是政治上的启蒙人和领路人，聘任者与被聘任者结成一种特殊的政治血缘关系。袁氏连续四代人都当过三公，在位时间加在一起长达数十年，他们所开的府一个接一个，聘用过的人不计其数，这些人互相勾连，相互关照、提携，形成特别的政治团体，他们中的许多人得到关照后转任朝廷或地方的高官，从而织成一个庞大的政坛关系网。

袁绍的父亲袁逢、叔父袁隗都担任过三公，袁绍后来过继给伯父袁成，袁成虽没有担任过三公，但非常有能力，袁成字文开，跋扈将军梁冀把持朝政期间对袁成都礼让三分，可见袁成的名声很大。王粲在《汉末英雄记》里说社会上流传"事不谐，诣文开"的顺口溜，意思是"事情摆不平，就去找袁成"。

袁绍的面前本是一片阳光和坦途，但他又有些生不逢时。袁绍生活的东汉末年，宦官、外戚轮流掌权，政治黑暗，民生凋敝，社会矛盾越来越突出，自汉安帝以后，各处大小不等的农民起义频繁爆发，汉安帝在位19年，农民起事4次；汉顺帝在位19年，农民起事13次；汉冲帝、汉质帝在位时间都很短，也有4次；汉桓帝在位21年，农民起事14次。从汉安帝到汉桓帝，不过60多年的光景，农民起事多达35次。东汉王朝处在风雨飘摇之中，任何有头脑的人都能看出来，更大更猛烈的风暴还在酝酿之中，东汉王朝已成"日薄西山"的状态。

不仅如此，袁绍所属的士人和党人阵营还屡屡受到打击和迫害，不知何时士大夫阶层被冠以"党人"的标签。"党人"其实并不是个好词，原来的意思是结党之人，孔子曾说过"君子矜而不争，群而不党"，在宦官眼里，那些不肯与他们合作的士人通通都是党人，宦官视党人为异类，抓住机会总想置其于死地。汉桓帝延熹九年（166），宦官赵津、侯览及其党羽为非作歹，成瑨、翟超、刘质等正直官员不畏权贵，与其作针锋相对的斗争，宦官向汉桓帝进谗言，陷害他们是党人，汉桓帝听信一面之词重处了一批官员，造成第一次"党锢之祸"。汉灵帝建宁元年（168）

"党锢之祸"再起,更多的官员受到迫害、罢黜和通缉,政治气氛异常肃杀。

3. 一群神秘的叛逆者

袁氏一族在两次"党锢之祸"中虽侥幸保全,但大量党人被抓、被杀,其中难免有袁氏的亲族或"门生故吏",想真正得以保全谈何容易。基于对国家总体形势的判断以及对家族处境的担忧,袁绍知道自己再也不能复制先辈们一次又一次走过的那条坦途了,要想继续家族荣光,必须另辟他途。

与当时大多数权贵子弟一样,袁绍成年后也步入仕途,首先从"郎"做起。"郎"是天子身边的侍从及朝廷各官署最基层的办事人员,担任郎官既是一种历练,借此熟悉宫里的办事程序以及公文处理规则,同时在天子身边和朝廷官署工作也是一种荣耀,表明与天子和朝臣领袖们之间曾经有过亲密关系。郎官一般不会任职太久,一有机会便会被授以实职,袁绍不久就被任命为兖州刺史部东郡濮阳县(今河南省濮阳市)县长,这个地方位于洛阳以东几百里外的黄河沿岸,那时候长江沿线并不发达,发达的是黄河沿线,濮阳的地位不亚于现在的武汉、南京等城市。袁绍从重要县城的县令开始做起,如果不出差错,将很快升为郡太守、刺史,再锻炼几年,回到朝廷可担任两千石的高官,这样的日子再熬上十来年,待新皇帝轮替,自己就成了"前朝老臣",三公之位也就顺理成章了。但是,袁绍已经不再有这样的奢望,他能等也能熬,但他不知道这样的朝廷还能不能熬下去。

袁绍担任濮阳县县长时间不太长,其间他的生母去世了,汉朝以孝治天下,父母去世,做儿女的要守三年丧,担任朝廷公职的须离职回乡守丧,袁绍于是回到汝南郡汝阳县老家为母亲守丧。袁绍那时只有二十多岁,还只是一名县长,但作为袁家最被看好的下一代,他在这时候已很有名气,结识的朋友很多,家里办丧事居然惊动了数万人来参加,大部分人是从几百里、上千里之外赶来的，车子来了几千辆，来宾中包括曹操等人。守孝是件苦事，三年时间不仅漫长，而且规矩非常多，一般来说不能住在家里，只能在父母坟前搭个简易棚居住，也不能四处跑来跑去，不能吃肉，不能有娱乐活动，过惯了荣华富贵日子的人根本受不了，所以大家无不盼望守丧期早些结束。但是，袁绍在母亲坟前守完三年丧以后，又主动向朝廷请求把丧假再延长三年，他还要再为已故的父亲补守三年丧。

袁绍的生父袁逢那时没有死，袁绍指的是继父袁成。袁成死的时候袁绍还是袁逢的儿子，所以没有行守丧之礼，这件事已经过去了很久，袁绍无须再补守三年丧，但袁绍主动提出了这件事，这被视为更大的孝行，标榜以孝治国的朝廷不仅不会反对，而且会大力弘扬。于是，仕途正被看好的袁绍，在老家汝阳县前后守了六年丧，把一段最宝贵的青春年华留在了田野间几间简陋的窝棚里。袁绍主动追加守丧期，可能是出于孝行，但更重要的则是出于政治上的考虑。当时正处在两次"党锢之祸"后，宦官的势头如日中天，他们视党人为眼中钉，迫害党人的手段极为残忍，动不动就诛灭三族，袁氏社会关系过于复杂，也许哪一天就会被稀里糊涂地牵涉进去，袁绍主动请求延长守丧时间，一方面让自己暂避外部的是非，另一方面是利用人们对丧者家属的同情心来避祸。

六年的时间虽然漫长，但也总有结束的时候。守完丧，袁绍不得不回到洛阳，但没有继续仕途，而是隐居了起来，待在家里不随便见客，所见的都是"海内知名"或"侠士"，这些人包括：何颙，荆州南阳人，少年时代曾在洛阳太学游学，和著名党人郭泰等交往密切，"显名太学"，后成为游侠一类的人物；张邈，兖州东平人，家境富裕，也是一个侠士，在洛阳一边上学一边结交各路英豪；许攸，字子远，荆州南阳人，也是一个活跃分子，交际很广；伍孚，又名伍琼，袁绍的同乡，也是侠士一类的人。袁绍与这些人过从甚密，《后汉书》称他们为"奔走之友"，他们与袁绍此时的身份一样，都没有正式官职，但都一心要干出惊天动地的大事来。

汉灵帝中平元年（184），许攸突然跑到冀州，秘密联络冀州刺史王芬、沛国人周旌等，准备干一场谋废天子的大事。他们计划废掉当今天子汉灵帝，改立合肥侯为帝，他们还试图劝说曹操等人一起参加，曹操予以拒绝。许攸、王芬等人的计划是，趁汉灵帝北巡之机，以防范"黑山贼"为由发兵起事，将汉灵帝挟持，之后向天下宣布废立的决定。但是，汉灵帝似乎察觉了他们的计划，不仅取消北巡，还下诏让王芬罢兵，并召王芬入朝，王芬害怕自杀，许攸等人逃亡。

由于史料缺失，这桩未遂的政变显得扑朔迷离，中间充满了疑问，比如，汉灵帝觉察冀州方向有异，显然不是星象学家们依靠观察夜空得来的，如果有人告密的话，这个告密者是谁？王芬是因胆怯而自杀，还是有人杀人灭口呢？如果有，那这个人会不会是袁绍？这些均已无从查证了，表面上看，这件事没有把袁绍牵涉进去，但许攸一人显然无法策划出这样的大事，袁绍和他的"奔走之友"都难逃干系。从这件事可以看出，袁绍不想再走"寻常路"，他想通过改立天子来实现自己的政治抱负，相较于仕途上小心谨慎地一步步向上攀爬，袁绍更愿意冒着巨大的风险立即改变现状。这倒不完全源于袁绍个人的政治野心，而代表着一批士人的年轻精英们所拥有的共同理想，那就是改变与宦官斗争的方式，掀起一轮疾风骤雨式的革命。

二、制造更大的乱局

袁绍在洛阳仍深居简出，他的诡异行为引起了宦官们的注意。宦官的爪牙遍布朝野，像袁氏这样的世族之家自然是宦官们重点监视的对象，袁绍做事再隐秘，也会留下一些蛛丝马迹。为了不连累家人，也为了尽快实现自己革新朝政的抱负，袁绍还是出来做事了。

1. 与外戚结盟

袁绍是应外戚何进之邀出来做事的，相较于宦官，士人们对外戚存在明显的好感。在士人眼里宦官是一群缺乏见识又没有政治底线的人，而外戚从本质上说是"正常人"，有些外戚原本也是士人出身，双方更容易互相理解和同情，也更容易在政治上联手。在此之前，士人领袖陈蕃和外戚窦武曾有过一次合作，那一次差点儿就从整体上将宦官势力铲除，结果因为不够果断而功败垂成。从汉灵帝的角度看，他当然离不开宦官，宦官构成了此时皇权最重要的基石，但汉灵帝也不希望他的权力只建立在这一块石头上，万一这块石头发生了动摇，他还可以及时地跳到另一块石头上躲避，于是汉灵帝有意识地扶持起了外戚，也就是何皇后的哥哥何进。

外戚通常指的是皇后的本家，自汉章帝以来外戚逐渐发展成一支重要的政治力量。宦官和党人，天生就是一对敌人，基本上没有可调和的余地，所以在党人积极谋求与外戚合作的同时，宦官也经常主动拉拢外戚共同对付党人。但从渊源上看，外戚应该跟党人走得更近，因为按照本朝惯例，皇后多从功臣后代或世家大族中产生，他们与士人、党人本身就是一体的，他们羞于同所谓"刑余之人"的宦官为伍。宦官对这些世家大族们深感厌恶，总想从草根阶层中择立皇后。没有势力的人才肯听话，苦出身的人更留恋富贵，也就好控制。汉灵帝本有宋皇后，出身于世族，在宦官的努力下宋皇后终究被废，宦官按照自己理解的标准重新为汉灵帝选择了新皇后，这就是出身于南阳"屠家"的何皇后，何皇后也投桃报李，把自己的妹妹嫁给宦官头目张让的养子，双方结成同盟。这种情况令党人更加担忧，也让汉灵帝不安。

何皇后的哥哥何进对与宦官结盟并不看好，他积极向党人靠拢，这主要出于两方面原因：一方面，何进虽然出身"屠家"，但少年时代受到了最好的教育，他曾陪汉灵帝在宫中读书，教他们的老师是名臣杨赐，杨老师是著名士人,对宦官一向反感,这种感情因素必然会潜移默化地影响到何进;另一方面,何进步入仕途后快速升迁,短短几年间历任虎贲中郎将、颍川郡太守、侍中、将作大匠、河南尹,周历军中、朝中、地方的重要官职,背后是汉灵帝的悉心培养。汉灵帝培植起一个强势外戚,目的自然不是对付已式微的党人,他的目标是宦官,所以黄巾起义爆发后,汉灵帝果断提拔何进为大将军,这是当时的最高军职,统领天下兵权,何进在前台,背后站着的则是汉灵帝。

为了与宦官势力抗衡,何进积极拉拢党人,袁氏是他拉拢的重点对象,何进向此时没有任何官职的袁绍发出邀请,袁绍那时因行踪诡秘已引起宦官的注意,中常侍赵忠对人说:"袁本初坐作声价,好养死士,不知此儿终欲何作。"袁绍的叔父袁隗时任太傅,听到赵忠的这些话感到不安,把袁绍叫来"以忠言责之"。为了打消宦官们的疑心,袁绍便应下了何进的邀请,来到何进大将军府里任职。

2. 幕后的"操盘手"

袁绍在何进大将军府的公开职务是大将军掾,相当于大将军府里的一名"处长",但实际是何进的"谋主"。在政治斗争方面何进还不够成熟,重要事情都听袁绍的,袁绍借机向何进推荐人才。于是,华歆、孔融、申屠蟠、王谦、卢植、刘表、王匡、鲍信、张邈、刘岱、韩馥、蒯越、陈琳、郑玄、逄纪、边让等一大批人聚集在了何进的周围,他们要么是党人,要么是与袁绍志同道合的人,何进利用自己的影响力分别为这些人一一安排了职务。为了进一步与党人结盟,何进平时很注重自身形象,汉灵帝中平四年(187)八月,著名士人陈寔在家乡颍川郡去世,何进专程派人前去吊唁,委托他人主持祭奠仪式,何进由此在士人中树立起很好的形象,所有这些都是袁绍在背后策划的。

就在这时出现了新的变化,汉灵帝与何进之间又发生了矛盾。汉灵帝本来是支持何进兄妹的,没有汉灵帝就没有何氏一族的快速崛起,但汉灵帝却越来越对何进兄妹不满起来。也许因为何进与党人打得过热，造成势力格局出现新的不平衡，汉灵帝由防范宦官转向防范外戚，但至少有一个原因是明了的，那就是王美人事件。王美人长得很漂亮，得到汉灵帝的宠爱，也怀上了汉灵帝的孩子。何皇后为汉灵帝生下刘辩后汉灵帝就再没有其他儿子出生，不是其他妃嫔怀不上，而是何皇后做了手脚。在宦官们的帮助下，哪个妃嫔如果怀孕，就一定会发生意外，但王美人的孩子还是降生了，汉灵帝大喜，给其取名为刘协。何皇后很气愤，不久王美人突然在宫中暴毙，追查下来，王美人死于一碗小米粥，而这件事与何皇后脱不了干系。汉灵帝大怒，当场就要废皇后，宦官们苦苦哀求，最终这件事才算过去，但在汉灵帝的心里，彻底与何氏兄妹拉开了距离。

汉灵帝为限制何进的势力再发展，在宦官蹇硕的参谋下，给何进下达了一项诏令，让何进率兵去平定"羌乱"。羌族主要生活在西北的凉州一带，东汉末年多次起兵反抗朝廷，朝廷在凉州打了无数的仗、花了无数的钱，仍然没有起色，平定"羌乱"不是一朝一夕的事，多少名将穷其一生都未能建功。这显然是要废掉何进的"武功"，但皇帝的命令不执行也不行，何进愁坏了。不过，这件事难不住袁绍，袁绍建议先领下诏令，但向天子报告说手里兵马不够，需要先到下面州郡去募兵。何进照办，汉灵帝只得同意何进派人去各地募兵，何进派王匡、鲍信、张邈、刘岱等人分赴各地，这些人都是袁绍的死党，他们去的地方主要是兖州的泰山郡、陈留郡，并州以及扬州的丹阳郡等，他们所招募的人马日后成为关东联军的骨干力量。

袁绍用缓兵之计解了何进的燃眉之急，但根本问题仍没有解决，下一步怎么办？正在何进发愁的时候，汉灵帝中平六年（189）四月十一，年仅32岁的刘宏驾崩于洛阳，临终前，汉灵帝刘宏仍然寄希望于王美人的儿子刘协继位，为此向宦官蹇硕"托孤"。汉灵帝死后，何进在袁绍等人帮助下迅速铲除了蹇硕，之后扶持何进的外甥刘辩当了皇帝，何皇后晋身为何太后。对何氏一族来说，皇帝、太后、大将军都是自家人，可谓志得意满，如果没有别的因素，东汉王朝大概又会复制上一轮的循环：小皇帝在位，外戚掌权，外戚和宦官明争暗斗。这样的局面不会带来王朝中兴，但表面上天下仍是大一统的，至于这辆越开越笨重的破车什么时候彻底停下来，谁也说不好。

何进的目标达到了，但袁绍的目标还没有达到，袁绍之所以帮助何进，是因为想借何进之手铲除党人的死敌宦官，现在何进兄妹大权在握，跟宦官们却摆出了长期和睦相处的姿态，袁绍哪能心甘呢？袁绍向何进表明，必须下决心铲除宦官，"为天下除患，名垂后世"。何进下不了决心，一开始找了很多理由进行拖延，其间也动摇过，也找过妹妹何太后，说干脆按袁绍说的办吧，但遭到何太后的断然拒绝。何太后拒绝跟党人合作铲除宦官，因为她知道党人瞧不起宦官，同样也瞧不起外戚，党人收拾了宦官，下一个打击的目标就是外戚。但何进是缺乏雄才大略的人，关键时刻犹犹豫豫，不知该怎么办好。

这种僵局总得打破，袁绍于是出了个主意："多召四方猛将及诸豪杰，使并引兵向京城，以胁太后。"朝廷有制度，以洛阳为中心，四周设了8处关隘，关隘以内只准驻扎朝廷直属的南军和北军，各州郡兵马一律不得进入关隘之内。袁绍的提议很大胆，何进没有太好的办法，于是就同意了。对这个提议，袁绍阵营内部有不同意见，曹操、陈琳等人都反对引外兵入京，曹操认为这是小题大做，真要解决宦官根本不用费如此大的力气、冒如此大的险，陈琳认为此举是"掩目捕雀"，但袁绍不听，执意引外兵入京。

曹操、陈琳等人其实没有看出袁绍的真正意图，解决宦官的确不用费那么大的力气，但袁绍此时的目标更宏大，他想把宦官、外戚一块儿解决掉。党人和外戚之间虽然也有合作，但双方更多的时候是斗争，既然眼前这个外戚不愿意跟宦官决裂，那就索性连他们一块儿消灭。事后来看，袁绍的这一招是败笔，此次引外兵入京并不成功，直接导致后面时局的失控，但从袁绍当时的想法看，他其实并非拍脑袋就决定了这件事，他是经过深思熟虑的，袁绍的失误不是头脑简单，而是看错了人。

袁绍看错的人是董卓。当时要引外兵入京，最有实力也最现成的有两支人马，分别是丁原的并州军和董卓的凉州军，并州军离洛阳最近，政治立场与何进、袁绍一致，呼之即来，召之能战，这在袁绍阵营内部争论不大。对要不要引董卓的凉州军到来争议很大，大多数人反对，但袁绍坚持召董卓前来，因为董卓早年曾在袁绍叔父袁隗手下做过事，被认为是"袁氏故吏"，袁绍认为自己一定能控制董卓。在袁绍的坚持下，董卓率领凉州军一路开向洛阳，宦官们彻底绝望了，他们如惊弓之鸟，绝望之际他们把何进骗进了皇宫，当场诛杀，袁绍、袁术则趁机率兵攻入皇宫，一天之间便将宦官和外戚这两股最重要的政治势力彻底消灭了。

自汉灵帝驾崩前后到董卓引兵入京，东汉帝国发生了一系列令人眼花缭乱的大事，其背后无不隐藏着袁绍的一双手。按理说，现在该轮到袁绍志得意满了，在极短时间内完成了前辈们想做又没有做成的事，袁绍将成为士人们崇拜的对象，青史留名、光耀门楣。可惜的是，袁绍的政治理想与董卓的野心碰撞在了一起，东汉王朝随即陷入更大的动荡之中。袁绍的问题在于他不了解董卓的为人，董卓青年时代虽然也曾生活在内地，但并没有接受过严格的经学教育，不受儒学那一套约束，也根本没把"袁氏故吏"当回事，袁绍把董卓当成了自己人，但董卓根本不那么看。

3. 没有退路的博弈

董卓率兵来到洛阳，此时袁绍最希望的当然是这员悍将能率领他的人马悄悄离开，但董卓不愿意这么做。董卓通过策反丁原的部将吕布，迅速消灭了军事上最主要的对手并州军，牢牢控制住了洛阳的局势。紧接着，董卓做了一件有争议的事，废掉了在位的皇帝刘辩，另立刘辩的弟弟刘协为新皇帝。有人认为这是董卓政治上的一大败笔，反映出董卓是个头脑简单的人，因为这一举动让董卓陷入了被动，最终由强势走向了失败。董卓是个武人，但从史书记载的情况看其做事一向精明，政治斗争方面的手段也相当娴熟，他为什么要在此时行废立之事呢？

这件事在《后汉书》里说得较为简单，《三国志》也说得不多，相对而言，王粲的《汉末英雄记》记载得较多一些。《汉末英雄记》里的一条记载说，董卓告诉袁绍，当今天子刘辩为人"冲暗"，不是"万机之主"，而陈留王刘协比刘辩强，应该废黜刘辩而另立刘协。"冲"的意思是幼小，"暗"的意思是不明、蒙昧。董卓说刘辩蒙昧可以，但说他"幼小"则刚好说反了，因为刘辩14岁，刘协只有9岁，根据这条记载，董卓明确要以刘协代替刘辩。《汉末英雄记》里还有一条记载，说董卓当着袁绍和众臣的面说"刘氏之种，不足复遗"，"遗"是给予的意思，董卓的意思似乎是说，对刘氏宗族不能再把皇位交给他们了。那应该交给谁呢？《汉末英雄记》没说，一种可能是董卓自己想当皇帝，但这只是猜测。废立皇帝在当时绝对是惊天动地的大事，纵观两汉三四百年的历史，能做成这种事的没有几个，尽管刘氏已形同傀儡，尽管董卓已经"天下之事，岂不在我"，但要打破人们心中牢不可破的正统观念也不是那么容易的，即使袁绍这些人不反对，也不能保证天下人都会响应。不过，董卓要做的这件事最终还是做成了，而董卓也为此付出了极大代价。

仔细分析一下会发现，不是董卓在这件事上不够明智，而是他在这个问题上其实已经没有其他的选择，因为董卓如果想进一步巩固权力的话，就必须行废立之事。刘辩是汉灵帝刘宏的儿子，但他也是大将军何进的外甥。何进被杀，凶手是宦官；但何进有个弟弟叫何苗，何苗后来也被杀了，凶手是何进的部将吴匡，而吴匡是董旻策动的，董旻是董卓的弟弟。当年何进虽被杀，但毕竟干了这么多年的大将军，嫡系还是有一些的，不少旧部以何苗为核心，董卓想吞并他们，就让弟弟董旻怂恿吴匡杀了何苗，何进的旧部就像丁原的并州军一样也投靠了董卓。董卓占了何家的便宜，但也成为何家的仇人，何家的外甥还在皇帝的宝座上坐着，太后也是何家的人，这让董卓不放心，这是董卓急于换皇帝的一个原因。

还有一个原因，是董卓与刘协之间的特殊关系。刘协和刘辩都是汉灵帝刘宏的儿子，但他们不是一个生母，刘协的母亲王美人死得早，汉灵帝就把刘协交给自己的母亲抚养。汉灵帝刘宏的母亲恰好也姓董，跟董卓是一个姓，只是他们的祖籍一个在西北，一个在华北，本来八竿子打不着，不过董卓很会来事，当初董卓的弟弟董旻在朝廷任职，在董卓授意下，董旻主动跟董太后一家攀上了亲戚，不管是西边的董还是北边的董，反正"五百年前都是一家"。由于这层关系，董卓对刘协更加另眼相待。为了断绝忠于何氏的势力将来聚拢到刘辩身边反对自己，董卓当机立断，一定要废掉刘辩，另立与自己有一定渊源并且有好感的刘协为帝。

董卓要另立新皇帝，袁绍坚决反对，这一下把董卓激怒了。董卓进入洛阳后，袁绍发现此人不按常理出牌，且道德水准极为低下，手段极为残忍，对付这样的人光靠斗勇根本无济于事。站在袁绍的角度，此时似乎不宜与董卓硬碰硬，即便不为自己着想，也要为父亲、叔父以及袁氏家族几十口人着想，董卓彻底掌握局面后，下一个打击的对象一定是袁家，对袁绍来说，不设法去脱身反而激怒董卓，是不是有点不够明智呢？从事后结果看，袁绍因为反对董卓废立皇帝，最终与董卓翻脸，袁绍带着少数人逃出了洛阳，袁绍的生父袁逢、叔父袁隗等几十口人留在洛阳成为董卓的人质，最后全部被董卓杀害，袁绍为此付出了惨重的代价。

在废立这件事上袁绍也异常执着，根本不向董卓妥协，也不计后果。董卓没想到袁绍会不给他面子，于是放出了狠话："我欲为之，谁敢不从！"董卓再次耍起流氓，但袁绍不是吓大的，他说："天下健者，岂惟董公！"说完"横刀长揖而去"。董卓刚来到洛阳时，好友鲍信劝袁绍：

"董卓拥制强兵，将有异志，今不早图，必为所制。及其新至疲劳，袭之可禽也。"但袁绍不敢。后来董卓收降了何氏旧部，瓦解了并州军，得到了吕布、张辽等并州军的猛将，加上董卓自己的凉州军源源不断地开来，实力大增。

董卓还不算强大的时候袁绍都不敢跟他翻脸，袁绍现在哪来这么大的勇气呢？

其实袁绍心里有苦衷，因为天下人都知道他是何进的属下，当时洛阳有一帮人，像张邈、鲍信、曹操等，这些人与其说支持袁绍，不如说他们是因为何进而支持袁绍的，何进虽然算不上一代枭雄，但很早就开始了权力布局，除上面说的这几位，像王粲的父亲王谦、"建安七子"之一的陈琳以及刘表等人，也都是何进的部下，何进在政治上有相当深的根基。袁绍加盟何进集团后，通过背后做手脚把何进推上了断头台，但这些事是非常隐秘的，一般人看不出来，袁绍平时嘴上挂的还是对何进的忠诚，但其实何进是袁绍利用的工具，也是袁绍扛在肩头的大旗。何进既然死了，他的外甥、当今天子刘辩就成为一个象征，刘辩当皇帝对袁绍是有利的，反之，看着刘辩被废掉而袁绍如果不敢旗帜鲜明地反对的话，将使袁绍的政治声誉严重受损。所以，站在董卓的角度来看，必须换皇帝；站在袁绍的立场来说，也必须坚决反对。

三、挑起联军内斗

于是，袁绍与董卓彻底闹翻。袁绍只得走上一条反董之路，好在袁绍对此也早有预案，他已安排许多人分赴各地，迅速掀起了一场讨伐董卓的运动，但这场运动来得迅猛，退得也迅速和彻底。

1. 又一个"袁氏故吏"

汉灵帝中平六年（189）秋天，袁绍逃出了洛阳，随同袁绍出逃的有他的谋士逢纪、许攸、陈琳等人，袁绍的弟弟袁术以及曹操虽然也是此时逃出的洛阳，但二人与袁绍不同路，袁绍逃往北面的冀州，袁术逃往南面的南阳，曹操逃往东面的陈留，3个人走了3个方向，这都是袁绍临行前做出的安排。随同袁绍出逃的，还有他的夫人刘氏以及3个儿子，应该说袁绍出逃有点儿浩浩荡荡的味道，说明有人一直在暗中保护着他。

也许袁绍早就料到有这一步，所以提前做了周密准备，之前袁绍打着大将军何进的旗号派人四处募兵，又安排自己人到各地任职，为的就是这一天。冀州牧韩馥、南阳郡太守张咨、陈留郡太守张邈都是袁绍的人，也都是袁绍提前布下的棋子。袁绍要去的冀州，州牧韩馥也是"袁氏故吏"，不过袁绍一行到达黄河岸边时，袁绍突然做出决定，让妻子刘氏带着3个儿子不要去冀州了，而是前往兖州，兖州刺史刘岱与袁绍的妻子刘氏是同族。袁绍的这个举动表明，他对冀州之行不完全有底，也许是董卓这个"袁氏故吏"让袁绍教训惨痛，给了袁绍以警示，才想着为自己留条后路。

袁绍的担忧看来很有道理，因为这个韩馥确实有些靠不住。袁绍帮韩馥当上了冀州牧，韩馥到任后一切顺风顺水。冀州人才鼎盛，韩馥的手下迅速汇集了沮授、田丰、审配等谋士，还有麴义、张郃等猛将；韩馥又让人到自己家乡豫州刺史部颍川郡招募人才，荀谌、辛评、郭图等一批颍川士人投奔而来。此时，公孙瓒还没有发迹，刘表还没到荆州上任，孙坚还只是一个偏远地区的郡太守，刘备、吕布更不值一提，而韩馥已经要人有人、要地盘有地盘了。拥有如此大好局面，韩馥自然不甘于屈身侍奉他人，对袁绍突然驾临，韩馥虽表面上热情欢迎，但内心里十分冷淡，对下一步的打算更不置可否。

这时朝廷突然来了诏书，任命袁绍为渤海郡太守。原来，袁绍不仅在地方上安插有不少人，在朝廷里也有他的人，"侍中周毖、城门校尉伍琼、议郎何颙等，皆名士也，卓信之"，这几位的名字其实并不陌生，他们都是"奔走之友",他们被董卓任命了新的官职,但他们都"阴为绍",董卓本下令通缉捉拿袁绍,这些人劝董卓说:"绍不达大体,恐惧故出奔,非有他志也。今购之急,势必为变。"他们还威胁董卓,说袁氏树恩四世,"门生故吏"遍于天下,如果袁绍"收豪杰以聚徒众",就会英雄四起,那么"山东非公之有也",他们建议董卓不如赦免袁绍,"拜一郡守",袁绍"喜于免罪",也就不闹事了。董卓听信了这些话,于是撤销了通缉袁绍的诏令,改任袁绍为渤海郡太守,还给了袁绍一个邟乡侯的爵位。

诏书下达到冀州,袁绍倒没有丝毫激动,韩馥却松了一口气。韩馥正不知如何安置袁绍,现在可以光明正大地"欢送"袁绍到渤海郡上任,该郡在冀州刺史部东北部,临近大海,海岸线北起今天津市,南抵今山东省的利津一带。对于下一步,袁绍没有成熟的计划,只得去了渤海郡。渤海郡虽然也是天下数得上的大郡,人口数比凉州还多,但这里已经是韩馥的势力范围,上上下下都是韩馥的人,韩馥不同意,袁绍什么都做不成,袁绍实际上被软禁在了这里。

2. 带头掀起内讧

汉灵帝中平六年(189)年底,反对董卓的各路人马陆续向陈留郡酸枣县集中。次年正月,集中在酸枣的人马设立坛场进行盟誓,打出了讨伐董卓的大旗。随后,其他地方也有几支反对董卓的人马宣布起事,这些决心讨伐董卓的人马都处于函谷关以东,故称关东联军,共有 11 支:冀州方向,冀州牧韩馥屯邺县、河内郡太守王匡屯河内郡;酸枣方向,兖州刺史刘岱、陈留郡太守张邈、广陵郡太守张超、东郡太守桥瑁、山阳郡太守袁遗、济北国相鲍信、前骑都尉曹操;豫州方向,豫州刺史孔伷屯颍川郡;南阳方向,后将军袁术屯南阳郡鲁阳县。从位置上看,如果以洛阳为原点,这几个方向的人马就在洛阳的北、东、南三面连成了一个"C"字形包围圈,这也许不是巧合,而是事先设计好的。

袁绍远在渤海郡，不在这 11 支人马之列，但看一看上面这些人，无不与袁绍有千丝万缕的联系，他们多是袁绍提前布下的棋子，所以袁绍虽身不在酸枣，但仍被参加盟誓的众人推为关东联军盟主。正在渤海郡进退两难的袁绍，接到消息后立即动身来到冀州刺史部河内郡，这里处在各支人马的中间，袁绍"自号车骑将军，主盟"，依靠河内郡太守王匡先站住了脚。"自号"就是自己任命自己，毕竟渤海郡太守的身份不足以统率这些州刺史、郡太守们，袁绍不仅"自号"，还发明了一个"表奏"，也就是替朝廷任命官员，袁绍以车骑将军的身份表奏曹操为奋武将军。

从个人实力上说，袁绍手下并没有直接听命于自己的武装力量，这一点还不如亲自招募来五千多人马的曹操，但袁绍有自己的打算。袁绍以盟主的身份下令王匡向董卓进攻，结果被董卓的凉州军轻易打败，袁绍、王匡不敢再出击。这时传来消息，说曹操、鲍信率领的一万多人马在汴水被凉州军击溃，几乎全军覆没。这两场仗让袁绍认清了形势，知道仓促集合起来的关东联军根本不是久经战阵的凉州军对手。从敌人那里无法夺取地盘和队伍，那就只能从自己人身上下手了。这时，董卓派来一个使团，包括大鸿胪韩融、少府阴循、执金吾胡母班、将作大匠吴循、越骑校尉王瑰等品秩两千石以上的朝中重臣，目的是向关东联军劝降，这些人刚到河内郡，袁绍就给王匡下令，把他们都抓起来，"欲杀以徇军"。

王匡大吃一惊，因为这些人虽然是董卓派来的，但本质上跟董卓并非一路人，他们都是党人，有的还是著名党人，如大鸿胪韩融在士人中就声名甚盛，在"党锢之祸"中曾受到迫害；还有执金吾胡母班，早年曾名列党人"八厨"之中，并且还是王匡的妹夫。对袁绍的命令，王匡深为不解，也痛苦不已，但还是接受了命令。最后，这些朝臣全部被杀，此举极大地损伤了关东联军的形象，大学者蔡邕一向与王匡交好，但此事发生后，蔡邕提到王匡时一律改称"逆贼"。这件事还产生了剧烈余震，胡母班的亲属不胜愤怒，"与太祖并势，共杀匡"，《三国志》凡提"太祖"，指的都是曹操。曹操杀王匡发生在何时史书记载不详，但这说明关东联军内部已经开始了自相残杀，而这件事的导火索完全是袁绍一手点燃的。紧接着，兖州刺史刘岱和东郡太守桥瑁也动起了手，刘岱杀了桥瑁，之后任命一个手下担任东郡太守。关东联军的各路将领都明白联盟已名存实亡，加之所征集来的粮食也差不多吃完了，酸枣的几路人马于是先后悄悄地撤回到各自辖地，酸枣这个反董大本营也只热闹了几个月而已。

关东联军来势迅猛，去得也干脆。除了对手的强大、自己人的内斗外，还有一个重要原因，那就是当时天下真正的实力派们并没有加盟。徐州的陶谦、荆州的刘表、益州的刘焉、幽州的刘虞，这几位才真的有实力，但作为"既得利益者"，他们对袁绍等人发起的讨董运动缺乏热情，不希望与强大的凉州军直接对撞而造成风险，对讨董事业他们多持观望态度，由于他们的缺席关东联军才注定成不了大事。

3. 陷入废立的迷思

关东联军散了，但袁绍终于有了自己的地盘，那就是以怀县为中心的河内郡，这里原本是王匡的，王匡死于内斗，袁绍顺势"接管"了。袁绍在河内郡不思如何讨伐董卓，却再次提出了废立之事。早年袁绍暗中策划过废汉灵帝、立合肥侯事件，没有成功，现在董卓废少帝刘辩改立汉献帝刘协，袁绍对此并不认可，袁绍打算另立新帝。不过，关东联军起事后，董卓已经把刘辩毒死，现在只能另外物色对象。袁绍跟智囊们找来找去，最终把目光停在了幽州牧刘虞身上。刘虞是光武帝刘秀之子东海恭王刘强的五世孙，出身正统，家谱清晰可查，其本人德高望重，长期担任朝廷九卿，资历深厚，外任幽州牧以来，整顿地方，安抚边界的少数民族，深得众望，董卓为拉拢刘虞，不久前以天子的名义尊刘虞为大司马。

袁绍把想法向冀州牧韩馥一说，韩馥表示坚决支持，袁绍还挺高兴，他没有体察到韩馥的隐秘内心。袁绍、韩馥于是大造舆论，暗中安排一个叫王定的济阴人，说是发现了一方印，上面赫然写着"虞为天子"四个字。袁绍还声称，当年光武帝刘秀登基前担任的职务是大司马领河北军政，刘虞目前担任的大司马领幽州牧与其相仿，这些都是天意。袁绍写信给各路联军首领，陈述自己的想法，寻求支持，却被泼了一盆盆冷水，对他的建议，多数人不予表态，其实就是不支持，而曹操、袁术则直接反对。

袁绍不打算放弃，他决定与韩馥联手硬干，于是写了一个"拥戴书"，派前乐浪郡太守张岐带往幽州，向刘虞奉上皇帝的尊号。刘虞是正宗的汉室宗亲，对汉室忠贞无二，看了"拥戴书"不禁大怒，当面斥责了张岐。张岐回来报告，袁绍深为失望，袁绍原以为对当皇帝这件事刘虞一定会心驰神往，完全没料到刘虞的反应，这个世界难道还有不愿意当皇帝的人？袁绍不解，但事已至此也只能收手。韩馥却热情不减，刘虞不愿意当皇帝，韩馥又派人恳请刘虞"录尚书事，承制封拜"，也就是主持朝廷日常事务，代表皇帝封爵位、任命官职。刘虞真生气了，不仅拒绝了韩馥的建议，还把韩馥派去的使者杀了。刘虞另派人去给韩馥回信，说如果再来相逼他就"奔匈奴以自绝"，韩馥讨个没趣，不敢再派人去了。韩馥与袁绍的关系仍然很微妙，他迫于大形势不得不与众人一道拥护袁绍做了关东联军的盟主，但韩馥心里并不服气。让韩馥不满的是，袁绍以关东联军盟主自居，基本垄断了反董阵营的发言权和表奏权，韩馥把刘虞抬出来，是想把反董势力的领导权从袁绍手里拿走，这是他甩开袁绍二度请刘虞出山的原因，可惜刘虞仍不配合。

4. 反客为主占冀州

接下来，袁绍显示出强大的合纵连横之术。他利用自己的影响力，拼命拉拢盟友。游走于河东郡、河内郡一带的并州军旧部张杨率先归降了袁绍，张杨原是丁原的部属，应何进的派遣回并州募兵，何进被杀后他率领一支队伍独立发展，大概在张杨看来，只有袁绍有资格接受他的归顺，因为袁绍始终高举着何进的旗帜。继张杨之后，南匈奴的一支队伍在单于于扶罗带领下也归顺了袁绍，有这两支队伍的呼应，袁绍的力量壮大了很多。

袁绍接下来的目标是韩馥。韩馥目前所拥有的一切太让人垂涎欲滴了，但强取显然不行，袁绍不仅没有强取的资本，更怕"吃相"太难看而被天下人耻笑，逢纪、许攸很快为袁绍想出了办法，那就是通过威逼的手段迫使韩馥主动让位。公孙瓒也有夺取冀州的想法，袁绍于是跟公孙瓒联手，相约事成之后瓜分冀州。公孙瓒欣然领兵南下冀州，韩馥知道公孙瓒手下有一支战无不胜的"白马义从"，感到很紧张。袁绍又暗中策反了麹义，麹义反叛韩馥，韩馥跟麹义打了一仗，竟然被打败，韩馥的心理防线被摧垮。韩馥手下人才济济，之所以缺乏战斗力，是因为韩馥身在冀州却重用家乡的"颍川帮"，得罪了冀州本土派，本土派已与韩馥貌合神离。

形势逼人，韩馥有了"退位"的念头。为防夜长梦多，袁绍派人到韩馥那里进行游说，《汉末英雄记》里说，袁绍派去的人包括张景明、郭公则、高元才等，这帮人到了韩馥那里连哄带吓，逼韩馥快快让位。郭公则即郭图，也是颍川郡人，本来应该站在韩馥一边，这时暗中投靠了袁绍；高元才即高干，是袁绍的外甥，日后成为袁绍手下主要将领之一；张景明的情况了解较少，只知道他的名字叫张导，在此事件中为袁绍立下首功，但后来却因为一些事被袁绍杀了，而且灭了族。《三国志》记载，在韩馥那里做工作的还有荀谌，荀谌也是颍川郡人，也暗中投靠了袁绍。在众人车轮式轰炸下，韩馥几乎被"洗脑"，最后他甚至坚定地认为，自己目前只有把冀州让给袁绍这一条出路了。

韩馥派都督从事赵浮、程奂等率精兵一万多人在黄河上的重要渡口孟津驻扎，其中有相当数量的水军，听到韩馥让位的消息，他们无不吃惊，赶紧回师。当时袁绍正在朝歌，赵浮等人率领的水军从这里路过，有数百艘战船,路过袁绍军营时赵浮故意让大家"整兵骇鼓",袁绍看了心惊肉跳。其实,袁绍现在还只能虚张声势,论实力远不如韩馥。赵浮见了韩馥,劝他不要放弃,并说袁绍的部队缺乏军粮,用不了十天半月就得散伙,但被"洗脑"后的韩馥已彻底听不进去,主动从州牧的官署里搬了出来,派人迎请袁绍入住。袁绍于是自领冀州牧,韩馥昔日的手下们纷纷赶来迎接袁绍,"唯恐在后",袁绍表奏给韩馥一个奋武将军的虚职,韩馥就此退出了群雄争霸的行列。袁绍兵不血刃夺取了冀州,成功之后也没有过多地受到世人诟病,从中显示出他精于权谋韬略、做事果绝的枭雄面目。

四、从巅峰跌落深谷

袁绍占据了冀州,有了参与群雄逐鹿的资本,但论综合实力,袁绍还无法与那些已经形成强大势力的割据者相比。此时,在整个北方地区有刘虞、公孙瓒、陶谦等几支重要力量,袁术、曹操也快速崛起,再加上袁绍,北方的势力格局显得异常错综复杂,兼并他人、壮大自己是每一个割据者都为之努力的目标。

1. 两大军事集团

在北方的几个群雄中,袁绍最先与公孙瓒有密切来往,袁绍约公孙瓒南下取冀州,公孙瓒如约而行,但冀州事后却被袁绍一个人独吞,公孙瓒非常不满,但袁绍动作非常快,冀州已入袁绍囊中,公孙瓒只得作罢。公孙瓒与刘虞都在幽州地面发展,二人的矛盾无法调和,袁绍知道公孙瓒迟早会向自己发难,于是暗中联合公孙瓒的对手刘虞。在公孙瓒与刘虞的明争暗斗中,袁术也被搅了进来,袁术支持公孙瓒。除了他们,北方还有两大势力,即曹操和陶谦,曹操在袁绍的支持下占据了兖州,兖州的北面是袁绍的势力范围,南面是陶谦的徐州,曹操欲向外拓展,只能向南，与陶谦的矛盾便不可避免，恰在此时发生了曹操的父亲曹嵩等全家数十口人在徐州境内遇害的事件，曹操坚持认为是陶谦所为，于是曹操与陶谦势不两立，陶谦为对抗曹操而加入袁术、公孙瓒的阵营。

于是，北方的这几位主要割据者自然而然地形成了两大阵营：一个阵营是袁绍、刘虞和曹操，另一个阵营是袁术、公孙瓒和陶谦。从汉献帝初平二年（191）到汉献帝兴平元年（194），北方群雄不停息地相互攻伐，战事看起来很零乱，但无不在这两大阵营间展开，袁绍与公孙瓒之间的界桥之战、公孙瓒灭刘虞之战、曹操南征徐州之战、曹操阻击袁术之战等都是在这一背景下进行的。曹操攻击陶谦，当时还隶属于公孙瓒阵营的刘备之所以第一时间前来驰援陶谦，原因就是陶谦与公孙瓒是盟友关系。

陶谦死后，刘备一度控制了徐州，吕布紧接着趁虚而入，原有的两大阵营对垒格局发生了新变化。刘虞、陶谦率先退出争霸赛，刘备、吕布加入，而曹操已完成了"奉天子以令不臣"，无论刘备还是吕布都无意与曹操为敌，他们都表示效忠许县朝廷，如此一来原有的对峙关系出现了格局：袁绍和公孙瓒仍互为死敌，曹操也因袁术贸然称帝而与之势不两立。各方势力继续攻伐，袁绍在与公孙瓒艰苦决战的同时，曹操则拉拢刘备、孙策等对袁术进行孤立和削弱。汉献帝建安四年（199）三月，袁绍彻底打败公孙瓒，公孙瓒自杀，就在此前两三个月，曹操也将吕布消灭在下邳，吕布被曹操缢死。袁术虽然得以多苟活了数月，但对时局的发展已再无影响。俯瞰北方各州，配角退场之后仍是两大势力集团并存的局面，只不过两大集团的主人已经变成了袁绍和曹操。

2. 与曹操的恩怨情仇

袁绍与曹操早年相识，关系还很不一般，不过《世说新语》里记载的袁绍、曹操少年时代"抢新娘"等故事虽然人所共知，但真实度却不高，曹操比袁绍小了近十岁，二人不可能是"发小"，他们相识并发展成关系密切的朋友应在成年之后。何进掌权期间，朝廷曾设置"西园八校尉"，袁绍和曹操均列其中，在与宦官的斗争中，曹操也属于何进、袁绍阵营。之后关东联军起事，袁绍成为关东联军盟主，曹操正被朝廷通缉，原有骑都尉的官职已被夺去，袁绍便以所谓车骑将军的名义表奏曹操为奋武将军。以上这些表明，在袁绍的眼里曹操即便不是自己直接的部下，至少也是自己的附庸。

在群雄争霸战的早期，曹操这种"附庸"的角色不仅没有消失，而且还逐渐加强。曹操加入关东联军后首战于汴水，被董卓手下悍将徐荣打败，曹操不得已南下募兵，试图东山再起，但半路上又发生了龙亢兵变，曹操手下人马所剩无几，不得已只得去投奔袁绍，袁绍表奏曹操为兖州刺史部东郡太守，曹操前往东郡，在众人眼中曹操这时对袁绍的依赖性更强，曹操前往兖州发展其实是为袁绍抢地盘。曹操的运气不错，很快入主兖州，被官民推举为兖州牧，但曹操实力有限，南征徐州时因兵力不足还向袁绍求过援，袁绍二话不说，马上派朱灵率三营人马前来助战，按当时的军制一营约五千人，袁绍不惜拿出一万五千万人来帮助曹操，说明二人绝不只是朋友的关系。

如果这些还不能直观反映袁绍与曹操之间真实关系的话，那袁绍在官渡之战前夕发布的讨伐曹操的檄文也许更能说明问题。这篇檄文是由袁绍、曹操共同的好朋友陈琳执笔，陈琳不仅文笔好，而且对曹操"知根知底"，所以这篇檄文写得很有杀伤力。在这篇檄文中，除了痛骂曹操"赘阉遗丑"以及杀害名士、霸凌皇权等"劣行"外，还提到两条重要信息：一条是说董卓之乱后，袁绍"与操同谘合谋，授以裨师，谓其鹰犬之才，爪牙可任。至乃愚佻短略，轻进易退，伤夷折衄，数丧师徒；幕府辄复分兵命锐，修完补辑，表行东郡，领兖州刺史"，按照这个说法，曹操打了很多败仗，丧失基本兵力，是袁绍分兵给他，并让他担任了东郡太守、兖州牧；另一条是说，汉献帝由长安东归后，"时冀州方有北鄙之警，匪遑离局；故使从事中郎徐勋，就发遣操，使缮修郊庙，翊卫幼主"，按照这个说法，那时袁绍因冀州战事抽不开身，于是派手下徐勋前往曹操那里传达命令，让曹操迎接天子。檄文乃讨伐敌人之用，故存在虚虚实实、真真假假的问题，但以上两条似乎不虚，前一条不必说，有朱灵三营人马为证；后一条虽不见诸史书，但袁绍敢点出徐勋之名，想必也并非子虚乌有。在袁绍看来，曹操是他的附庸无疑，只是这个附庸越来越"承资跋扈，肆行凶忒"，随着势力的增长而越来越不听指挥了。

3. 功败垂成皆因性格

到汉献帝建安五年（200）时，参与北方争霸的群雄只剩下了袁绍、曹操和刘备，刘备依附于曹操，袁绍和曹操为争夺北方控制权的一场决战不可避免。从实力上看，袁绍占有冀、青、并、幽四州，曹操占有兖、徐、豫三州的大部及司隶校尉部的一部分，袁绍的地盘更广，人马也远优于曹操，袁绍可以轻松集结起十万人马南下寻曹操决战，而曹操能用于正面战场的兵力非常少，虽不如《三国志》所说"兵不满万，伤者十二三"，但分析起来也不到袁绍军力的一半。所以，袁绍对打赢这一仗很自信，袁绍南下时还带着大量图书典籍，并强迫著名学者郑玄随军，这些安排表明，袁绍所着眼的不仅是打赢这一仗，还考虑到打赢之后如何"建设"朝廷，按袁绍的性格，一旦掌握了朝廷，恐怕立即就会再来一场废立之事，将他心中一向排斥的汉献帝废黜，另立一个新皇帝，或更甚者，袁绍自己直接当皇帝也未可知。

但人算不如天算，在汉献帝建安五年（200）的官渡之战中袁绍被曹操打败了，败得非常彻底。其实，早在战前已有许多人不看好袁绍，除曹操阵营里荀彧的"四胜论"、郭嘉的"十胜十败论"之外，南阳的张绣以实际行动站在了曹操的一边，刘表手下的主要人物也几乎都看好曹操，势头更猛的袁绍为何不被众人看好？曹操"奉天子"的因素当然是一个方面，而更重要的恐怕是袁绍在群雄争霸中的所作所为，荀彧一针见血地指出袁绍"凭世资，从容饰智，以收名誉"。袁绍挑起关东联军内斗、以欺骗手段夺取冀州等皆人所共睹，这种不计长远的短线操作行为使袁绍的形象很受损害。"小胜靠智，大胜靠德"，更何况依靠的是欺诈，这样的事业终不会长远。

袁绍一来到这个世界上就有了让人羡慕不已的天生优势，袁氏政治资源丰厚，可以保证袁绍仕途一帆风顺，而袁绍又生得仪表不凡，又有一些能力，走到哪里都受到追捧。袁绍不愿意再走父辈们走过的路，尽管这条路风光无限，他清醒地看到天下正在发生变化，为此开始了精心准备，也抓住时机开创了一番事业，一度成为天下最有实力的割据者，引得无数英雄豪杰追随，但过早成名和过于顺利的政治道路造就了袁绍性格上的缺陷，并最终让他走向失败，让他的事业在官渡之战中戛然止步。

袁绍遇到了比他更厉害的人，这就是曹操。与袁绍相比曹操处处占下风：袁绍仪表堂堂，曹操相貌平平；袁绍出身清流名门，曹操则出身宦官家庭，当时被称为浊流。曹操年轻时特别注重交朋友，虽然也交了不少朋友，但大多是自己主动交往的，曹操经常主动推销自己，但仍时不时遭人白眼，这些都是受家族之累，而袁绍完全占有这些方面的有利条件，谁想见袁绍都得排队。同样是讨伐董卓，曹操起兵最早也最为积极，却只能屈居袁绍甚至张邈的手下，而袁绍尽管没有为酸枣会盟做过直接贡献，参加会盟的人仍然一致推举他为盟主。

袁绍实在太顺了，最后却败给了曹操，这说明天时、地利、人和之外还有一些因素起作用，那就是品质、毅力和努力，其中也包括性格。正因为一路太顺，所以袁绍有了"色厉胆薄"的一面，他外表宽容，但内心猜忌、器量狭小，喜好谋略而不能决断。袁绍手下能人不少，但袁绍纵容众人搞内斗，且发展到难以控制的程度，从而在关键时刻正确的主张往往得不到支持，错误的战略却屡屡被通过。对一个组织而言，领导人的性格就是本组织的性格，领导人的性格不仅决定着自己的命运，也决定着整个组织的命运。韩馥最终窝囊而死，害的不仅是自己还有身边那些追随的人，袁绍比韩馥有能力，但也算不上是个完全称职的领导人，袁绍死后袁氏集团还陷入了长时间的内斗，这些都与袁绍脱不了干系。

曹操：

由配角到主角

曹操履历表

姓名	曹操
谥号	武皇帝
家庭出身	汉太尉曹嵩的儿子,曹嵩为宦官首领大长秋曹腾的养子。
生卒年	155—220
生平履历	熹平三年(174),被举为孝廉,在朝廷担任郎官,不久被任命为洛阳北部尉,开始仕途。
	中平元年(184),黄巾起义爆发,被拜为骑都尉,受命与皇甫嵩等进攻颍川黄巾军,因功迁济南相。
	中平五年(188),任西园八校尉之一的典军校尉。
	中平六年(189),逃出洛阳,在陈留郡起兵反抗董卓。
	初平二年(191),被袁绍表奏为东郡太守。
	初平三年(192),被济北相鲍信等迎请为兖州牧。
	建安元年(196),迎汉献帝,迁朝廷于许县,任司空。
	建安三年(198),消灭吕布。
	建安五年(200),在官渡之战中大败袁绍。
	建安十二年(207),北征乌桓,大胜。
	建安十三年(208),进军荆州,兵败赤壁。
	建安十八年(213),被汉献帝册封为魏公。
	建安二十年(215),征汉中,将其占领。
	建安二十一年(216),被汉献帝册封为魏王。
	建安二十三年(218),刘备征汉中,亲往救援,不利撤回。
	建安二十五年(220),驾崩于洛阳。

曹操是汉末时局由混乱到逐渐整合过程中最关键的人物,他既有黄巾起义前的仕途经历,又参加了镇压黄巾起义的行动,在之后的群雄逐鹿中更一步步由配角成为主角。不过,在历史上曹操曾长期被人涂着"白脸",尽管近年来人们对曹操在历史上的地位和作用有了一些新的认识,但由于历史的积垢太深、脸上的粉彩太厚,"卸了装"的曹操又显得有些苍白,人们对曹操的认识还不够全面,以至于在他的身上还常常存在着许多待解的谜团。

曹操出身于宦官家庭,作为既得利益者,是什么原因使他义无反顾地开启新的人生?曹操与汉末世家大族之间究竟是政治同盟还是互为对手?曹操对汉室究竟是真心扶持还是利用?曹操与历史上的那些昏君、暴君不同,他做事比较理性,但为什么又留下嗜杀之名,甚至屡有屠城的记载?曹操在有生之年没有称帝,究竟是实力不足还是没有想法?军事才能十分突出的曹操,为什么会在赤壁之战中犯下显而易见的错误?曹操既然不想当皇帝,为什么又要当魏公、魏王?曹操一开始不喜欢曹丕,原因是什么……如果孤立地看这些问题,的确不容易回答,也难以找出一条连贯的历史逻辑。走近曹操,详细地了解曹操的一生后,才能揭开这些谜底。其实,曹操是一个真实而鲜活的人,有自己的做事原则,对人对事有一贯的主张和态度,他不是一个多变的人,他的身上没有那么多的矛盾。

一、一个不甘寂寞的青年

曹操字孟德,汉末豫州刺史部沛国谯县(今安徽省亳州市)人,魏文帝曹丕的父亲,曹丕称帝后被追封为武皇帝,即魏武帝。曹操的父亲曹嵩是宦官曹腾的养子,曹嵩曾任大司农、太尉等职,因为与宦官家庭有关,曹操被视为"赘阉遗丑"。

1. 少年时代的烦恼

曹操不仅出身于宦官家庭，而且母亲很早就故去了，提供这个信息的是曹操本人。多年以后曹操的父亲及多位亲人同时遇害，曹操写了一组叫《善哉行》的诗表达怀念之情，其中的第二首有以下几句："自惜身薄祜，夙贱罹孤苦。既无三徙教，不闻过庭语。"大意是，母亲很早就去世了，从来没有慈母的关爱，也没有得到多少严父的训导。心理学研究表明，单亲家庭的孩子更要给予特别关注，否则他们的性格就容易出现两种缺陷：一种是自卑、忌妒心强；另外一种是破罐子破摔，性格暴躁，有的甚至表现为残忍。如果不注意，这些孩子容易被塑造成双重人格：在家一挨训就唯唯诺诺；在外面遇到弱小者就把在家里受到的教育方式使用到别人身上，行事暴躁凶狠。

按照这个理论观察曹操的童年，情况就有些不妙。曹操自幼失去亲生母亲，而父亲正忙着在洛阳做官，家里又遭遇变故，没有精力管他。尽管生活在衣食无忧的家庭，但缺少亲情关爱，没有严格的管教，极容易形成放纵、随意、不服约束的性格。这些确实反映出曹操一生性格的某些侧面，曹操的性格与他童年的经历密切相关。同时，曹操身体发育很慢，不长个子，相貌平庸，不是一个英俊少年，对曹操的长相，《魏氏春秋》有"容貌短小"的记载，但具体身高没有明示。在汉末官场和社交界，长得英俊潇洒、身材高大是一张体面的名片，如果相貌和身高上有缺陷，则会在竞争中吃亏。

2. 渴望得到认可

与出身好、长相好的袁绍相比，曹操各方面都处于劣势，但青年时代的曹操是一个上进心极强的人，他渴望得到世人的认可。汉末除了讲长相和出身，还很注重人们的品评，有些特殊人物所做的评语对一个人的知名度十分重要，曹操于是在这方面刻意寻求突破。曹操的祖父曹腾生前有个好友名叫桥玄，曾担任司空，他善于品评人物，对曹操也十分看重，桥玄第一次见到曹操就觉得这个青年不一般，他对曹操说："今天下将乱，安生民者其在君乎！"桥玄还对曹操说，自己已经老了，死后愿将妻子儿女托付给曹操，这当然是莫大的信任。名士李膺的儿子李瓒是袁绍的妻弟，但他更看好曹操，也曾表示愿意在死后"以妻子儿女相托"，李瓒对曹操十分推崇，经常向别人推荐，李瓒临死的时候对儿子说"天下英雄无过曹操"，李瓒"嘱诸子从之，得免于乱世"。

名士何颙以善于识人著称，他见到曹操，交谈之后也给予了很高评价："汉家将亡，安天下者必此人也！"汝南郡有一对堂兄弟，名叫许靖和许劭，他们凭借识人之术在家乡清河的一个小岛上开办了讲坛，每月初一命题清议，称"月旦评"，他们评论乡党、褒贬时政，由于不虚美、不隐恶、不中伤，只辩人之好坏、分忠奸善恶，所以非常知名，经他们品评的人无不声名大振。桥玄给曹操写了封推荐信，曹操兴冲冲地跑到清河岛，却遭到许氏兄弟的冷遇，原因大概是他们把曹操当成了宦官子弟，但曹操不灰心，仍坚持让他们给自己做出评价，《后汉书》记载，许劭最后还是送给曹操两句话："君清平之奸贼，乱世之英雄。"对这个评价，曹操相当满意。这一句话后来被人篡改，成了"治世之能臣，乱世之奸雄"，曹操年轻时当然不会立志当"奸雄"，他渴望成为一名英雄。

汉末三国时期人们很看重褒贬之论，称为"风议"，所以史书常有此类记载，如何颙评荀彧为"王佐之器"、杨俊评司马懿"此非常之人也"，但像曹操这样被若干重量级人物逐一点评，且评价皆不俗，还是比较少见的，这与曹操重视别人的看法、渴望得到认可的心理有关，也与他青年时代就广泛交友有关。曹操青年时代不仅与上述点评过他的人物有交往，也与袁绍、袁术、许攸、张邈、刘勋等日后的风云人物相识相交，虽然出身于宦官家庭，但曹操所结交的都是名士或豪侠。

3. 彻底与宦官划清界限

曹操青年时代入太学学习，汉代的太学很兴盛，也培养了不少人才，东汉的开国皇帝刘秀就是太学毕业的。20岁时曹操由太学毕业，又被举为孝廉，所以有了做官的资格。曹操最想得到的是洛阳令一职，却未能如愿，仅被任命为洛阳令下的北部尉，但曹操没有气馁，而是努力在这个岗位上干出点成绩来，以期引起外界的注意。一到任，曹操就把官署的四门修缮一新，还做了不少五色大棒悬挂在各门口，曹操申明禁令，规定凡违反治安管理命令的，无论平民还是权贵，一律五色棒伺候。东汉的行政执法体系比较乱，尤其是执法环节，伸缩的余地很大，洛阳北部尉虽然只是一个地方官员，但手里也握有生杀大权。

曹操的这番做派分明是要引起各方的关注，当然他也有另外的选择，比如，在这个岗位上慢慢干下去，通过勤恳工作，搞好与辖区内百姓的关系，做些好人好事，慢慢提高声誉，得到上面的认可，等待提升的机会。但这需要忍耐，也需要时间，曹操有些等不及。曹操需要尽快向世人证明自己是治世的能臣，也是乱世中的英雄，他渴望建立功业，不是在漫长的未来，而是在眼前。

偏巧，机会很快就来了。一天夜里，曹操带人巡查，突然遇到了一群违反夜间禁行规定的不速之客，其中一人自称是蹇硕的叔父。蹇硕是当时炙手可热的大宦官，他的叔父一般人不敢招惹，但曹操不在乎，一声令下，手下的人一拥而上，将对方全部拿下。五色大棒就是给那些违禁的人准备的，曹操下令大棒伺候，这位蹇叔根本不经打，一顿棒子下去竟一命呜呼了。这是曹操刚上任几个月就做出来的惊人之举，在常人看来这件事也太过生猛了，毕竟对方不是一般人物，贸然结下如此深仇大恨，蹇硕能饶得了你吗？但是，经过思考和判断，曹操一定认为这件事不至于酿成太大的危机，所以值得一试。曹操看到，当时的形势对当权的宦官未必有利，对已经亲政的汉灵帝来说，平衡宦官、党人、外戚的关系本来已颇费脑筋，宦官也有顾忌的地方，蹇硕因为叔父犯罪遭受惩处而发起报复，反而要考虑事件所造成的后果和影响。

曹操大概都想好了，最好因为此事自己被撤职查办，丢掉一个微不足道的四百石小官，收获的可能会更多。但这件事似乎不声不响地过去了，蹇硕那边并没有传来要报复的消息，而曹操棒杀权贵的事情却瞬间在京城传开了，史称"京师敛迹，莫敢犯者"。曹操声名大振，以前没有听说过他的人，这一回也都知道了洛阳城里有个年轻有为、敢作敢当的"曹局长"。

二、有"能臣"无"治世"

青年时代的曹操心中的理想仍是做一名"治世能臣"，这是那个时代大多数青年精英的共同人生目标。多年以后，曹操在《让县自明本志令》中回忆那时的人生理想："欲为一郡守，好作政教，以建立名誉，使世士明知之。"当然，只做一名品秩两千石的郡太守也许目标太小了，曹操后来还对军事产生了兴趣："意遂更欲为国家讨贼立功，欲望封侯作征西将军，然后题墓道言'汉故征西将军曹侯之墓'。"然而，曹操所处的是一个风云激荡的时代，被时代的激流所裹挟，任何人都难以预测和左右自己未来的轨迹。

1. 天子身边的"曹秘书"

曹操担任洛阳北部尉两年后升任顿丘令，不久因堂妹夫濦强侯宋奇被宦官诛杀而受到牵连免官，光和三年（180）又被朝廷征召为议郎。议郎品秩六百石，与县长相当，主要职责是跟在天子身边"顾问应对"，可以看成天子的秘书，能担任这个职务的人首先要有一定水平，天子不可能找个白丁当顾问；其次，因为经常跟在天子身边，所以还必须可靠。议郎通常年纪较大，像曹操这样25岁就当上议郎是不多见的。当时担任议郎的大概是两种人：一种是来混日子的，工作不累，待遇不错，适合养老；一种是混资历的，曾经在天子身边工作过，这是一种炫耀的资本，只等有机会就可以出任郡太守、州刺史，这类人通常好表现，抓住一切机会在天子面前显露自己。曹操是一名新手，当学究太嫩，想表现自己还没有多少资本，但曹操在这个岗位上也不甘平庸。

一直到中平元年（184）之前曹操都在议郎岗位上任职，时间长达五个年头，其间至少有过3次重要谏言：第一次是在光和三年（180），曹操建议为陈蕃、窦武平反，陈蕃、窦武是扶持汉灵帝上位的重要功臣，他们掌权时谋诛宦官，但在曹节、王甫等宦官的操纵下陈蕃、窦武被杀，曹操旧事重提，需要非常大的勇气，因为主要当事人曹节仍大权在握，这次上书的后果是"汉灵帝不能用"，与上次棒杀蹇叔一样，曹操此举可以理解为进一步与宦官阵营划清界限；第二次上书是在光和五年（182），这次谏言的起因是"谣言"，即老百姓编的一些讽喻时事和贪官的顺口溜，汉灵帝下令调查，结果酿成"案中案"，贪官都没有事，清官反而上了"黑名单"，曹操以犀利的言辞上书汉灵帝，揭露事情真相，请求重新调查，这件事前文已有述及；第三次上书还是发生在光和五年（182），这一年从春天开始，各种异常现象又不断出现，包括旱灾、火灾以及神秘天文现象等，汉灵帝崇信五行学说，看到这些奇异情况心里又不禁发虚，于是诏群臣问对，对天子的问题大部分人都打了马虎眼，说了些不知所云的话搪塞过关，只有曹操"争谏"，但也没有下文。

这些事让曹操认识到政治的衰败已经很严重，靠他一个区区议郎改变不了任何事。而且，一再激怒宦官阵营，他终将成为这些政治群狼的打击目标。六百石的官位不足惜，甚至搭上自己的性命也无所谓，可要因此危及父亲以及整个家族的安危，曹操的心里还是充满了顾忌，于是曹操选择了沉默。《三国志·魏书》卷一记载："是后政教日乱，豪猾益炽，多所摧毁。太祖知不可匡正，遂不复献言。"这不是曹操的个性，但他现在必须这么做。

2. 投身军界当"旅长"

中平元年（184）三月黄巾起义爆发，汉灵帝下诏，紧急成立讨伐兵团，由大将军何进总负责，由皇甫嵩、卢植、朱俊分别率一支人马讨伐黄巾军，时任议郎的曹操此时投身军界，担任骑都尉一职，归皇甫嵩指挥。按当时的编制，都尉手下约有五千人马，骑都尉大约相当于"骑兵旅旅长"，之前从来没有涉足军事的曹操，怎么会突然被委以军中的重任呢？对曹操而言，这的确是一个重要的人生转折，但所有的史料都没有记录或探究过这个问题，所以只好猜测。

一个可能的原因是，曹操喜欢军事，并且有了点名声，所以被征召入军中。曹操不好读死书，好读杂书，尤其是法家、兵家著作，《孙子兵法》一书现在名气极大，但在曹操之前这部书的影响力还没有这么大，曹操发现了《孙子兵法》的巨大价值，认真研读，并为《孙子兵法》作注，使得这部兵法影响力剧增，历史上被公认的为《孙子兵法》作注的大家共十一位，曹操列第一位。曹操喜欢《孙子兵法》也许属业余爱好，但皇甫嵩、卢植恰巧那时也都担任过议郎，如果曹操与他们刚好在一块共过事，他们应该比较熟悉曹操，对这个个子虽然不高却干练果敢的青年，皇甫嵩或卢植没准有过深刻的印象，曹操被他们"点名"要到军中来，也不是没有可能。

另一个原因是，张奂、张温等人可能会影响曹操的仕途选择。张奂和张温都是军中的前辈，资历比皇甫嵩、卢植还要老，《后汉书》说曹操的祖父曹腾善于发现和提携人才，张温、张奂就受到过曹腾的提携，这二人当时仍活跃于军界，虽然因为边境战事脱不开身，没有出现在清剿黄巾军的序列里，但在军事方面无疑保持着重要的发言权，如果曹操事先得到消息并求助他们，他们的建议应该会在汉灵帝的决策中发挥重要作用。

还有一个原因是，当时朝廷也很难找到合适带兵的人。这个原因看起来有些荒谬，可确实存在，东汉的教育体系虽然发达，但培养的都是文人，武将基本靠"自学成才"，或者像张奂、卢植那样弃文从武。由于教育结构的失衡，造成军事人才匮乏，到需要的时候还真找不到合适的人。而且打仗不是好玩的事，面对的又是来势凶猛的黄巾军，冲锋陷阵、马革裹尸，好多人还没有做好这样的思想准备。骑都尉看着很威风，但危险系数极大，前途并不被看好，世族大家中即使有子弟符合条件的，也会被劝不要出这个风头，比如袁术，此前担任过多年的虎贲中郎将，是禁军指挥官，此人一贯喜欢出风头，但这一回也没敢吱声，毕竟给天子当侍卫与上战场厮杀是两码事。

基于以上原因，曹操如果有兴趣进入军界，他的机会应该很大，如果曹操主动请缨，这个机会就更大了。以曹操的个性，在朝廷里做议郎，然后一步一步往上爬，做个九卿，再到胡子一大把时混进三公的行列，这样的职业生涯规划不是不可行，但不是曹操心中所想。曹操不是从来不想当"能臣"，只是他逐渐明白，"能臣"并不好当，当"能臣"需要条件和前提，那就是"治世"；现在的情况刚好相反，天下已经大乱，乱世里没有"能臣"，乱世里只有"英雄"。曹操想做一名"英雄"，与曹操同时代的许多人也都有同样的想法。于是，曹操脱下文官的制服，换上一身戎装，"曹秘书"成了"曹旅长"。

3. "曹市长"黯退济南国

黄巾起义在爆发的当年就被镇压下去了，曹操在朝廷的这场军事行动中立了功，被提拔为济南国相。东汉郡县制与分封制并行，有封王的郡称为国，行政长官不称郡太守，而称国相，国相与郡太守相当，品秩都是两千石。按照东汉的行政区划，全国分为13个州刺史部，州的下面是郡国，郡国总数约110个，所以郡国的规模介于现在的省与县之间，相当于规模较大一些的地级市，曹操担任的济南国相，相当于"济南市市长"。这里的济南国，隶属青州刺史部，该州所辖大体相当于含胶东半岛在内的山东省北半部，有四国二郡，所属济南国的治所在东平陵县，今济南市附近的章丘区一带。

曹操此时还不到30岁，即使在不太强调干部任职年龄的东汉，30岁能当上郡太守的毕竟也不多。黄巾军掀起的高潮被压制下来，全国局势突然变得平静，曹操心里关于"乱世""治世"的思考或许又发生了轻微的变化。也许天不灭汉，只要天子肯于振作，朝野上下充满正直之士，国家的根基还是稳固的。也许曹操重新认识到，在治世里做个能臣也是自己的人生选项，要做个能臣，就要积累实践经验，了解民情，增添阅历，使自己不断受到历练。此番到济南国任职就是最好的机会，所以曹操决心在济南国干出一番事业来。

济南国下辖东平陵、历城等十个县，由于以前历任国相疏于政务，不能严于治理，造成吏治的腐坏，这些县令和县长绝大多数存在严重问题。现任济南王名叫刘康，是河间王刘利的儿子，他与当地的官吏结成同盟，又与朝廷里的宦官权要来往密切，织成了一个复杂的关系网，谁到这里来上任，都无法施展拳脚。曹操却很沉稳老练，他到任后先做了两三个月的调查研究，之后突然出手，大刮"廉政风暴"，一口气拿下了下属十个县官中的八个，罪名是贪污受贿、滥征税费、为地方黑恶势力当保护伞、鱼肉百姓等，济南国面貌为之一新，"小大震怖，奸宄遁逃，窜入他郡。政教大行，一郡清平"。然而，济南国官场却炸了锅，出事官员们的家里人赶紧通过各种关系疏通，有的跑来向曹操求情，有的跑到朝廷搬救兵。曹操置之不理，"廉政风暴"告一段落后，他又推出了下一阶段工作的重点——禁淫祠。

自西汉初年以来的三百多年里，济南国这个地方一直盛行鬼神崇拜和淫祀之风。淫，此处是泛滥的意思，如在济南国各种祭祀城阳景王的祠庙就达六百多座。淫祠背后隐藏着复杂的腐败问题和社会不安定因素，因为这些祠庙都由一些地方黑恶势力来操控，所需要的花费分摊给辖区内的百姓，百姓对此苦不堪言。这些人还以淫祠为依托结成一种势力,打着祈福、禳灾和为百姓祛病的旗号大搞各类非法组织,欺压百姓,鱼肉乡里。淫祠的存在消耗了大量的社会财富,使民生更加凋敝,社会风气更加败坏,社会治安更加混乱。曹操颁布命令,禁止再建新的祠庙,对已建的要进行评估,不符合有关要求的将强行予以拆除。由于行动果断,一时间济南国内的淫祠现象不见了。

通过上面这两件事可以看出在曹操的身上有一个难能可贵的长处——执行力。无论是"廉政风暴"还是禁绝淫祠,曹操都毫不手软,这些都体现出他的自信,也说明他在吏治和地方治理方面有一定能力。但曹操又势单力薄,面对几乎整个官吏体系的腐败,在错综复杂的地方关系面前,单靠他一个人能改变的似乎又很有限。正当曹操信心十足地在济南国推行新政时,一些传闻也陆续散布开来,有的说朝廷正在调查曹操,有的说曹操马上就要被撤职查办,这样的传闻越来越多,曹操固然想干出一番事业来,但心中依然不免升起了忌惮,因为他不考虑自身,也要为整个家族的安危着想。曹操在后来写的《让县自明本志令》中回忆:"故在济南,始除残去秽,平心选举,违迕诸常侍。以为强豪所忿,恐致家祸,故以病还。"这段不太长的经历大概彻底动摇了曹操心中做一名"治世能臣"的信念,不是做不了"能臣",而确实已经没有"治世"了。

三、乱世中的强人

曹操于是辞去了济南国相一职,朝廷改任他为东郡太守,曹操此时已对"治世能臣"不感兴趣,所以就以生病为由相辞。曹操此时的心境颇为消沉,甚至想过上二十年与世隔绝的生活,但时代再次发生了巨变,曹操又一次被推进历史的旋涡中,只是这一次他果断地把握住了命运和机遇。

1. 筑密室思考未来

接连辞官后，曹操没有回到洛阳居住。作为一名年轻将领，曹操曾带兵与黄巾军作战，站在黄巾军的角度看，曹操的手上沾满了太多兄弟们的血。后来曹操又在济南国惩治了不少贪官污吏，这些人以及一些黑恶势力也把他当成了敌人。曹操辞官后手里没有权力，成为一名普通百姓，那些成心想报复他的人就有了机会。所以，曹操不愿意公开在洛阳活动，也没有大张旗鼓地回沛国谯县老家，而是在谯县以东五十里的一处林木茂盛之地修了一处"精舍"，在此秘密居住，从中平二年（185）年底到中平五年（188）年初，曹操在此生活了近三年，其间从未离开，过上了隐士的生活。

隐居在士人心里是挥之不去的情结，尤其当人生出现挫折或对社会现实失望的时候这种心态就更加强烈。在汉末三国，隐居还是士人的一种时尚，是受人敬重的一种生存方式，淡泊名利、与世无争、清静无为被视为一种美德，由此造就了不少名声很大的隐士，有的人越隐越显，越显越隐。不过，曹操的隐居没有做秀和沽名钓誉的意思，他是真隐居，对这段不算短的隐居日子，二十五年后曹操回忆说："去官之后，年纪尚少，顾视同岁中，年有五十，未名为老。内自图之，从此却去二十年，待天下清，乃与同岁中始举者等耳。故以四时归乡里，于谯东五十里筑精舍，欲秋夏读书，冬春射猎，求底下之地，欲以泥水自蔽，绝宾客往来之望。"

在精舍隐居期间曹操写了不少诗作，保留下来的有一首叫《对酒》的诗，描绘的是曹操心中理想社会的模样：吏役不上门叫嚷，君王圣贤，大臣们都是忠良；人民不争斗，人人都知道礼让；三年耕种，够九年的口粮，家家户户粮满仓……这是多么美好的太平盛世景象。曹操心中依然向往着一个承平的社会，在这个社会里政治清平，君王贤明，大臣忠良，官吏爱护百姓，徭役轻薄，民风淳朴，人人都能善终。曹操想做一名贤良有为的能臣，但这样的目标与现实的反差实在太大，曹操当过县令，带兵与黄巾军作战，又担任过济南国相，曹操在这些实践中接触到了社会真实的一面，作为官僚士大夫队伍中有良知、头脑清醒的年轻一辈，曹操的心中充满了矛盾、痛苦和无奈。

2. 成为朝廷通缉犯

曹操希望一直隐居下去，"然不能得如意"，现实就是这样，有时你连回避它的权利都没有。中平四年（187），曹操的父亲曹嵩以一亿钱的代价买得太尉一职，这位宦官的养子成为三公之一，不知道是否因为受这件事的影响，几个月后曹操被朝廷召回担任都尉。中平五年（188），汉灵帝为巩固统治设置了西园八校尉，相当于朝廷的新军，骑都尉曹操成为八校尉之一的典军校尉。第二年，东汉朝廷就发生了一连串令人眼花缭乱的大事：先是汉灵帝驾崩，紧接着大将军何进被宦官所杀，最后董卓率领凉州军趁乱控制了洛阳。

曹操对时局有自己的看法，但这个时候他还成不了主角。比如，在袁绍鼓动大将军何进引外兵入京中，曹操一眼就看出了其中的凶险，也进行过规劝，但袁绍不听。董卓掌权后，对曹操也进行了一些拉拢，董卓没有将曹操划为何进的旧部，而重新任命曹操为骁骑都尉，但曹操不会跟董卓合作，虽然已经步入乱世，但曹操宁愿坚守正统，于是他参与了袁绍领导的密谋，目标是铲除董卓，恢复东汉的正常秩序。袁绍、曹操等人无法在洛阳与董卓抗衡，于是在袁绍策划下潜逃出洛阳，他们分赴各地，参加了讨伐董卓的联盟。

曹操是只身逃出洛阳的，朝廷对曹操迅速展开通缉，由于出行仓促，曹操连夫人卞氏和已经出生的儿子曹丕都没有带上，所幸一路有惊无险，曹操最后到达陈留郡己吾县，在此招兵买马。己吾这座不起眼的小城见证了"曹家军"的诞生，几乎白手起家的曹操在这里迎来了典韦、乐进、夏侯惇、夏侯渊以及同族的曹洪、曹仁、曹纯等加入，这些人都成为日后"曹家军"名将。

3. 艰难的创业之路

初平元年（190）正月，以袁绍为盟主的"关东联军"分头集结，共同讨伐董卓，曹操参加了联军在酸枣的盟誓，被袁绍表奏为奋武将军，曹操手下的人马成为"关东联军"的重要一支。但盟誓之后其他各路联军却不愿意进兵，每天"置酒高会"，曹操对他们说："诸君听吾计，使勃海引河内之众临孟津，酸枣诸将守成皋，据敖仓，塞辗辕、太谷，全制其险；使袁将军率南阳之军军丹、析，入武关，以震三辅：皆高垒深壁，勿与战，益为疑兵，示天下形势，以顺诛逆，可立定也。今兵以义动，持疑而不进，失天下之望，窃为诸君耻之！"曹操反复陈述，最后只有济北国相鲍信愿意一块儿行动，曹操与鲍信的队伍联合一处向西发起进攻。

曹操率领的队伍行至敖仓附近的汴水时与董卓部下最有战斗力的徐荣所部相遇，双方发生激战，由于训练时间短、战场经验不足、骑兵不多，曹操的队伍大败。关键时刻曹操的战马被乱箭射死了，失去战马的曹操随时会在混战中被杀，幸亏曹洪将自己的战马让给曹操，曹操才得以生还。汴水失利让曹操辛苦募来的人马损失殆尽，但曹操不气馁，又南下扬州募兵，可回程途中于龙亢发生兵变，大部分募来的新兵开了小差。天下大乱以后，群雄并起，用诸葛亮的话说就是"跨州连郡者不可胜数"，曹操也参加到群雄逐鹿之中，但他的运气似乎不好，不仅起点低，而且接二连三地遭遇失利。

龙亢兵变后曹操无处安身，只得到了袁绍那里，袁绍表奏曹操为兖州刺史部东郡太守，但东郡并不是袁绍的势力范围，曹操要发展，还必须自己开拓地盘。曹操在袁绍支持下渡过黄河来到东郡，通过不懈努力，逐渐在东郡站住了脚。当时的兖州刺史是刘岱，在与青州黄巾军余部交战时被打死了，在兖州地方人士陈宫等人的提议和老朋友鲍信的支持下，众人拥戴曹操担任兖州牧。曹操就任兖州牧后立即整顿兵马与青州境内的黄巾军余部决战，这场仗打得很艰苦，有一次曹操率领1000多人在战场间巡视，突然遭遇黄巾军主力的攻击，手下死伤近半，将士们拼命厮杀保护曹操安全撤退。不过后来曹操还是指挥人马战胜了青州黄巾军余部，将其收编，曹操在兖州站住了脚。当时朝廷还在董卓控制下，刘岱死后董卓任命了一个名叫金尚的人来当兖州刺史，曹操在金尚进入州界的地方布下兵，金尚见此情景不敢前进，曹操于是正式控制了天下13个州之一的兖州，成为割据群雄之一。

4. 屯田试点

曹操虽然在兖州站住了脚，但论综合实力，当时超过他的人还有很多，不要说袁绍、刘表、公孙瓒，曹操一开始的实力甚至还比不上徐州的陶谦、益州的刘焉。从初平元年（190）到建安五年（200），这十年是群雄兼并的时期，经过无数场混战，陶谦、刘虞、吕布、袁术、公孙瓒等配角先后退出了历史舞台，在北方仅剩下袁绍和曹操两股最强的势力。曹操在这十年中一步步实现了崛起，除军事上的成功之外，曹操的崛起还得益于两项重要举措：一是"奉天子以令不臣"，这让曹操在政治上占据了主动，站上了群雄争霸的制高点；二是推行屯田制，让曹操在经济上占据了主动，为军事斗争提供了充足保障。

群雄争霸期间，很多战争往往跟军粮的供应有直接关系，连年战乱，百姓逃离家园，没有人搞生产，粮食产量锐减，又遇到灾荒，加剧了粮荒。袁绍的军队在河北没有吃的，"军人仰食桑椹"；袁术在淮南遇到灾荒，"民人相食"；刘备在广陵更惨，"吏士大小自相啖食"。没有吃的，军队当然没有战斗力，不等敌人进攻，自己就得一哄而散。战乱加上天灾，使人口锐减、土地荒芜、农业面临崩溃，太平年代谷价五十钱一石，后来涨到数十万钱，仍然是有价无市。"国家之要，唯在谷帛"，吃穿问题已经上升为成就霸业的首要问题，为解决这一问题，曹操想出了屯田的办法，曹军通过战争手段收复了大量无主土地，曹操手下一部分人认为应该赏给有功的将士，这也是以往惯例，有人甚至提出恢复古代的井田制，大力推行土地私有化，荀彧、毛玠等有识之士反对这么做，枣祗建议效仿古人，利用这些土地搞屯田，这些建议被曹操采纳。

建安元年（196）曹操颁布《置屯田令》，从定国安邦的战略高度充分肯定了秦皇汉武奖励耕战、实行屯田的历史经验，阐述了屯田积谷的重要意义，下令屯田。曹操搞屯田，没有一下子铺开，先在当时的临时国都许县附近搞试点。具体做法是，把已经找不到主人的土地收归国有，把丧失土地的流民组织起来，由国家提供耕牛、农具、种子，获得的收成由国家和农民分成。当时能集中起来的土地很多，流民也很多，土地和人手都不发愁，屯田很容易就搞了起来。这项工作由司空府负责，担任司空的是曹操，所以说屯田这项工作是不折不扣的"一把手工程"。在许县试点期间，曹操任命枣祗为屯田都尉，任命自己的堂妹夫任峻为典农中郎将，由二人具体管理屯田事务。

条件具备、领导重视、利国利民，这么好的事应该一呼百应、一蹴而就，但事实却不是这样。屯田试点刚一铺开就遇到了挫折，被组织起来的屯田户不太适应新的生产方式，"民不乐，多逃亡"。为什么屯田户不买账？核心问题是税赋太重。汉代农业税的比例大多数时候是十五税一或三十税一，即 6.6% 或 3.3%，而曹魏屯田户的税负是收成的一半，即 50%，如果使用官家的牛，还要达到 60%，所以大家的生产积极性不高。另外，屯田户实行半军事化管理，农户们既要从事繁重的农业生产，还要参加军事训练，危急时刻还要像正规部队一样打仗，风险大，人身自由不多。针对这些问题，梁国相袁涣提出采取新的措施调动屯田户的积极性，不能过于勉强。曹操接受了建议，对屯田制度尽量加以改进，包括合理安置劳力和分配生产资料、取消屯田户的徭役等，保证屯田制的健康发展。同时，为防止屯田户逃亡，还加强了日常管理，比如，推行了连坐法，一人有事，全家、全族乃至全屯的人跟着承担责任，屯田户逃亡事件大为减少。

为减轻屯田户负担，曹操下令对屯田以外的普通农户严格收税，增加国家收入。在这些税收中，有一种是按年、按户收取的，先对农户的土地、宅屋、车辆、牲畜甚至奴婢等私人财产进行清查，根据财产多少划定若干等级，不同等级按不同标准交税，类似于"财产税"，也可以称为"战争税"。清产划等有点像划"成分"，这项工作在曹魏统治区全面铺开，包括曹操本人都是清产划等的对象。曹操家乡谯县给曹操、曹洪二人评为同一等级，曹操知道后对人说"我家赀那得如子廉耶"，认为曹洪家更有钱，自己不应与曹洪划为同一等。这说明，为保证国家税收的公平，也为了减轻屯田户的负担，包括曹操在内的所有人都没有免税的特权。

曹操在许县屯田试点十分成功，当年便"得谷百万斛"。曹操下令将这一制度全面推广，由于这个办法非常好，孙吴和蜀汉后来也跟着实行，不过仍然以曹魏的屯田规模最大、时间最长、效果最好。当时天下有13个州，曹魏控制区最鼎盛时涉及11个州，共91个郡国，根据现存史料统计，有17个郡国有民屯，8个郡国有军屯，3个郡国既有民屯也有军屯，共计郡国28个，约占总数的1/3，这仅是有史料记载可查的，实际比例肯定比这个高得多。曹魏的屯田分民屯和军屯两种，民屯在曹魏的腹地，军屯在曹魏与吴蜀交界地区和边界地区，配备的屯田官级别都很高，郡国配品秩两千石的典农中郎将或两千石的典农校尉，县配品秩六百石的典农都尉。品秩两千石相当于朝廷的部长和地方上的郡太守，品秩六百石相当于县令，这些屯田官单独设署治事，不隶属于所在的郡县。

抓屯田工作曹操身体力行，他不仅关心打仗，也很重视各地的户籍、人口、土地等情况，亲自过问屯田事务，尤其对大型水利工程建设很关心。曹魏时期，睢阳渠、白沟、平虏渠、泉州渠、新河、利漕渠、白马渠、鲁阳渠、广清渠、成国渠以及摩陂、芍陂、郑陂等一大批水利工程纷纷上马，以当时的生产效率来衡量，这些工程个个都可谓规模浩大，如果曹操不拍板并给予支持肯定很难完成。曹操还亲自参加劳动，他跟铁匠一块打过铁，在他的带动下，曹魏的官员、将领都很重视农业工作。著名将领夏侯惇在战斗中失去一只眼睛，曹操让他继续发挥余热在山东搞屯田，夏侯惇身体力行，积极组织军民修水库，还亲自担土修坝。魏蜀吴三国中曹魏屯田时间最长，前后达七十年，取得的成就也最大，所以曹魏的综合国力远超吴蜀。虽然最后统一天下的是晋朝，但那也是在继承了曹魏政治、经济遗产基础上诞生的。

5. 三场转折之战

屯田制的推行让曹操实力大增，在迁汉献帝于许县后，曹操在军事上持续获得重大收获，先后灭掉了吕布、袁术，刘备也投奔了曹操，曹操的实力几乎可以与袁绍匹敌。紧接着，建安五年（200）曹操与袁绍决战于官渡，这一仗曹操并不占优势，但他采取了正确的战术，顶住了袁绍在战役初期发起的巨大攻势，将战役拖至相持阶段，由于意志更加坚决，加上袁绍重要谋士许攸临阵叛投，曹操将形势逆转，最终击败了袁绍。官渡之战的胜利使曹操成为天下实力最强的势力集团，袁绍虽然没有被立即消灭，但灭亡只是时间问题。官渡之战后曹操采取稳扎稳打的策略，又巧妙利用对手内部的矛盾，终于将袁绍集团的剩余势力逐一歼灭，至建安十一年（206），曹操基本统一了北部各州。

然而，曹操于次年发动了北征乌桓之战，当时内部对此役争论颇大，多数人认为乌桓虽是要解决的问题之一，但在优先级上次于南方的刘表和孙权，但曹操最后力排众议，仍决意北征。此战，曹军取得大胜，北方已无后顾之忧，但这场战事从筹备至回师长达一年左右，在此期间曹军主力远离中原，无暇南顾，给正在崛起的孙权以发展良机，孙权抓住机遇西征黄祖，打开了荆州的东大门，大有将荆州全部纳入囊中之势。曹操北征回师后吃惊地发现荆州形势巨变，刘表难以抵挡孙权的攻势，曹操于是在没有充分休整的情况下立即发动了南征荆州之战。

接下来，刘表死、刘琮降，曹军没有经过血战便获得了荆州的大部分地区，南征也应该成为胜局。但这时曹操大概过于乐观了，在占领荆州南部重镇江陵后不久，曹操又挥军东进，试图顺势解决夏口的刘备，并做出与孙权决战的准备。面临生死存亡考验的孙权与刘备携起手来，在赤壁将曹操打败。赤壁之战的结果看起来有一定偶然性，但如果分析曹操自建安十一年（206）至建安十三年（208）的全部军事行动，就会发现曹操在艰难条件下一路势如破竹，这让曹操在内心里积累了太多幸运的错觉，这种错觉引导他放弃了之前稳扎稳打的习惯，在形势完全占优的情况下依然采取冒险的打法，如果曹操放慢脚步，将征讨刘备、孙权的时间稍稍放缓一些，比如，推至次年春天，结局可能就是另外的样子。

赤壁之战阻挡了曹操统一天下的步伐，之后曹操将用兵的重点放在了东西两路：在东路采取守势，重点守合肥；在西路采取攻势，先平定了关中，驱走了马超，继而占领了凉州大部分地区，最后南攻汉中的张鲁，张鲁做一番抵抗后最终不敌，隶属益州刺史部的汉中地区被曹操占领。此时，有人劝曹操趁势进兵益州，曹操大概吸取了赤壁之战的教训，认为一场大战之后不宜紧接着发动另一场大战，所以自汉中撤兵，并发出"人苦无足，既得陇，复望蜀耶"的感叹。曹操的这个决策是正确的，从汉中攻益州，中间隔着重重巴山，又有剑阁天险，不做充足准备必然功败垂成。曹操刚离开汉中，刘备即率兵而来，刘备在法正协助下向汉中发起猛攻，曹操留守汉中的主将夏侯渊战死，曹操不得已重新带队来汉中增援，双方一场苦战，曹操获胜无望，于是撤走，汉中归于刘备。

曹操一生征战，经历或指挥的大小战役无数，其中官渡之战、赤壁之战和汉中之战这三场战役令人印象最深刻。这三场战役对曹操而言有胜有负，但胜负的原因却不一样：官渡之战，多数人认为曹操会负，但他却胜了；赤壁之战，多数人认为曹操会胜，但他却负了；汉中之战，多数人认为曹操仍然会胜，但他先胜后负。论个人的军事才能，曹操无疑是三国时代第一人，但曹操在军事上也有一个致命缺点，那就是发挥不稳定，逆境的时候很强大，顺境的时候却表现较差。

6. 一生征战未能统一天下

秦朝末年，刘邦起兵后只用六年就取得了天下；西汉末年，刘秀统一天下用的时间不到四年；东汉末年，曹操一生打了三十多年的仗，直到临终前还在四处征战，却未能统一天下，这在很大程度上是三足鼎立这种特殊局面造成的。三个支点形成一个面，三足可以形成一个稳定结构，具体到政治和军事方面当然更复杂一些，但曹魏"一强"对蜀、吴"两弱"也形成了一种较难打破的平衡，蜀、吴只要联起手来曹魏就很难同时战胜他们，这就是一种"恐怖平衡"。

除天下大势之外，曹操未能统一天下的原因从其自身来说也有可以总结的地方，比如，曹操用兵的特点，曹操擅长打突袭战，擅长孤军深入作战，尽管手下战将如云，其中不乏一流猛将，但曹操仍然有亲自带兵执行重要任务的习惯，他曾不止一次带兵孤军深入，比如，乌巢奇袭战、远袭白狼山之战以及当阳追击战等，曹操都是亲自带兵孤军深入作战。作为一名军人，身先士卒、不怕牺牲是优点；作为一名统帅，过于冒险又是一个不足。《孙子兵法》说："将者，智、信、仁、勇、严也。"在为将的五种基本素质里勇敢只排在第四位，比它更重要的是智谋、威信、对士卒的仁爱，当然不是说曹操在智谋等方面不足，而是说曹操凡有大事都习惯亲力亲为，这未必是明智之举。

刘邦手下有韩信，刘秀手下有邓禹，就连孙权手下都有周瑜、陆逊，他们都是"元帅级"的人物，可以帮助主公独当一面，而曹操手下没有这样的人，为什么呢？因为重要的事你自己都亲自干了，别人没机会。曹操手下的重要将领以"诸夏侯曹"为核心，无论曹洪、曹仁还是夏侯惇、夏侯渊都不具备"元帅"的资历和气势，完成具体一项任务没问题，但无法替代曹操指挥一场大战役。在曹操晚年，夏侯渊曾独自镇守汉中，却因一次战场上的冒进而战死。在曹操的管理体系中，无论文武都以他为核心，武将中有一批资历差不多的人，个个听命于曹操本人，但也往往只听命于他一个人，故经常出现诸将之间互不服气的情况。从管理学角度看，扁平化可以提高执行效率，但过于"扁平"会因管理手段的单一而引发很深的内部矛盾。曹操的身边如果有一两个韩信、邓禹、周瑜那样的得力助手，就可以在自己指挥一个战场时让他去领导另一个战场，从而使曹魏能同时打赢两场战争。曹操身边没有这样的人，在实战中只能攻一方、守一方，这就让蜀、吴抓住了他的弱点，他们经常从东、西和中三线同时向曹魏发起攻击，让曹魏首尾不能相顾，这也是曹操在有生之年难以捕捉到能够统一天下机会的原因。

四、"非常之人，超世之杰"

曹操是个有本事的人，也是对历史做出过巨大贡献的人，从个人素质来说，曹操也不失魅力，是一个各方面都很完美的人，但长久以来，人们对曹操的认识还不够，对他的负面评价还比较多，这有失公允，同时也有一些历史的原因。

1. 魏宫夺嫡伤元气

赤壁之战后，大概也意识到自己有生之年可能无法统一天下，曹操便有意识地对儿子们加强了考察和培养，力图选出一个最称职、最优秀的接班人，完成统一天下的大业。曹操有25个儿子，其中有做接班人可能的有三四个，曹丕、曹植还有他们同父同母的另一个兄弟曹彰都有这种可能，早期还有一个曹冲，因为特别聪明，所以曹操很喜欢，但曹冲死得比较早。备选的人虽然很多，但曹操仍然没把选接班人的工作做好，曹魏没能成为中国历史上一个长盛王朝，真正的强盛期只是在魏文帝曹丕和魏明帝曹叡这两代，后面还有三位少帝，但基本是司马氏的傀儡了，推究根源，都在这个上面。有人说曹操接班人没选好，如果当初选的不是曹丕而是曹植情况会完全不同，但这个观点并没有太大的说服力，因为选接班人不是选"谁是最可爱的人"，而是要选"谁是最可靠的人"，从政治的角度看，曹丕比曹植更可靠。

三曹都是诗人，就身上的诗人气质来说曹植无疑最浓，他有浪漫主义的一面。论文采曹植比曹丕强，但论政治才能曹丕明显超过曹植。与工于心计、颇有城府的曹丕相比，曹植显得更加坦诚、率真，生活中的曹植聪明、博学、热情、充满激情，读曹植的诗文，也深为其才华所感染。后世公认"三曹"中曹植的文学成就最高，谢灵运甚至说"天下才共一石，子建独得八斗"。读曹植的诗作，最大感受是里面蕴含着的那些真实的情感，对友人的思念，对弱者的同情，以及对社会现实的种种看法，都发自他的内心，加上文采卓绝，水平实在很高。但是文采与政治是两回事，历史上像曹操那样集文学家与政治家于一身的毕竟是极少数，曹植不属于这样的伟人，他长于文学而短于政治，他是性情中人，不是官场中人，更不是雄才大略的霸主。与曹丕的深沉相比，曹植更随性和浪漫，随性再往前走一步就容易变成任性，浪漫再往前走一步就容易变成轻浮，曹植恰恰走得有点远，《三国志》说曹植"任性而行，不自雕励，饮酒不节"，这些缺点都能举出具体事例来。曹操开始觉得曹植坦诚、善良、有同情心，又极具才华，比较喜欢他，有意让他接班，但观察之后发现曹植让人吃不准，所以最终决定把权力交给曹丕，尽管这不是最满意的结果，但在曹操看来这仍然比交给曹植来得保险。失望中的曹植突然变得消沉和自暴自弃，经常酗酒误事，让曹操更加失望。

太浪漫就是轻浮，太温情就是不成熟。同一件事，对普通人来说属于浪漫，对领导来说可能就属于不成熟了。领导者肩负着与一般人不一样的责任，因而要求他们更加沉稳、成熟和老练。成熟的领导应该熟悉一切情况，将大局掌握在自己手中，知人善任，同时能驾驭复杂的局面，也能驾驭各种类型的下属，始终成为本集团的核心。曹植有善良、坦诚的一面，在文学方面的成就也是一流的，但作为一个政治家，他缺少必要的城府，也不具备必要的政治技巧，尤其是遭遇挫折后表现出来的不堪一击，更是不成熟的表现。可以肯定，曹操即使当初把权力交给了曹植，曹植也不会把江山治理得比哥哥曹丕更好。

曹操所选的接班人并没有问题，曹操的错误在于，既然曹丕更具有接班上的优势，就应该早早明确并加以培养，但曹操却显得十分犹豫。曹操虽然没有立即"废长立幼"，但通过对曹植的重视，向外界传达出接班人未定的信号，致使手下分裂为不同阵营，掀起了夺嫡之争。这场夺嫡之争影响深远，曹丕虽然最后胜出，但斗争的负面效应长时间困扰着曹魏的事业，原先支持曹植的一批人被曹丕先后清算，这其实是曹魏事业的损失，更为重要的是，由于对兄弟们产生了心理上的隔阂和不信任，曹丕称帝后奉行"苛禁宗室"的政策，曹植等兄弟名为王侯，实则远离了权力中枢，大部分人也远离了京师洛阳，导致后来司马氏夺权，众多曹氏宗室皆无法奥援。

2. 小心翼翼

汉失其鹿，群雄逐之。逐鹿的结果是近一百年的混乱与分裂，其间崛起了多个手握绝对权力、足以问鼎皇权的人物，但出于各种原因他们中的许多人并没有直接称帝，曹操就是其中之一。曹操生前从未表示过想当皇帝，并且多次反对任何人废汉自立，但是大家不相信，在当时就有人说他"托名汉相，实为汉贼"，还有人说他"欲废汉自立"，对这些谤议曹操无法辩解。汉献帝刘协与诸葛亮同年，比曹操小26岁，东归那一年汉献帝只有15岁，曹操41岁。五年后汉献帝到了弱冠之年，按照最保守的看法此时天子也应该亲政了，曹操交权还是不交呢？如果交权，官渡之战本年开打，兵权能交不能交？如果不交权，骂声将如潮水而来，奸臣、篡位、谋逆等，政治脏水将让你无处躲藏，敌人骂、民间骂，本阵营里的政治对手们也在小声地骂。汉献帝刚到许县时，八方人士如云如雨般主动涌来，一派繁盛，可是这股人才的涌流并未持续很久，以至于曹操后来不得不连续三次发布《求贤令》到处寻找人才，表面原因是那个时代人才资源的稀缺，背后的主因恐怕与曹操所背负的政治包袱有关。

考察曹操的所作所为，发现他其实与"奸臣"的称呼实在相去甚远，他不仅不是"奸臣"，还是汉室的坚强维护者。在统一北方前，曹操就至少三次坚决反对过所谓废立之事，对刘汉朝廷公开表示支持：第一次是反对许攸和王芬等人另立合肥侯的图谋，中平四年（187）前后袁绍、许攸等人打听到汉灵帝要回冀州河间国老家，于是让冀州刺史王芬出面向朝廷要求扩充军队，待汉灵帝到来后发动政变，另立刘氏宗族的合肥侯为帝，他们邀请曹操参加，曹操当即表示反对，并给许攸写封信，引用霍光、伊尹的例子说明废旧立新是天下最不吉祥的事，劝他们不要做此打算；第二次是反对袁绍另立刘虞为帝，董卓挟持汉朝廷，关东联军以袁绍为首与之对峙，为化解政治上的被动，袁绍准备另立幽州牧刘虞为帝，曹操当面向袁绍表示反对，曹操认为现在幼主微弱，受制于奸臣之手，但还没到亡国的地步，一旦改易，"孰其安之"？曹操表示如果袁绍执意那么做，"诸君北面，我自西向"；第三次是反对袁术称帝，袁术突然在寿春称帝，震惊全国，曹操迅速发兵征讨，消灭了袁术的伪朝廷。

建安十七年（212）汉献帝刘协诏准丞相曹操"参拜不名、剑履上殿"，这更多的是一种荣誉，西汉初年的丞相萧何曾经享受过。建安十八年（213）刘协册封曹操为魏公，曹操据此建立了魏公国，定都于邺县，这是东汉的"国中之国"，范围包括冀州的十个郡，公国之内可以置丞相、太尉等百官。建安二十一年（216）刘协又册封曹操为魏王，位在诸侯王之上，曹操的魏公国"升格"为魏王国，可以用天子的旒冕、车服、旌旗、礼乐郊祀天地，宗庙、祖制都如汉制，王子都封为列侯，之后刘协又赐给曹操十二旒的王冕以及天子乘坐的车驾。建安二十二年（217）

曹操正式明确五官中郎将曹丕为王太子。以曹操的权势，把汉献帝废掉自己当皇帝是可以做到的，但他始终没有称帝，尽管从丞相到魏公、魏王，在权力之路上一直没有停息，但最终也没有越过最后那一步。

建安二十四年（219）孙权袭杀关羽，之后害怕刘备报复，主动向曹操称臣，派人送来一封信"称说天命"。曹操把孙权的信给大家看，说"是儿欲踞吾著炉火上邪"，但是侍中陈群、尚书桓阶以及夏侯惇等将领都认为汉祚已终，这也不是从今天才开始的，曹操功德巍巍，天下瞩望，所以孙权都自愿称臣，此天人之应，异气齐声，曹操应正大位，不要再犹豫，可曹操却说，如果上天真有此意，我也只愿当周文王。曹操一生多次提到周文王，他对周文王的功业及品德很景仰。周文王名叫姬昌，是商代贵族，他遵从先人之法，继承祖先的业绩，礼贤下士，日益强盛。当时殷纣王执政，残虐无道，他害怕姬昌，把他囚禁起来，但是姬昌设法重获自由，之后励精图治，发展自己的力量，为讨伐商纣王做准备。后来姬昌死了，他的儿子姬发继位，也就是周武王，最后完成了父亲周文王讨伐商纣的遗愿。曹操明确告诉大家，他在世时不会称帝，如果曹氏有代替刘氏承祚天下的那一天，也是在他儿孙辈手里完成。

对曹操的这种态度，不能只看作一种伪饰，曹操的内心里真的不愿意走称帝这条路。汉武帝罢黜百家、独尊儒术，汉代实行的是在儒教基础上的"以礼治国"，政治上强调正统和忠义，伦理上强调孝与仁，忠、孝、礼、义这些观念经过反复不断地教育，早已入心入脑。汉末皇权跌宕，天子几次遭遇不测，但朝廷始终存在，所谓"大而不倒"，都与这种深厚的思想基础有关。曹操以及后面的诸葛亮、司马懿在拥有绝对实力的情况下都不愿意称帝，对内外部形势的判断固然是其中的原因之一，但主要原因恐怕还是出于他们的内心，这三个人都受过汉代的儒学教育，深得其影响。曹操上过太学，举过孝廉，对经学也有较深研究，因为通《尚书》被征为议郎，有很深的儒学教育背景；诸葛亮出身于汉代名门，他"躬耕陇亩""每自比于管仲、乐毅"，内心里树立起的也是忠臣的标尺；司马懿更是"博学洽闻，伏膺儒教"，是儒生出身。儒学、经学、礼教，这些教育深刻影响到曹操等人，让他们在代汉自立的问题上十分谨慎。

3. 内心不如外表强硬

从个性上说曹操是一个敢想、敢干的人，敢做人之不敢做，如早年棒杀大宦官的叔父；敢直面黑恶势力不退缩，如在济南国任上刮起的反贪腐、禁淫祠风暴；也敢于表达自己的观点、敢于拒绝，如早年回应袁绍、许攸等人私下串联的政变。在行事风格上曹操绝不是畏手畏脚的人，但真正掌权之后，也许意识到政治上已然形成了不可逆转的短板，故越是军事上取得成功，曹操越是在政治上畏缩不前，各种顾忌反而增多了。

曹操先当司空，再当丞相，称魏公、魏王，难道这能看作畏缩不前吗？其实试想，通过自己奋斗，靠着一场一场厮杀拼来了大半个中国的地盘，手里握有数十万精兵强将、绝对掌控最高权力二十多年，一个这样的人却始终不敢取他人的政权而代之，只能通过一点一点的所谓改制为自己的权力增加几条备注，这样的先例之前可曾有过？之后可曾有过？这不是肆意妄为、大胆忤逆，而是内心缺乏政治自信的表现。缺乏政治自信让曹操对待政治对手的态度充满了游移，他想妥协，结果越妥协问题越多；他想和解，结果造就了更多的对手。表面上看曹操是一个严厉的人，对属下要求极严，不满意时常当面责罚甚至责打属下，有的属下竟然常备毒药在身上以防无法忍受时自杀，这种严苛令人恐惧，政治上的对手也杀了不少，从董承、伏完、徐他这样的谋反者，到边让、孔融这样的"反曹斗士"，因政治原因死于曹操刀下的人士可谓不少，与刘备甚至孙权相比，曹操这方面的杀戮似乎多了许多。但这只是表面现象，不能就此得出曹操残暴嗜杀的结论。作为一名掌权者，曹操管理的地盘最大、掌权的时间最长、受到的挑战也最多，杀人也不可避免地会更多，而如果把所有个案逐个进行分析的话，曹操"嗜杀"的结论更无法成立。

首先，因为担心政治环境进一步恶化，曹操其实并不敢对士人随意开杀戒。曹操真正涉及政治议题是在迎请汉献帝之后，之前军事斗争是唯一的主题。曹操在把汉献帝接到许县后，不久即发生了边让被杀事件，这件事被认为是张邈、陈宫兖州之叛的诱因，但兖州之叛发生在兴平年间，而杀边让是其后的建安初年，二者并无关联。不过，边让作为一个有影响力的士人被曹操说杀就杀了，这件事在士人中引起了巨大震动，这时候大多数人对曹操还不太熟悉，因为此事件他们对曹操产生了警惕，袁绍等对手又趁机挑动双方的对立，曹操在士人中的形象大损。曹操大概意识到了这一点，所以很快就改变了策略，对士人更加尊重，能容忍就容忍。建安初期曹操对孔融相当尊敬，孔融和袁绍是宿敌，曹操把自己大将军的名号让给袁绍时，派去宣达诏书的就是孔融，目的是让二人有所和解，这样的安排想必孔融也心知肚明。孔融的老朋友祢衡是个怪人，孔融说他有"狂疾"，也就是精神病。边让被杀的原因虽不清楚，但祢衡有意挑战曹操权威的做法估计边让都做不来，可是曹操没杀祢衡。孔融后来一反初期与曹操的良好合作，逐渐变得锋芒毕露，多次不加掩饰地反对曹操，甚至在一些事情上对曹操个人进行羞辱，以"只求一死"的姿态考验曹操的耐心，像这样的情况，估计换成孙权早就"咔嚓"了，至少也撤职流放，孙权身边的虞翻就是最好的例子，但曹操一忍而再忍。

其次，出于对现实利益的考虑，曹操对愿意归降自己的人基本不杀。这方面的例子很多，比如，张绣和刘备。张绣欠着曹操的血债，曹操的长子曹昂就死于他之手，曹操在南阳至少打过两次大败仗，也都是张绣干的。论实力张绣算不上一流的割据者，但南阳离许县太近，让曹操不得不把盘踞在南阳的张绣作为征伐的首选，经过一系列博弈，在胜负未明的情况下张绣突然宣布"易帜"，要投降曹操，曹操接纳了张绣，许以高官、封以侯爵，为打消张绣的顾虑还跟他结成儿女亲家。大家觉得曹操很高明，但若以一个常人的心去看，有多少人能看出彼时曹操内心里的痛苦？曹操对待刘备也一样，都说在三国人物里吕布是"三姓家奴"，但若论投靠过的人数，刘备肯定轻松就打破了吕布的纪录。刘备的政治诚信和枭雄本性让曹操狐疑不已，有多位智囊也都建议曹操杀了刘备，但曹操经过认真考虑，决定不仅不杀，还许以更高的官职、给予更优厚的礼遇。"杀此一人失英雄"，长久以来这都是曹操的内心写照，不敢轻易地杀戮，担心堵塞英雄投奔之路。

再次，对谋反者曹操无法原谅，但株连范围十分有限。曹操一生经历多次谋反事件，一部分政治激进分子不满意曹操未将最高权力交还汉帝，试图通过政变的方式对曹操进行肉体上的消灭，对这样的对手不管哪位君王想必都不会宽恕，但是与一般君王的大肆杀戮不同，曹操杀这样的人时也尽量保持了克制。董承、伏完两次谋反事件败露后，曹操所杀的也只限骨干分子，曹魏阵营里的主要文臣、武将似乎都没有受到牵连。曹操征关中期间，后方发生了田银、苏伯等人的叛乱，负责留守的曹丕等人镇压了这场叛乱，事后抓了上千人，有一部分人主张把他们都杀了，程昱反对这么做，曹丕接受了程昱的建议，没有扩大追究的范围，曹操听说这件事后十分满意，后来专门对程昱说："君非徒明于军计，又善处人父子之间。"

最后，还有些人被曹操杀了，因史书记载模糊而留下非议的空间。按照上面几条的说法，曹操是一个慎杀，甚至有时不敢杀人的人，这与多数人心目中的曹操未免太大相径庭了。当然，据说曹操确实杀过很多人，许攸、杨修、路粹、娄圭、刘勋、崔琰、刘桢……这个名单并不算短，甚至还有荀彧、张绣，没准也是曹操杀的。其实，前面那几位是事实，史书都有记载，但除了崔琰外，其他几个人所犯何事、因何被杀，记载得相当模糊，有的一笔带过，如路粹、娄圭、刘勋，是他们犯罪该杀还是冤案，史书并未说明；有的虽有说明，却说得含含糊糊，如杨修，按照有限的记载，他的死完全属于曹操因小事而随便开杀戒，但这并不符合曹操的性格,可以举一个高柔的例子做反证,高柔因为跟袁绍有亲戚关系,曹操确实想为难他,让他去做司法方面的工作,等他办个"冤假错案"再去追究他,但曹操后来发现高柔这个人很勤恳,是个不可多得的好官员,就改变了想法,反而重用起高柔。高柔的经历至少说明,曹操即使要杀人也不是说杀就杀、说办就办,远没有随意到那种程度,如果说杨修只是一句话就挨了刀,就有些太牵强了。崔琰被杀出于一场政治斗争,为的是保证接班人曹丕顺利继位,这另当别论。至于荀彧和张绣,并没有可靠的史料指出他们死于曹操之手,但问题是也没有史料对他们的死给一个权威、详细的说明,这笔账最后还是记在了曹操的头上。

乱世横流,方显英雄本色。曹操不是圣僧,以普度众生和不杀为戒律,但纵观他的一生,绝没有以杀戮为手段、为乐趣,包括关于他屠城的那些传说,也都经不起推敲,他所做的基本上是他这个角色和地位的掌权者都会做的事,既谈不上过分,更不能称为嗜杀的魔王。但曹操在身后背负了太多这方面的恶名,而刘备和孙权的名声显然好得多。如果站在所谓"帝王学"角度去看,曹操这个人表面严厉,手段其实并不强硬,这大概是他生前被对手屡屡挑战、身后被世人反复诟病的主要原因吧。对孔融这样的人,曹操如果像孙权对待虞翻那样,早早把他流放出去,来一个杀一儆百,也许从此就会少了几分噪音而多了几分宁静吧。

4. 千载毁誉任评说

生活中的曹操是一个什么样的人呢?用一个词来概括就是"真性情"。曹操是个真性情的人,他平时没有架子,穿戴随意,高兴的时候有说有笑,有的史书说他"为人佻易无威重",本意是说他为人轻佻、没有威仪,反过来也可以说是没有架子、平易近人。曹操临终前病倒了,他自感来日无多,于是发布了一道《终令》,要求自己死后文武百官来吊孝的话只要哭15声就行,葬礼完毕即脱去丧服。驻守在各地的将士都不得离开驻地，各级官员要认真履行职责。曹操还交代将自己葬在邺县西边的高岗上，他身边的婢妾、歌伎等以后都住在铜雀台上，好好对待她们。在台上安放一张六尺长的床，挂上帷幔，一早一晚供上祭物，每个月的初一、十五要从早到晚向着帷幔歌舞。曹操还专门交代侍妾、宫女，要她们经常登上铜雀台，远望自己西面的陵园。曹操交代，自己留下的香料可以分给各位夫人，不要用香料来祭祀，宫人们如果无事可做，可以学着纺织丝带、做些鞋子卖，自己一生为官所得的各种绶带都存放在库房里，留下来的衣物可存放在另外一个库房，实在不行就让这些宫人们分掉。这些事看起来有些婆婆妈妈，与大英雄的形象有些反差，但无疑是一个男人真性情的流露，苏东坡是最主张曹操是"奸雄"的人，但看到这里也不得不说"一生奸伪，死见真情"。

曹操的个人爱好有很多，都知道他是个大诗人，史书说他"登高必赋，及造新诗，被之管弦，皆成乐章"，意思是说他所到之处经常吟咏诗作，有些被谱成乐曲到处传唱。曹操的文章也写得好，鲁迅评价他是"改造文章的祖师"，曹操写诗作文就如性格一样，通脱潇洒，没有什么顾忌，想写便写出来。曹操还是建安年间文学运动的领导者和组织者，唐朝诗人张说在《邺都引》中说他"昼携壮士破坚阵，夜接词人赋华屋"，白天还在外面指挥将士们攻阵夺营，晚上回到铜雀台马上派人把那些诗人、文人接来办沙龙、搞文学聚会，在曹操的带领下建安年间出现了"三曹""七子"，以后还有"竹林七贤"，使这一时期成为中国文学史上的一个高峰。曹操还是一位公认的书法家，他还很懂音律，史书上说他可以和当时最优秀的音乐家桓谭、蔡邕相提并论。曹操还是一位围棋高手，史书上说他可以与当时最著名的棋手山子道、王九真、郭凯等一决高下。曹操还擅长骑射，能"手射飞鸟，躬禽猛兽"。曹操还在城市建筑规划和器具设计方面有突出才能，"及造作宫室，缮治器械，无不为之法则，皆尽其意"。总的来说，曹操不仅是一个英雄、一个有本事的人、一个对历史有突出贡献的人，他还是一个精力充沛、个人能力突出、性格丰富的人，是一个真性情的人，也是一个可爱的人。

在宋代以前曹操的形象基本上是正面的，陈寿在《三国志》里对曹操一生的评价基本被大家认可。陈寿评价曹操的一生时说汉末天下大乱，群雄并起，袁绍虎视于四州，强大到无人可敌，曹操依靠智慧和计谋，以武力统一全国，采用申子、商鞅的法制、权术，吸取韩信、白起的奇思妙计，设置官职，任用人才，让他们发挥自己的才干，同时曹操还能克制自己的感情，冷静思考问题，不计较别人的过错。陈寿认为，曹操"终能总御皇机，克成洪业者，惟其明略最优也。抑可谓非常之人，超世之杰矣"，也就是说，曹操能总揽朝政大权，完成建国大业，完全在于他的见识和谋略是那个时代第一流的，他是一个非同寻常的人，是超世的英才。陈寿的评价代表着早期对曹操看法的主流，一直到宋代之前，提到曹操人们首先想到的是一个英雄，公开崇拜曹操也不会被大家非议。但到了宋代，尤其是南宋以后，曹操的形象突然发生逆转，这与南宋偏安于江南的政治格局不无关系，涉及谁是历史正统的问题，由于曹魏这个北方政权被贬低，曹操在大家心目中的形象也就变了，由英雄变成了奸雄。

吕布：

匆匆而过的历史搅局者

吕布履历表

姓名	吕布
爵位	平陶侯
家庭出身	出生于边地,家庭情况不详。
生卒年	?—199
生平履历	中平六年(189),以并州刺史丁原主簿身份来到洛阳,被董卓策反,杀丁原,投董卓,被任命为中郎将,封都亭侯。
	初平二年(191),与孙坚所部战于阳人聚,被击败。
	初平三年(192),与王允密谋除董卓,任奋武将军,假节,仪同三司,进爵温侯,与王允同掌朝政,不久董卓旧部反攻,逃出长安。
	初平四年(193),先后投奔袁术、张杨和袁绍。
	兴平元年(194),被张邈、陈宫迎至兖州,趁曹操率军攻打徐州之际在兖州起兵。
	兴平二年(195),被曹操打败,南下徐州投奔刘备,被刘备表奏为豫州刺史,驻扎小沛。汉献帝南归,诏吕布迎驾,吕布上书表示无力迎驾,被朝廷任命为平东将军,封平陶侯。
	建安元年(196),趁刘备南下与袁术交战之机夺取徐州,自任徐州刺史,刘备反而来投,表奏刘备为豫州刺史,袁术进攻刘备,为刘备解围。
	建安二年(197),拒绝袁术结盟,被朝廷任命为左将军。
	建安三年(198),再次反叛朝廷,进攻刘备,曹操亲征,被围困于下邳城,手下将领投降,十二月癸酉日(199年2月7日)投降曹操,为曹操缢杀。

吕布20多岁开始登上历史舞台，不到40岁时被杀，历史给他展露风华的时间只有区区十多年。这十多年也是最动荡的时期，有着许多精彩的历史华章。在这十多年里，很多大事都与吕布有关，很多传说都围绕着吕布进行。可惜的是，由于留下来的史料十分有限，在吕布身上还有许多谜团：为什么杀丁原？为什么投董卓又杀董卓？为什么与袁术、张杨、袁绍这些人一一闹翻？与刘备、曹操之间的关系到底如何？最后又是怎么死的？一生最大的失误是什么？有机会开创更大的事业吗？对这些问题的一些流行解读，有的相互矛盾，有的不符合史实，解开这些疑惑不仅对了解吕布十分重要，而且也有助于更好地了解汉末最动荡的那段历史。

应该说，吕布虽是一个失败的英雄，悲剧是他一生的主基调，但他不是一个恶人、一个坏人，也不是历史的小丑，他是有血有肉的人，某种程度上也是有情有义的人，更重要的是，吕布有突出的才干，他也渴望走向成功，他做了一些错事，由于他的搅局，天下可能变得更乱了，但这是历史造成的，他本人还谈不上恶贯满盈、罪大恶极。在小说和民间传说中吕布的形象也许更正面一些，人们津津乐道"三英战吕布""辕门射戟"这样的故事，把他作为武力超群的象征。

一、来到历史舞台中央

吕布字奉先，东汉末年并州刺史部五原郡九原县（今内蒙古自治区包头市九原区）人。吕布出生于何年不详，推测起来跟刘备年龄不差上下，也是公元2世纪60年代人，如果袁绍是公元2世纪的"40后"，曹操就是"50后"，吕布、刘备则是"60后"，而司马懿是"70后"，诸葛亮、孙权是"80后"。所以，吕布是汉末三国承前启后的一代人。

1. 出身边地的"飞将"

史书对吕布早年情况介绍得非常简略，《三国志》除介绍他是哪里人、表字是什么外，其他的情况只有六个字的记述："以骁武给并州"。骁武，就是骁勇善战，有武力。并州，是当时东汉十三个州之一，包括今天山西省的全部以及陕西省北部、内蒙古自治区的河套地区等，属于当时的边疆地区，朝廷为防范鲜卑人入侵，在沿河套一带的几个边郡都增设了驻军，并州还是驻军较多的地区之一。

史书对吕布的家世情况没有太多介绍，但有一些民间传说与吕布的出身有关。有的说吕布的爷爷名叫吕浩，是边地驻军的一名校尉。校尉相当于旅长、师长这一级的将领，在边地来说就是高级武将，传说吕布的爷爷死于与鲜卑人的交战，爷爷死后他的父亲继承了爷爷所从事的事业，传说吕布父亲名叫吕良，很快也干到了校尉。按照民间传说，吕布在家中排行第五，上面四个全是姐姐，所以吕布从小受到疼爱。关于吕布名字的来历也有一个故事，说吕布的姥爷也就是他母亲的父亲姓黄，是五原郡大户，从祖上起就在此开染房，这是一个大生意，因为当地有很多兵营，染出来的布可以卖给驻军，所以生意特别好。传说，吕布出生的时候他的母亲正在姥爷家的染房里指挥染工们干活，结果吕布在没有征兆的情况下提前出生了，由于事发仓促，他生在了一匹刚染好晾干的红布上，于是吕布的父亲就给他起了个名字叫吕布。

上面这些都是传说，有些故事至今在吕布家乡一带还在流传。按照史书的记载，吕布生前向人介绍自己时往往会强调自己出生在"边地"，他对这个出身比较在意，边地多战事，边地多名将，也许因为出生在边地并从小在军营里长大的缘故，吕布有很强的军事素质，《三国志》记载他"便弓马，膂力过人"。西汉初年天水人李广骁勇善战，曾在汉朝西北边疆一带的八个郡先后当过郡太守，号称"八郡太守"，其中也包括吕布家乡所在的五原郡。李广十分善战，尤其擅长骑射，敌人为之胆寒，称他为"飞将军"，在大家眼里吕布就像李广一样矫健敏捷、骁勇善战，也称吕布为"飞将"。

2. 轻信董卓杀丁原

吕布登上历史舞台是在中平六年（189），这一年发生了许多大事，包括汉灵帝驾崩，何进、袁绍诛杀宦官，何进被杀，董卓趁乱控制朝廷等。这一年吕布已经二十多岁了，他原来在并州刺史丁原手下任职，有的说吕布是丁原的义子，但史书对此并无记载，只说他"见信于原"，丁原对他"大见亲待"。丁原任命吕布为主簿，这个职务有点儿类似于办公室主任，一方面说明丁原对吕布确实很信任，另一方面也说明吕布可能不完全是一介武夫。丁原本来是一个地方实力派，后来搅进了中平六年（189）洛阳的那场政治斗争，丁原带着吕布等人以及"并州军"来到洛阳，之后被大将军何进任命为执金吾，负责维护京城治安和警备任务，这个职务在当时一片乱局中显得十分重要。这时，董卓率"凉州军"也到了洛阳，为了独霸朝政，董卓打算解决以丁原为首的"并州军"，董卓发现吕布和丁原表面关系融洽，其实并不一条心，于是策反了吕布，结果吕布杀了丁原。

吕布杀丁原、投董卓，这是影响当时政治格局的一件大事，但吕布为什么杀上司丁原？董卓给吕布承诺了什么条件？这些细节史书没有交代。当时汉灵帝刚死，新皇帝年龄还小，各派力量都向洛阳涌入，都想借机控制朝廷，董卓的"凉州军"力量最强，却不是唯一的强者，丁原的"并州军"也不可小视。吕布杀丁原，一举瓦解了"并州军"，"并州军"在吕布带领下转投董卓，这是促成董卓长期把控朝廷的关键一步。在此之前董卓与吕布之间并无交往，怎么能在很短的时间里就把吕布策反了呢？一般来说，董卓应该给吕布开出了充满诱惑力的条件，有人认为最关键就是赤兔马。赤兔马确实见之于史书，不过它第一次出现是多年以后的事，董卓有没有这匹马是个很大的疑问。即使有，要办这么大的事一匹马显然太轻。吕布杀了丁原，事后被提拔为骑都尉，相当于骑兵旅旅长，不久又升任中郎将，相当于师长，并封为都亭侯，升官晋爵，这或许是董卓事先开出的条件。

但是杀害顶头上司反水,这样的事不仅冒险而且必然留下骂名,在汉代重名节的社会氛围下,吕布头脑再简单也得考虑这一层,升官封侯顶多是这桩幕后交易的条件之一,似乎还不能构成绝对的诱惑力。那么,董卓究竟给了什么才让吕布无法拒绝诱惑呢?这个可以从史书里的其他记载去看。《三国志》说吕布投靠董卓后,董卓也十分喜欢他,董卓跟吕布"誓为父子"——不仅收吕布为义子,而且为此还专门立了誓约。这个细节非常关键,因为史书里从来没有记录过关于董卓儿子的事,但说过董卓有一个女婿,推测起来董卓应该没有儿子,如此一来当他死后继承权就成为问题。不管董卓将来官做到多大,单就"凉州军"来说,也需要有人继承。按常理,董卓可以从董氏家族中选一个人立为后嗣,也可以把女婿牛辅确定为事业的继承人,甚至在手下将领里指定一个人将来领导"凉州军"。但是,当董卓收吕布为义子并向大家宣告后,上述的可能性就不存在了,因为董卓把继承权交给了吕布。

汉代很注重法律上的继承关系,袁绍过继给叔父袁成,袁成的爵位、家产等就将由袁绍来继承,这种法律关系是谁都不能剥夺的。董卓为了保证瓦解"并州军"成功,不惜指定吕布为自己的继承人,为了取得吕布的信任,还举行了盟誓。这是一件很郑重的事,至少吕布对这种关系深信不疑,后来王允又来策反吕布杀董卓,吕布为难地表示:"奈如父子何?"——我们已经是父子关系了,怎么办呢?言下之意,吕布自己仍然深信董卓的允诺,还在幻想将来可以继承董卓的全部事业。所以,可以说吕布政治眼光短浅,站得不高、看得不远,但不能说吕布完全没脑子,不能认为别人用一匹马就能把他收买了,吕布也不是那种一言不合就杀自己领导的人,吕布的叛杀行为其实是经过认真思考的。

3. 再次反叛杀董卓

吕布追随董卓后参加了与关东联军的作战,后来董卓放弃洛阳,吕布负责断后。吕布随朝廷来到长安，仍任中郎将。这时发生了两件事，让吕布与董卓之间产生了嫌隙：一件事是，董卓曾经为小事和吕布翻脸，情急之下拔出手戟就朝吕布扔去，幸亏吕布身手好，躲过了，事后吕布主动承认错误，董卓的气也消了些，吕布则在心有余悸之下对董卓增添了许多不满；另一件事是，董卓让吕布负责自己的保卫工作，吕布可以经常出入董卓的内室，时间长了，吕布跟董卓的一个侍婢有了私情，吕布很担心这件事最终会被董卓发现，心里很紧张。这时，司徒王允等人正密谋诛杀董卓，就对吕布进行了策反，吕布说了那句"奈如父子何"，王允对吕布说："君自姓吕，本非骨肉。今忧死不暇，何谓父子？"吕布听罢，答应参与刺杀行动。

初平三年（192）四月的一天，董卓有事入朝，吕布负责沿途警卫工作，吕布安排李肃、秦谊等十多名勇士埋伏在董卓必经的宫门附近准备行刺，董卓快走到这里时，突然有匹马嘶叫起来，怎么都不肯前进，董卓很迷信，觉得有异样，想掉头回去，吕布竭力劝说董卓进去，董卓想了想，竟然听从了。董卓刚进来，埋伏的刺客一拥而出，有的用戟叉住董卓的车，有的用戟叉住马，董卓大吃一惊，高呼："吕布何在？"这时候吕布不慌不忙地掏出准备好的诏书，喊道："有诏讨贼臣！"直到此时，董卓才发现吕布背叛了自己，大骂吕布："庸狗敢如是邪！"吕布则率众人上前将董卓当场斩杀，董卓的主簿田仪见状本能地想扑上来营救，也被吕布杀了。

应该说，吕布投奔董卓的初期是打算跟着董卓好好干的，因为他还等着将来董卓死了自己能接掌权力。但到了长安后，吕布的心态发生了变化，与董卓之间渐渐产生了隔阂，上面所述的两件小事可能是促成吕布与董卓翻脸的原因，但问题是，吕布下了那么大的决心、付出了那么多的代价投奔董卓，因为这两件小事就放弃之前的付出，这似乎说服力也不太足，是什么促成吕布再次"反水"呢？

主要原因应该是形势的变化。吕布到了长安，这里更靠近凉州，完全是"凉州军"的天下,"并州军"实力本来就弱,到了长安以后他们的作用和地位都进一步下降了,"凉州军"的许多将领实际上看不起吕布,有个叫胡轸的"凉州军"将领甚至曾对外扬言要杀吕布,"凉州军"内部实行的是"扁平化"管理,胡轸这样的将领有一大把,他们只向董卓负责,吕布根本不可能驾驭他们,现在不能,将来更不能,吕布之前大概幻想过董卓帮助自己一步步树立威信,但现在看来那只能是空想。吕布的理想破灭了,这是他下决心与董卓决裂的根源,恰在这时一些反董力量也在悄悄拉拢吕布,双方一拍即合,于是促成了吕布第二次向自己的顶头上司反戈一击。

4."红颜知己"只是传说

在吕布第二次反叛过程中,貂蝉这个名字令人印象深刻,但这个人物在史书里却没有记载。貂蝉的名字始见于元代《三国志平话》,在《三国演义》里被进一步渲染。在这些作品里,貂蝉是司徒王允府里的丫环,目睹奸臣董卓篡权,月下焚香祷告上天,希望为主人分忧,恰巧被王允撞见,于是收为义女,定下连环计,王允先把貂蝉许给吕布为妻,又献给董卓为妾。貂蝉嫁给董卓后又对吕布保持暧昧,周旋在二人之间,吕布不悦。一次,吕布和貂蝉在凤仪亭相会,貂蝉哭诉被董卓霸占之苦,吕布愤怒,却被董卓撞见,董卓抢过吕布的方天画戟要刺吕布,吕布逃走,从此二人生疑。王允趁机说服吕布,铲除了董卓,随后貂蝉成为吕布之妻。吕布败亡前貂蝉再次出场,吕布白门楼被杀后貂蝉不知所终。

才貌双全、能歌善舞、舍生取义,这是貂蝉这个人物形象留给人们的印象,所以她深受大家的喜爱,于是有人对她的身世进行了许多"考证"。关于貂蝉的出生地,至少有四种说法:一是永年,来源于当地民间传说;二是临洮,来源于《三国志平话》;三是米脂,来源于陕北民谣和传说;四是忻州木耳村,来源于元杂剧。但是,传说、平话、民谣、杂剧都属文艺作品范畴,不能作为严格意义上的史料,所以以上这些说法不足为信。前面提到，在史书记载里董卓确实有过一个奴婢，吕布跟她有过私情，但并没有说这个婢女就是貂蝉。董卓死后，这个婢女是否成了吕布的妻子，也不太好说。不过，也有人坚持认为这个婢女就是貂蝉，她的身份就是董卓的小妾，现在甘肃临洮有个貂蝉墓，有人推测说貂蝉作为董卓的小妾，死后葬在了董卓的老家。这看起来有一定的合理性，但仔细推敲就可以看出其中的错误，董卓的家乡确实是临洮，但汉末的临洮是今甘肃省岷县而不是现在的临洮县。

在古人的姓氏中，也没有"貂"这个姓。貂是一种动物，蝉是一种昆虫，汉代皇帝的侍从官员们帽上经常装饰这两种东西，所以"貂蝉"合称，当时一般借指达官贵人，有的说是宫中的一种女官，总之它不像是一个人名。迄今为止，唯一和貂蝉最接近的史料来自一本叫《汉书通志》的史书，这部书是给《汉书》作注疏的，作者是谁、成书何时均不详，该书已散佚，只有在其他典籍的引用中才能看到。《汉书通志》记载："曹操未得志，先诱董卓，进刁蝉以惑其君。"曹操在尚未成事时想诱惑董卓，让他丧失斗志，给他献上了美女刁蝉。

曹操献的这个刁蝉，姓的是"刁"，这条记载虽然突兀，也没有其他史料为佐证，但毕竟出现在史书而不是文艺作品里，可信度相对高一些。董卓到洛阳后让曹操改任骑都尉，曹操在董卓手下干过事，有过接触，在政治上曹操是反董卓的，史书记载过曹操以前曾秘密行刺大宦官张让，说明曹操是个激进青年，投董卓所好，给董卓献上美女来迷惑他，并以此接近董卓，这种事曹操有可能干出来。总之，中国古代有"四大美女"的说法，最流行的版本是西施、王昭君、貂蝉和杨玉环，除貂蝉外其他三个人都是真实的历史人物，而貂蝉是虚构出来的人物。

二、难寻立身之地

吕布第二次谋杀上司，不过这一次受到了好评，吕布也因功被朝廷晋升为奋武将军,封温侯,"仪同三司",也就是可以像三公一样建立办事机构。吕布与王允共同执政,但董卓的旧部随后向长安城发起反扑,长安被攻破,吕布带着几百名骑兵杀出长安,开始了一段东奔西走的流浪生活。

1. 以恩人自居却难立身

关于吕布逃出长安后的情况,王粲在《汉末英雄记》中有记载,说吕布逃出后的第一站是武关。武关是关中四大关隘之一,当时关中被称为"四塞之地",是因为它四面各有一道雄关拱卫,东面是函谷关,西面是大散关,北面是萧关,南面即是武关。武关位于如今陕西省丹凤县东武关河的北岸,春秋时代即在此建关,当时叫少习关,战国时代改名武关。由长安向内地可以直接东行,过函谷关到河洛地区,这相对比较便捷,但吕布没有走这条路,估计有两个原因:一是由长安到函谷关一线如今全在"凉州军"控制之下,吕布一行想顺利东行难度较大;二是吕布要考虑下一步的落脚处,洛阳一带已荒无人烟,没有什么可以依托,思来想去,吕布决定由武关道先到南阳郡去。

武关道也叫商山路,因为要路过武关所以通常称为武关道,是古代一条重要交通要道,它起自如今的陕西省西安市长安区,经蓝田、商州,至河南省内乡、邓州等地,温庭筠"鸡声茅店月,人迹板桥霜"写的就是这条路。时至今日武关道沿线仍然风光优美、山色宜人,但当年吕布率一支数百人的骑兵队伍在这条路上行走的时候,根本没有心情欣赏两边的景色。吕布的心情应该极度灰暗,回想起自己出道以来的人生经历,吕布心里充满了感伤。吕布顶着骂名连杀了丁原、董卓两个上司,换来的仍然是逃难的命运。在"关东联军"与董卓集团作战时吕布是董卓的主将之一,整个关东联军都把他视为敌人,现在他杀了董卓,又被"凉州军"视为敌人,吕布觉得这很滑稽,天下没有比自己更傻的人了,在动手干掉董卓之前他居然没有想过会出现这样的结局,但说什么都晚了，现在他必须给自己找一条出路。吕布望了望马鞍上挂着的董卓的首级，这是他手里仅剩的本钱，他已经想好要去南阳郡找袁术，董卓的首级就是最好的见面礼，因为全天下的人都知道，袁家有几十口人死于董卓之手。

吕布到达南阳郡，找到了在那里的袁术，但袁术对他并不热情，一方面袁术对吕布心存戒心，对这个连杀两位上司的人袁术不敢给予信任；另一方面，袁术此时正在做逐鹿中原的准备，他已经制订了一个北上作战的计划，打算跟陶谦、公孙瓒等联手共同对付袁绍和曹操，对吕布这个不速之客，袁术只是敷衍了一下。《后汉书》说，吕布自认为有恩于袁家，下令手下人四处抢劫，跟袁术关系弄得很僵。袁术更不是等闲之人，马上在吕布背后搞起了小动作，他悄悄拉拢吕布的亲信，大有"挖墙脚"之意，吕布心惊，看到在南阳郡待下去已无意义，就转而北上，投奔"并州军"旧将、自己的老同事张杨。

2. 老朋友也难以依靠

张杨字稚叔，是并州云中郡人，与吕布一样都是丁原手下的猛将，他也随丁原之命应大将军何进征召清除宦官，后领何进之命回并州募兵，共募得一千多人，何进失败后吕布、张辽投靠了董卓，而张杨退到上党郡一带成为地方割据势力。张杨的事迹有记载的不太多，但从他一生的作为来看，虽然实力不算强大，但他能始终独立于几大群雄之间，并且他跟一般流寇也不同，他是朝廷正式任命的高级官员，董卓掌权后他没有主动投靠依附，后来汉献帝东归，他积极协助，被任命为大司马这样的高级职务。《汉末英雄记》说张杨"性仁和，无威刑"，即使有手下人谋反，他发觉后也只是"对之涕泣"，不予追究。如果张杨真是这样的人，说明他心地仁厚，是个好人，但在乱世中成大事者必须有果断、心狠的一面，像刘虞那样的仁爱只能被后人评论为妇人之仁，往往是失败的根源。张杨连叛乱分子都不追究，很难想象他平时如何治军，这也就解释了为什么他一生没有成就什么大事，在群雄争战中始终是一个二三流角色的原因。

吕布离开袁术后到了张杨那里，但日子并不安宁。《汉末英雄记》记载，在长安的李傕、郭汜等人一直没忘记追捕吕布，张杨以及手下的部曲诸将"皆受傕、汜购募，共图布"，吕布知道后对张杨说："布，卿州里也，卿杀布，于卿弱。不如卖布，可极得汜、傕爵宠。"张杨其实并不想为难吕布，他"外许汜、傕，内实保护布"，李傕、郭汜"患之"，于是改变了策略，下诏封吕布为颍州郡太守。《汉末英雄记》的以上记载不够清楚，可信度还需要再考证，不过张杨这个人确实不会打吕布的主意，说他手下人对吕布有图谋还可以，但张杨确实没有参与，吕布临死前被曹操、刘备围困于下邳，那时全天下都不会有第二个人还会对吕布施以援手，唯一公开起兵支援吕布的就是张杨，那时尚且如此，此时张杨更不会对吕布不义，否则仅凭吕布那两句话也改变不了张杨的主意。但是，吕布待在张杨这里并不安全，李傕、郭汜等人既然知道了吕布在张杨这里，就会继续想尽各种办法向张杨施压，要他交人，而不会因为"患之"就态度软化下来，甚至任命吕布为颍川郡太守，吕布是杀董卓的直接"凶手"，不将吕布缉拿归案，就无法向"凉州军"的将士们交代，所以《汉末英雄记》对这件事的记载存在疑点。

尽管《汉末英雄记》的记载有点含糊，但是它说的基本事实应该没有问题。吕布离开袁术后应该先到了张杨这里，张杨是老同事兼同乡，为人也可靠，吕布在想到袁绍之前应该先想到的是张杨。而张杨一开始就在想办法保护吕布，但李傕、郭汜等人的态度也使张杨不得不考虑，一旦长安方面向自己施压，张杨也顶不住，所以吕布最后还是走了。至于长安朝廷下诏任命吕布为颍川郡太守，这件事可信度不高，吕布如果真当过颍川郡太守，那顶多也是张杨"表奏"的。而此时的颍川郡，一半在何仪、刘辟、黄邵、何曼等大大小小黄巾军余部手里，一半由袁术控制，吕布根本插不上脚，对吕布来说，即使有颍川郡太守这样的任命，无论其程序是否合法都没有实质性意义。

3. 有功劳却被谋害

吕布离开了张杨，由河内郡北上到达袁绍那里。当时，袁绍刚刚从韩馥手里夺取了冀州，正想大展宏图，在四处扩充自己的地盘。对吕布的到来袁绍也不是太欢迎，吕布的名声太差，如果接纳了吕布，袁绍担心会影响到自己的声誉。但吕布口口声声说是袁家的恩人，如果不接纳，袁绍又害怕遭人议论，想来想去，袁绍给吕布安排了一个差事，让他到冀州与并州接合部的太行山一带跟"黑山军"作战。"黑山军"的首领叫张燕，他们的性质类似于黄巾军，他们的基地在太行山中的黑山一带，所以称为"黑山军"。袁绍扩充地盘，与"黑山军"发生了冲突，但袁军跟"黑山军"作战经常失利，拿这帮人没办法。袁绍觉得吕布既然有"飞将"的威名，就让他来试试，结果吕布果然厉害，据《三国志》记载，吕布带着成廉、魏越等人组成的精干突击队，乘快马在阵前左冲右突，经常杀得"黑山军"大败。吕布骑的马叫作赤兔马，《曹瞒传》记载说当时民间都在流传一句话："人中吕布，马中赤兔。"

这两句话很上口，也很流行，已经传了将近两千年。有文字记载的赤兔马始于此时，至于之前这匹马的主人是谁、什么时候到了吕布手里，这些都不清楚。一般的马匹出生1个多月后可以觅食，2个月后脱去乳毛，在人工饲养的条件下4—6个月断奶，12个月后成长为一岁驹，2岁半之前发育成熟骨骼封闭，达到最佳骑乘年龄，这种状态可以一直保持到10岁左右，好的品种也可以达到15岁，再往后它的循环系统变差，关节开始肿胀，步入暮年期。一个优良品种的战马寿命可以达到20—30岁，但能冲锋陷阵的时间也就10年左右。说这些，是想说说这匹赤兔马的来历和去向，赤兔马有明文记载的只有《后汉书》和《曹瞒传》两处，但都没有说这是吕布杀丁原时董卓所送，如果真是这样，推测起来它当时或许3—5岁，现在它就是5—7岁了，吕布死时它也就12—14岁了，假如那时这匹马落到了关羽手中，在关羽死时它就 24—26 岁了，在马匹里绝对属长寿，早就过了最佳骑乘期不说，还能不能驮动关羽都是问题，关羽如果骑着它打仗，走麦城就更好理解了。

这是题外话。现在，吕布自认为不仅亲手杀了袁家的仇人，而且打张燕又为袁绍立了功，在袁绍这里就有点随便起来。据《汉末英雄记》记载，吕布"轻傲绍下诸将"，而《三国志》还说吕布又开始纵容手下人到处抢劫，让袁绍头痛不已。不仅如此，《汉末英雄记》还说吕布向袁绍提出请求，要他支持自己重返洛阳当司隶校尉。袁绍头痛不已，决心除掉吕布，他"假布领司隶校尉，外言当遣，内欲杀布"。将要出发的头一天晚上，袁绍派三十名甲士来送吕布，吕布看出了袁绍的阴谋，让他们在自己营帐一侧休息，晚上让人装扮成自己于帐中鼓筝。袁绍的甲士埋伏在外面，而吕布已悄悄溜走，夜半时分，袁绍的甲士冲进营帐，举刀朝吕布床上乱砍，还以为把吕布砍死了。到了第二天，袁绍听说吕布没有死，吓坏了，赶紧下令关闭城门，吕布就这样离开了袁绍那里。《汉末英雄记》对这一件事还有两则不同记载，当时的史书经常如此，在不同传记里分述同一件事，往往又会有所不同，有时还会自相矛盾。关于吕布离开袁绍这件事，《汉末英雄记》另一则记载与上面所讲大意一样，但更具体地说袁绍派来刺杀吕布的是"三十六"兵，都"被铠"迎布；另一则记载是，吕布在袁绍这里过得不自在，想自己单独发展，袁绍答应他，"承制"拜他为司隶校尉，然后派"壮士"送行，吕布知道袁绍没安好心，于是借帐中鼓筝而悄悄逃走，袁绍听说后很害怕，下令追赶，但没有人敢靠近吕布。

不管怎么样，吕布在袁绍这里也待不下去了，从长安出来才一年多时间，吕布先后到了袁术、张杨和袁绍那里，都由于种种原因不得不离开，并非因为吕布不是个人才，相反他是天下公认最出色的武将；也并非人才不重要，相反群雄们都在拼命抢挖人才。造成吕布没人愿意收留的原因完全在他自己，能力固然重要，但品行更重要，吕布的政治操守被自己彻底毁了，只要想想丁原，再想想董卓，就没有人敢收留他。

三、搅进更大乱局之中

吕布再次走投无路，正在无所适从之际，张邈、陈宫等人在兖州正谋划对曹操发动一场叛乱，吕布的名气很大，虽然这时候没有多少实力，但张邈、陈宫仍然想拉吕布加盟，因为吕布的名气可作为旗帜，双方一拍即合，吕布于是转战兖州、徐州，因为他的到来，这些地方变得更加动荡。

1. 与曹操争夺兖州

兖州当时已成为曹操的地盘，曹操是兖州牧，张邈是曹操之下的陈留郡太守。曹操跟张邈不仅是上下级关系，还是老朋友，二人曾是志同道合的战友，曹操起兵的初期张邈曾给予无私帮助，但张邈与袁绍矛盾很深，袁绍欲加害张邈，而曹操那时是袁绍阵营的人，张邈感到惧怕，担心曹操哪一天顶不住袁绍的压力而对自己不利，于是来了个"先下手为强"，在曹操南下征讨徐州牧陶谦的时候突然发动叛乱，导致兖州刺史部近百座城池中只有三座还在曹操手中。

吕布来到兖州，他迅速占领了黄河边上的重镇濮阳。曹操从前线回师，率主力直奔濮阳，从各个方向同时发起进攻，吕布指挥人马守城，城上万箭齐发，曹军死伤惨重。正在曹操一筹莫展之际，有人从濮阳城里秘密潜出，给曹操带来一个"好消息"，说濮阳城里的大户田氏愿做曹军内应，帮曹军攻城，曹操一向谨慎，但他急于将濮阳攻克，所以决定冒险一试。曹操亲率人马杀进濮阳城，结果正中吕布的计谋，刚刚冲进濮阳城东门，后路就被吕布的人马迅速堵住，外面的人再也进不来，进来的人想突围出去也不可能，双方打起了巷战。曹操发现上当了，折返回来，双方在东城门附近展开了激战。东门附近燃起大火，无奈之中曹操带头冲进火里，结果被烧伤了左手，并且从马上掉了下来，幸好有个叫楼异的部下把曹操扶上马，曹操才没有被奔驰的乱马踏成肉泥。曹操继续往外城跑，遇到了吕布的人，他们把曹操拦住，众人不知道这就是曹操，反而问曹操在哪里，曹操随便一指说那个骑黄马的就是，吕布的手下于是放下曹操去追骑黄马的人，曹操才得以脱险，这个情节被文艺作品加工，说堵住曹操的人正是吕布，结果吕布错失了一次亲手诛杀曹操的机会，有人为吕布感到惋惜，留下两句有名的话："方说曹操，曹操就到；当面错过，岂不好笑？"

在另一场白马之战中，双方打得也很激烈，这一仗从早上一直打到了中午，双方你来我往冲击了几十个回合，难分胜负。吕布的骑兵冲杀太猛，无法阻挡，让曹兵望而生畏。曹操发现普通的步兵人数再多都是送死，于是在战场上临时招募敢死队来破吕布的骑兵，在典韦的率领下，曹军敢死队顶住了吕布的攻击，但双方仍势均力敌，曹军人马数量占优，吕布一方战斗力惊人，一直打到了天黑仍然难分胜负。

不过，最后兖州的战局还是慢慢向曹操一方倾斜，经过近一年的对峙和争夺，曹操在各个战场上都占据了主动，张邈被杀，吕布、陈宫仅率少数人马逃离了兖州。这场由吕布、张邈、陈宫等人挑起的兖州之乱前后持续了一年多时间，给兖州地区造成了严重灾难，动乱加上天灾，造成了严重的大饥荒，大量百姓被饿死，出现了人吃人的惨剧，就连曹军都拿人肉干充当军粮，酿成人间惨剧。

2. 对刘备反客为主

吕布被曹操赶出兖州，他环顾四周发现几乎没地方可去，袁术、袁绍、曹操这几个最有实力的人，吕布跟他们都已经打过交道，而且都翻了脸，只有新任徐州刺史刘备还没有打过交道，算不上是朋友但也不是敌人，可以碰碰运气。这时，刘备接替徐州牧陶谦掌控了徐州，将州治由郯县搬到了下邳，即今江苏省睢宁县古邳镇，吕布来到这里，见到了刘备，刘备毫无警惕，听说天下闻名的飞将来投奔自己，刘备甚至有点沾沾自喜，刘备对吕布的到来表示欢迎。《汉末英雄记》记载，吕布见到刘备时"甚敬之"，对刘备说："我与卿同边地人也。布见关东起兵，欲诛董卓。布杀卓东出，关东诸将无安布者，皆欲杀布耳。"吕布还请刘备到自己的帐中，坐在自己妻子的床上，让妻子出来拜见刘备，之后"酌酒饮食"，吕布对刘备一口一个"老弟"，但刘备发现他"语言无常"，嘴上应和着，心里有些不高兴。

吕布对刘备说起自己入关后的遭遇时有点委屈，但吕布应该想一想这都是为什么。袁术不真心收留自己，为袁绍卖命地打"黑山军"，袁绍反而算计自己，接下来又跟曹操刀兵相见，关东目前几个主要的实力派都跟他吕布闹翻了，这里面既有别人的原因，更有他自身的原因。想要别人真诚待自己，自己必须先对别人真诚。乱世里有特定的生存法则，讲究生存第一，但一些基本的原则仍然不能抛弃，比如诚信，一个缺少政治信用的人走到哪里都会碰壁，吕布经过丁原事件和董卓事件后，政治信用已经完全丧失，如果不能洗心革面给世人一个彻底转变的印象，仍然笃信短线操作的手法，一定会引起别人的戒心。

但刘备决定收留吕布，在刘备看来吕布还有一些人马，有张辽、高顺、侯成、魏续等能征善战的部将，刘备幻想他们能为己所用。同时，刘备觉得吕布名气很大，吕布来投对提高自己的声望也很有好处。所以，刘备以徐州刺史的身份表奏吕布为豫州刺史，在刘备的实际控制区里还真有一块属于豫州的地盘，它是豫州刺史部沛国的小沛，即今江苏省沛县，汉高祖刘邦的老家，为了与沛国相区分，把这里一般称为小沛。如果摊开地图看一下，就会发现小沛的地理位置很微妙，它虽属豫州刺史部，却远离豫州刺史部的中心地带，像一把剑插在北边的兖州刺史部和东边的徐州刺史部中间。当时曹操控制着兖州刺史部，他是陶谦最大的敌人，此前曹操已两征徐州，迟早还有第三次，如果曹军南下进攻徐州，第一站就是小沛，所以小沛是徐州的最前线，也是徐州最危险的地方，当初陶谦让刘备当豫州刺史，让他驻扎在小沛，那并不是美差，刘备是陶谦头上的钢盔，是替陶谦挡子弹用的。陶谦死后刘备取得了徐州，与曹操的关系虽然有所改善，但刘备出身于公孙瓒阵营，又继承了陶谦的政治遗产，与袁绍、曹操素无渊源，还不能算一条船上的人，所以对曹操得处处提防，吕布来投，刘备欣然收留，刘备已经想好了吕布的去处，那就是自己曾经战斗过的小沛，让吕布驻扎在小沛，同样是想在自己与曹操之间建起一个缓冲区。吕布分别跟袁绍、曹操闹翻过，形同水火、势不两立，是他们众所周知的敌人，刘备大概觉得让吕布去小沛再合适不过了，因为吕布永远不可能跟曹操和好，吕布为了自保也只能依赖自己，刘备觉得头上的这顶钢盔更坚固。

吕布去了小沛，北面是劲敌曹操，南面是新上司刘备，他夹在中间，吕布知道是在替别人当盾牌，心里很不情愿，但暂时也没有办法，实力不济，只能等待机会。可是，并没有让吕布等太久，这个机会就送上了门。在刘备的背后是盘踞在扬州的袁术，袁术最看不惯刘备，他终于向徐州发起了攻击，刘备亲自带队南下，在今天的洪泽湖一带与袁术作战，但战事不很顺利，呈现胶着状态。这时，袁术悄悄联络在小沛的吕布，让他从背后下手端掉刘备的老巢。吕布本来就想算计刘备，正要引袁术为外援，不想袁术主动提出，还答应送来二十万斛粮食，吕布哪里还用得着犹豫？吕布"得书大喜"，于是引兵由小沛杀往下邳。吕布"水陆东下"，在下邳城西扎营，刘备手下的中郎将丹阳郡人许耽夜遣司马章诳来见吕布，章诳对吕布说，张飞与下邳国相曹豹相争，张飞杀了曹豹，城中大乱，大家互不信任。丹阳兵有一千人屯驻在下邳城的南门，听说将军要来，"大小踊跃，如复更生"。章诳建议吕布引兵向南门，丹阳兵自会开门相迎。吕布于是连夜进兵，清晨时分来到城下，丹阳兵果然开门迎接，吕布上了城门楼，下邳城南门的城门楼俗称白门楼，对吕布来说这是一个有决定性意义的地方，吕布在此指挥步骑在城中放火，大破张飞，虏获刘备的妻子甘氏，还有军用物资以及刘备手下将士的家眷。

刘备正与袁术在南线作战，负责下邳城留守的正是张飞。张飞与下邳国相曹豹发生矛盾,张飞杀了曹豹,引起了城中的不安,并逼得丹阳兵造反。曹豹是陶谦时期的旧人,刘备入主徐州后,陶谦的旧部有一部分如麋竺等人坚定地站在刘备的一边,但也有人不服气。张飞在敏感时刻应该妥善处理好这些关系,但他鲁莽行事,造成一部分陶谦旧部的不安。丹阳兵是陶谦家乡的军队,陶谦在时他们有不少优越感,陶谦不在了,徐州的新主人是刘备,丹阳兵对现在的局势很不满,所以愿意助吕布反攻刘备。刘备听说下邳丢失,吃惊不小,顾不上眼前的袁术,赶紧"引兵还",刘备所部刚到下邳就"兵溃",因为这些将士们的家眷大都在下邳城内,成为吕布的人质,大家无心作战。刘备收拾散兵南下广陵郡,想与袁术再战,结果又失败了。这时,刘备做出一个让人意想不到的决定:向吕布投降。刘备"使吏请降布",吕布居然接纳,并且给刘备安排了一个好差事,让刘备当豫州刺史,驻扎在小沛,吕布自己任徐州牧,两人的地位来了个互换。吕布给刘备准备了刺史用的车马、童仆,遣还了刘备的妻子以及部曲的家属,在泗水河边还搞了个很隆重的"欢送仪式",把一件本来很尴尬的事弄得跟办喜事一样。不仅如此,吕布还与刘备"并势击术",战略变化之快让人眼花缭乱。

吕布并不想把刘备赶尽杀绝,后来当袁术派纪灵率步骑三万进攻刘备时,吕布的这种心理更清楚地表现了出来,当时刘备已岌岌可危,如果无人相救只有死路一条,吕布手下的部将都认为应该"假手于术"杀了刘备,但吕布反对,他认为袁术如果破了刘备,则会北连泰山诸将,徐州就处在袁术的包围之中了,所以刘备不得不救,于是后面发生了"辕门射戟"的一幕。历史上确有"辕门射戟"一事,也记录在《汉末英雄记》里,纪灵率步骑三万来攻,刘备吃不消,眼看要被消灭,吕布插手此事,他亲赴小沛,请刘备、纪灵吃饭,吕布在酒桌上对纪灵说自己最不喜欢看见别人争斗,而喜欢帮别人和好,说完命人在营门口立一戟,吕布对大家说,如果自己能一箭射中戟上的小支,双方当和解,如果不射中,你们接着斗。戟的顶部一般是一个不对称的十字形,主刃尖而长用来刺杀，横着短而钝的就是小支。结果吕布一箭射中戟上的小支，纪灵遂罢兵，刘备松了一口气。

3. 老对手"握手言和"

建安元年（196），曹操离开兖州西迎天子，后将汉献帝和朝廷迁往自己控制的许县，而吕布这时已经夺取了刘备的徐州，成为新的徐州牧，曹操与吕布之间的关系因此发生了戏剧性转变，由对立变成了合作关系。汉献帝之前在东归途中就曾给吕布写了亲笔信，让他来迎驾，但吕布自忖没有这个实力，他虽然坐拥徐州，但四周是袁绍、曹操、袁术这些强敌，身边还有一个刘备随时会算计自己，吕布不敢离开徐州轻举妄动，于是吕布上书天子表示自己"无畜积"，尚且"不能自致"，更没有力量去迎驾。吕布虽然没有出力，但汉献帝仍然任命他为平东将军，封平陶侯。汉献帝派出使臣给吕布送去诏书、印绶，但是使臣走到山阳国境内时"亡失文字"，把诏书、印绶等给弄丢了。

曹操把汉献帝迎到许县，对曹操来说四周的各路势力也都在虎视眈眈，袁绍、袁术、刘表等人都不怀好意，曹操也处于四面受敌的状态，曹操于是不得不采取远交近攻的办法，对不同的对手采取了不同策略。吕布是曹操的死敌，但曹操对吕布采取了拉拢的态度，不断派出使者到吕布那里表达善意。曹操亲自写信给吕布"厚加慰劳"，并跟吕布一块儿讨论"迎天子，当平定天下意"，曹操还以汉献帝的名义给吕布下达诏书，让他"购捕公孙瓒、袁术、韩暹、杨奉等"。此时，曹操视袁绍为盟友，视公孙瓒和袁术为敌人，至于韩暹和杨奉，他们都是黄巾军的余部，在汉献帝东归过程中有迎驾之功，一度控制了天子，被天子封为大将军、车骑将军等要职，曹操控制天子后毫不客气地把他们打跑了，他们跑到了徐州一带，又干起了老本行，曹操连他们一块儿算上，要吕布加以讨伐。

吕布接到天子的诏书和曹操的信后"大喜"，现在曹操代表天子主动与自己和解，态度相当诚恳，怎么不让吕布心动？两年前，受张邈、陈宫的挑动，吕布给曹操来了背后一刀，现在想想都觉得后悔。吕布立即上书天子说本应当迎大驾，现在知道曹公为人忠孝，奉迎天子到许县，臣之前与曹公交过兵，现在曹公保护陛下，臣愿意为外将，以兵相随。吕布还专门给曹操写了回信，信中说我吕布是获罪之人，按说应该被诛首，哪敢让您亲自写信慰劳，又厚见褒奖，看到要我购捕袁术等人的诏书，我吕布愿以命为效。曹操接到吕布的上书和回信，立即再派奉车都尉王则为使者，带上拜吕布为平东将军的诏书去见吕布。曹操又亲笔给吕布写了信，信中写道，当初在山阳国丢失了拜封将军的诏书和印绶，现在朝廷没有成色好的金子，我取自己家里存的好金给你制印，朝廷没有紫色绶带，我就取自己的绶带给你以表达我的心意，现在袁术要称天子，将军应当阻止他，朝廷信任将军，将军也应该表明自己的忠诚。吕布接到诏书和曹操的信大为感动，又遣使"奉章谢恩"，同时让使者给曹操捎去一条上好的绶带。

从上面这些记载中看到的不是一般的和睦亲近，简直有点肉麻，谁能想到这是曹操跟吕布？这就是政治，此一时也彼一时也，当初是势如水火的敌人，现在是亲如一家的兄弟，二人各取所需，利益空前一致，好得像一个人。但是他们也都知道，这只是暂时的，等处理完各自手头上最棘手的事，迟早还得刀兵相见。

四、历史的匆匆过客

曹操虽然与吕布暂时相处融洽，但曹操对吕布的认识还是很深刻的，他知道吕布善变的个性，也知道留下吕布终究是个祸患。当曹操终于处理完手中最紧要的几件事以后，就开始解决吕布的问题了。

1. 命丧白门楼

建安三年（198）春天，吕布派人到河内郡一带买马，回来时路过刘备的防区，结果马让人抢了，吕布认为一定是刘备干的，于是命张辽、高顺带队征讨刘备，刘备坚守小沛，同时向曹操求援。在刘备与吕布之间，曹操支持实力更弱的刘备，因为吕布是他迟早要解决的人。曹操于是派夏侯惇率一支人马增援刘备，吕布命高顺半道设伏，夏侯惇战败退回。刘备绝望，趁夜突围，小沛被攻克。曹操随后率大军前来征讨吕布，吕布在彭城一带布置防线，他亲临前线，动员大家誓死保卫彭城。但曹操将彭城攻克，吕布只好退守下邳城，曹操指挥大军将下邳团团围住，时间长达三个多月，其间吕布多次试图突围，都没有成功。建安三年十二月癸酉日（199年2月7日），吕布走下下邳城的南门楼向曹操投降，这个门楼即白门楼，当年吕布从刘备手里夺取下邳城，就是从这里冲进去的。

综合多部史书记载，当时的情况是这样的：吕布见到曹操倒没怎么紧张，他说的第一句话是："绑得太紧了呀，能不能给松松？"曹操笑了："绑猛虎，不紧可不行呀！"气氛挺轻松，吕布活命的信心大增。吕布于是向曹操建议："明公所担忧的不过是我吕布罢了，现在我已经服了，天下不足忧。今后明公统率步兵，让我统率骑兵，则天下必然平定！"听完这话，曹操是怎么回答的史书没说。没说不是默认，而是不置可否，吕布有些尴尬，没话找话："明公好像瘦了。"曹操惊讶地说："你以前见过我吗？"吕布说："当年在洛阳，在温氏园中我见过您。"曹操是个认真的人，还真的想了想："有可能，我全忘了。现在是有点瘦了，那是因为一直抓不到你的缘故呀！"吕布还想活命，最后做着努力："当初齐桓公舍射钩，用管仲为相；现在我愿意效股肱之力，甘为前驱，可以吗？"但曹操听完仍未发话。绑吕布的人看来下手有点狠，吕布被绑得难受。吕布扫了一眼边上坐的刘备，招呼道："玄德，你现在是座上客，我是阶下囚，能不能帮忙说句话，给我松松绑？"曹操听到后笑了："干吗不跟我说，还求玄德呢？"曹操准备下令给吕布松绑，但被一个人走上前劝住了，这个人不是刘备，而是曹操的主簿王必，王必劝曹操："吕布是个强大的敌人，他还有不少部下在外头，不能宽恕他。"曹操无奈地对吕布说："本欲相缓，主簿复不听，如之何？"（本来想从轻发落你，但王主任不同意，怎么办呢？）这个时候刘备上前说话了："明公难道忘了吕布曾经事奉过丁原和董卓吗？"曹操听完，立即点头："你说得太对了！"典型的落井下石，吕布大骂刘备："是儿最叵信者！"（你这个小子，让人最不能相信。）曹操下令将吕布杀了，吕布死得有些窝囊，是被缢杀，也就是被勒死的，死时不到四十岁。

曹操难道真的动过不杀吕布的心吗？这个可能性不大。曹操很爱才，吕布作为将才在同时代几乎无人匹敌，他虽然不是帅才，却是一把攻击敌人的利器，但曹操更顾忌吕布能否被驯服，最终能否为己所用，不用刘备提醒，曹操其实也知道吕布诚信度太低，缺少政治伦理，凡与他合作过的人，包括丁原、董卓、袁绍、袁术、刘备都吃过他的亏，曹操爱才，但不会养虎为患，所以杀吕布的心早就有了，王必出来说那番话，更像是领导和下属配合唱的双簧，刘备这个时候再一搭话，曹操就势将杀害天下名将的黑锅甩给了刘备。

而且，吕布的一句话也许提醒了曹操，坚定了杀他的想法。吕布在与曹操谈话时提到了洛阳温氏园，那时董卓携"凉州军"来到洛阳，曹操还是朝廷的骑都尉，董卓大权在握，总揽一切，而吕布刚杀了上司丁原投靠董卓，是董卓面前的大红人，吕布出入都跟着董卓，了解很多事。在董卓制造的恐怖环境下，曹操其实做过一些阿谀奉承董卓的事，有故事说曹操曾向董卓献过刀，这个故事虽然不见史书记载，又被美化为一次"刺董"，但如前所述，在《汉书通志》里确实记载过曹操向董卓献美女的事，这些至少说明，曹操在董卓面前是装过的，拉拉扯扯、套套近乎、献个媚什么的估计曹操没少干，这些事天知、地知、曹操知、董卓知，曹操当然不会再提起，董卓也已焚尸灭迹，但吕布的一句话又提醒了曹操：吕布也知道啊！

吕布是被曹操下令缢杀的，缢杀就是勒死，与斩首不同，可以留个全尸。曹操念吕布是一代英雄，同时又有朝廷正式授予的侯爵，所以没有用斩刑。不过，吕布毕竟是朝廷要铲除的重要叛臣，死后要向朝廷有所交代，所以执行完缢杀后，曹操仍然将吕布斩首。《三国志》记载："布与宫、顺等皆枭首送许，然后葬之。"先勒死再砍头，这不是多此一举吗？其实不是，二者还是有区别的，对现在的人来说，死刑就是死刑，无论怎么个死法结果都一样，但对古人而言死法是有讲究的，比如"赐死"，那就是最轻的死法，死后不会株连家人，而缢杀较斩杀也轻一些，至少会影响到对家眷和后人的处置。

2. 英雄原是"妻管严"

说起吕布的家眷，一般人会马上想到貂蝉，如前所述，史书里其实并没有貂蝉这个人。不过，根据《三国志》等史书的记载吕布确实有妻子，还有女儿，他的妻子叫什么名字史书没有说。可以推测一下，吕布从家乡五原郡出来的时候已经二十多岁了，按照当时的风俗应该已经成家了。史书里还提到，吕布手下将领中有魏越、魏续兄弟俩，吕布对他们格外信任，吕布跟他们有"外内之亲"，也就是和他们有姻亲关系，这暗示吕布的妻子或许姓魏。

吕布的妻子随吕布四处征战，吃了不少苦，吕布后来被曹操围在下邳城，陈宫建议派兵出城偷袭曹军的粮道，曹军远途作战，粮食供应很困难，一旦粮食被劫，军心必乱。吕布认为有道理，准备亲自带队率高顺等人去劫曹军的粮道。会议开了，各项部署也下达了，吕布回家收拾东西，顺便跟妻子交代一下。这位吕夫人虽然不是貂蝉，但把吕布管教得很好，平时吕布都听她的。听说丈夫要出城，吕夫人顿时没了安全感，想反对，又怕丈夫不听，于是换了个理由说事。《汉末英雄记》记载，吕布的妻子说将军你亲自出城断曹公粮道，陈宫、高顺素来不和，将军一出城，他们二人必不能同心守城，如果有闪失，你还能回来吗？这位吕夫人还说："妾昔在长安，已为将军所弃，赖得庞舒私藏妾身耳，今不须顾妾也。"说的是，当初在长安之乱时吕布只顾自己逃命，把吕夫人扔下不管，幸亏有个叫庞舒的人把她藏了起来，才保住一命，吕夫人说现在还想再来一次那样的经历吗？吕布一听，很郁闷，就不再提劫粮道的事了。

陈宫不放弃，又出了一个主意，建议由他来守城，吕布带一支人马到城外驻守，形成呼应，曹军攻吕布，陈宫就出来夹击曹军；曹军攻城，吕布就从后面包抄曹军。这个主意未必有多高明，因为当时曹军的力量已经很强大，即使分兵两路对攻，也未必能出现想象中的对曹军两面夹击的态势。但陈宫的计划也有可取之处，因为分兵毕竟可以分散敌人的进攻点，削弱敌人的攻势，同时分兵可以减轻城内粮食不足的压力，跳到外围作战，可以变被动为主动。吕布也懂些兵法，知道陈宫的这个主意可行，准备同意，但回到家跟妻子一说，吕夫人又坚决反对。《魏氏春秋》记载，吕夫人对吕布哭着说："昔曹氏待公台如赤子，犹舍而来。今将军厚公台不过于曹公，而欲委全城，捐妻子，孤军远出，若一旦有变，妾岂得为将军妻哉！"吕布一听更郁闷了，陈宫的这项计划再次告吹。

从这些事可以看出，吕布算是个典型的"妻管严"，这也算是他失败的诱因之一吧。但反过来说，也可以说明吕布是个重感情的人，他跟妻子之间的爱情有没有达到传说中与貂蝉那样的惊天动地不好说，但感情应该还是不错的。儿女情长，也许与吕布叱咤风云的一代"飞将"形象有反差，但这更符合真实的吕布。后来吕布被绞杀于白门楼，妻子、女儿的下落史书未予记载，参考陈宫被杀后曹操善待其母亲的做法，她们也应该生活在人间，受到曹操的照顾，至于说吕布的妻子出家为尼、嫁给许褚以及"关公月下斩貂蝉"那样的故事，都属于附会和传说。

3. 败给了"人情"

吕布是汉末三国乱世里的一个搅局者，对他个人而言一生是短暂的，对历史而言，他所留下的东西看着虽然令人眼花缭乱，但有价值、值得称道的地方不多，人们在吕布身上总结出的更多的是教训而非经验，从这个意义上说，吕布更像是一个汉末三国的反面教材，他在提醒人们不要去犯吕布曾经犯过的错误。吕布犯过哪些错误呢？总结一下，至少有以下这几点：

首先，吕布不注重政治信誉，致使四面皆敌。一部汉末三国史也是一部"忠"和"义"的历史，无论世道多乱，这两面大旗都始终高扬着。后世看中汉末三国人物的往往也在这一点，凡是被后世褒扬和肯定的人，在"忠"和"义"的问题上一定没有亏欠，有不少人还成为后世的楷模。而那些有不忠或者不义记录的，无论本事多大、有过多么了不起的成就，也难以为大家所认同。强调"忠"和"义"，不是说不能投奔别人再离开别人，在三国这样的乱世中，即使一生委身于很多人又离开了他们，也不算什么，刘备先后依靠过的人比吕布更多，但大家说吕布"轻狡反覆"，却没有人这样说刘备，事情或许相同，做法则可以完全两样。吕布或降或叛，看中的只是个人利益，投靠人家时卑躬屈膝，翻脸时挥刀相向；刘备做得就比较周全，迫于形势离开时从不恶语相加、挥刀相向。吕布缺乏信誉，这是他"善变"的一面，由于善变他也就失去了根基，也就注定干不成大事。

其次，吕布只搞"短线操作"，没有长远规划。吕布人生中最活跃的十年基本都是在颠沛流离中度过的，他也很辛苦，但经常白忙半天，最终一无所获，原因就在于他缺乏长远规划，这是他"少谋"的一面。乱世争雄，说到底就是创业，创业要有基础、有团队、有起码的资本，但比这些更重要的是要有规划，吕布缺乏曹操、刘备、孙权那样的雄才大略，手下也没有荀彧、诸葛亮、鲁肃那样的规划师，他的奋斗历程看起来总是起伏不定，这是因为他没有大方向，没有长远的目标，这也是他干不成大事的原因之一。

最后，吕布只知道"用人不疑"，不懂得"疑人不用"。除了"善变"

和"少谋"，吕布在用人上也有问题。吕布其实还是有一定人格魅力的，手下有不少将领一路追随他，有的三国迷把他们总结为吕布的"八健将"，包括高顺、张辽、臧霸、侯成、宋宪、魏续、郝萌、曹性，这是吕布带队伍的长处。但与此同时，吕布还存在识人不明的问题，吕布走向失败与两个人有关，一个是陈登，一个是陈宫，吕布其实对他们都有怀疑，尤其是陈宫，吕布手下曾发生过一次叛乱，吕布差点送命，追查下去，有人亲口向他说陈宫也参加了叛乱，当时陈宫恰好在场，听到这话脸色都变了，但不知何故吕布听完竟不再提了，就当没发生过一样。"用人不疑"是用人的一个原则，但紧接着还有"疑人不用"这一句，不可靠的人、有问题的人不能再用，起码不能重用，吕布不懂这个道理，所以吃了大亏。后来陈登公开反叛，成为压垮吕布的最后一根稻草，而吕布被俘前也有机会向曹操投降，至少能保住性命，但陈宫百般阻止，使吕布失去了最后一次机会。吕布败于陈登、陈宫，显示他在用人上还不成熟，结合他"妻管严"的性格，可以看出吕布可能是一个脸皮比较薄的人，如果说袁绍最终败给了"世故"，那么吕布就是败给了"人情"。

袁术：

志大才疏的历史狂人

袁术履历表

姓名	袁术
爵位	阳翟侯
家庭出身	出生于汉末"四世三公"之家,父亲袁逢官至司空,叔父袁隗官至司徒。
生卒年	?—199
生平履历	中平六年(189),在十常侍杀何进后,指挥禁军进攻皇宫,杀宦官,之后逃出洛阳,前往南阳郡。
	初平元年(190),接受孙坚依附,命孙坚讨伐董卓。
	初平三年(192),命孙坚征讨荆州刘表,孙坚战死,吞并孙坚余部。
	初平四年(193),转战兖州,被曹操打败,向淮南转移,占领寿春,朝廷拜为左将军,假节,封阳翟侯。
	兴平元年(194),进攻徐州,与刘备相持于盱眙、淮阴,互有胜负。
	建安二年(197),在寿春称帝,建号仲家,置公卿。
	建安三年(198),受到曹操、吕布等人攻击,接连遇挫。
	建安四年(199),走投无路之际试图北上投奔袁绍,遇阻,被迫南下,在穷困中死去。

袁术在三国时代算是一个异类，不仅在于他是众多割据者里唯一敢于称帝的，而且他的经历也充满了复杂性和戏剧性。虽然史书对袁术评价不高，但袁术绝对是汉末三国一个重量级人物，他的割据之路充满了运气成分，也得益于欺瞒与权谋，正因为如此，这条路也注定不会长久。作为时代的另一种标本，袁术展现了与袁绍、曹操等人不同的奋斗过程，他虽然不具备当皇帝的素质和实力，但一味迷信权力，妄窥神器，又被周围邪佞之徒所包围，结果自入歧途。袁术一门心思在乱世夺权，贸然宣布荣登大位，结果落得个被时人唾弃、被历史嘲笑的结局。

一、由世家公子到"造反者"

袁术字公路，汉末豫州刺史部汝南郡汝阳县（今河南省商水县）人，是袁绍的弟弟。袁术与袁绍出身于同一家庭，这个家庭在当时异常显赫，是所谓"四世三公"之家，袁术是令人羡慕的世家公子。

1. 亲哥变"堂哥"

袁术和袁绍本是亲兄弟，他们的生父都是袁逢，袁逢有个兄弟名叫袁成，袁成死得早，袁逢就把袁绍过继给了袁成，以继承袁成的家业。古人很注重亲属之间的法律关系，袁绍一旦过继给叔父袁成，袁成就成为袁绍法律上的父亲，袁逢只是袁绍血缘上的父亲。所以，袁术本来是袁绍的亲弟弟，但袁绍过继给袁成后，袁绍就成为袁术法律意义上的"堂哥"。

袁术与袁绍虽然是血缘上的亲兄弟，但他们的关系不怎么好，原因是袁绍的生母不是袁逢的正妻而是妾，袁术的母亲则是正妻，一个是庶出，一个是嫡出，二者差别很大。中国古代其实也是一夫一妻制，不同的是，在正妻之外还允许丈夫有妾，其形式多种多样，包括媵、侍妾、侍女、婢女、家妓、侍妇、姘妇等，与"娶妻"不同，一般称之为"纳妾"。对宗法观念极深的古人来说，娶妻是一件复杂而隆重的事，按照《五礼通考》的说法，不管天子庶民都要经过"六礼"："一曰纳采，二曰问名，三曰纳吉，四曰纳征，五曰请期，六曰亲迎。"也就是说，娶妻不是丈夫个人的事，甚至也不是小家庭的事，事关整个家族，所以要层层审核、严格把关。之所以这么隆重，是因为妻子不仅是丈夫的配偶，还是家庭和家族的重要社会关系，妻族和本族是"命运共同体"，一荣俱荣、一损俱损，比如，"夷三族""诛九族"中就有"妻族"，却不包括"妾族"。

袁术的母亲是袁逢的正妻，而袁绍的母亲是袁逢的妾，双方地位上差距很大。相对于妻，男人纳妾就容易和随意多了，从妾的构成可以看出，男人纳妾的理由和方式多种多样，或因为喜爱，或因为情欲，或因为交往的需要，都可以纳妾，其中还有一个重要的构成，就是男主人与家中的婢女发生了关系，意外有了孩子，一般会按照常例纳为妾，袁绍的生母可能就是这种情况，公孙瓒后来在讨伐袁绍时发布了一篇檄文，列举了袁绍的许多罪状，其中一条是："春秋之义，子以母贵。绍母亲为婢使，绍实微贱，不可以为人后。以义不宜，乃据丰隆之重任，悉污王爵，损辱袁宗。"按照这个说法，袁绍的母亲只是一名"婢使"。公孙瓒的说法也许不是造谣，袁绍、袁术后来成为两大对立阵营，豪杰多附于袁绍，袁术因此怒曰："群竖不吾从而从吾家奴乎！"袁术还在给公孙瓒的一封信里表示"绍非袁氏子"。

袁术为什么如此仇视哥哥袁绍呢？这里面可能有家庭方面的原因。袁绍的母亲虽出身卑微，但能得到男主人袁逢的青睐，大概长得比较漂亮，出身于四世三公的袁逢，长辈为其选择正妻多出于政治考虑，属于世家大族之间的联姻，袁术的生母情况不详，但据常理推断，应该属于出身于名门的"大小姐"，长相和脾气难免都不会让袁逢特别心仪，如果这种推断成立，袁家内部就有一番"宫斗"，袁术和袁绍从小大概就因双方生母的原因而互相敌对。《汉末英雄记》说袁绍"生而父死，二公爱之"，这里说的"父"不是袁绍的生父袁逢而是养父袁成，"二公"则指的是袁逢和袁隗，袁逢、袁隗都不以袁绍生母身份低贱而歧视他，反而非常喜欢袁绍，这让袁术很不痛快。

袁术不喜欢袁绍，还有另一个原因。袁术年轻时虽然也有一些名气，《三国志》说他"以侠气闻"，在洛阳结交了很多朋友，由于出身好，是袁家的嫡子，所以袁术年轻时就被荐为孝廉，取得做官的资格，但这些与袁绍相比还显得有些黯淡。《三国英雄记》说"袁绍有姿貌、威容，爱士养名。既累世台司，宾客所归，加以倾心折节，莫不争赴其庭，士无贵贱，与之抗礼"，更多的人在跟着袁绍跑，这让袁术感到了忌妒。

2. 在动乱中推波助澜

不过，袁术的仕途一开始比袁绍要好，一来得益于他是袁逢的嫡子，二来因为袁绍早年在仕途上较为低调。袁术很快升任河南尹一职，这是一个行政职务，类似于郡太守，东汉的首都是洛阳，洛阳在行政区划上只是一个县，比洛阳县再高一级就是河南尹，河南尹是东汉首都所在地的父母官，类似于北宋的开封府和明清时期的顺天府，地位相当重要。到袁绍协助何进对付宦官时，袁术调任更为重要的虎贲中郎将一职，该职品秩为两千石，稍弱于九卿，职责是"主虎贲宿卫"，也就是指挥禁军，直接负责皇宫的守卫工作，这项任命与袁绍有关，尽管袁术内心里瞧不起袁绍，但袁绍此时炙手可热，袁术不得不受哥哥的影响而接近何进，何进安排袁术掌管禁军，显示出对袁术的重视和信任。

中平六年（189）八月的一天，何进进宫议事，被宦官杀死在宫中，守卫在宫外的何进部将不知所措，袁术这时赶到，没有与任何人商量，直接下了一道命令：进攻皇宫。皇宫是禁地，尽管袁术负责皇宫的守卫，但他也没有理由随便向皇宫发起攻击。皇宫里不仅有宦官，还有皇太后和刚刚继位的少帝，不问青红皂白就往里面闯，危险很大，但袁术不予理会，果断下令攻击，从这一点上可以看出袁术做事不计后果，身上有股狠劲。

宫墙十分高大，一时攻不下来，袁术急了，又下了第二道命令：实施火攻。这个动作更加危险，宫殿虽然看起来很高大，却都是土木结构，大火一旦烧起来就难以控制，弄不好就把整个皇宫给烧了，进一步危及皇太后和少帝的安全，也危及周边民居的安全，但袁术依然不管不顾。火被点燃了，借助火攻的威力，宫外的人终于攻进了皇宫内，袁术立即下了第三道命令：见到宦官就杀，一个不留。后宫里其实也不全是宦官，还有尚书台、侍中寺等由士人任职的办事机构，但局势已经完全乱了，来不及辨别，只要没有胡子的人全都遭了殃。皇宫中的混乱从八月二十五日持续到二十七日，有大量无辜者死于非命，事后统计，仅在皇宫中就有两千多人被杀，造成这个惨剧的罪魁祸首正是袁术。出身于士族的袁术，对宦官有着本能的厌恶，对外戚也没有多少好感，巴不得借着混乱把他们一一消灭，这是他接二连三下达危险命令的原因。乱局过后，袁术的目的似乎也达到了，横行不法的宦官基本上被消灭干净，威风八面的外戚也不复存在，袁术在这场变局中显露出不达目的誓不罢休的劲头。

3. 逃出洛阳陷僵局

但是，袁术等士族的希望最后还是破灭了，宦官、外戚两大集团虽然被彻底消灭，却又来了一个军阀董卓。一片乱局之中，董卓率领强悍的"凉州军"到了洛阳，依靠武力把持了朝政。董卓深知袁氏一族在政坛上的影响力，所以对袁隗、袁绍、袁术都给予拉拢，袁术被董卓任命为后将军。后将军为四方将军之一，地位高于征南将军、征西将军等四征将军，相当于"大军区司令"，曹操年轻时最大的梦想就是临死时有一块"汉征西将军之墓"的墓碑，这个愿望被袁术在30岁左右时就轻松实现并超越了。

但董卓与袁氏一族最终还是翻了脸，袁绍、袁术在洛阳没法待下去，于是叫上曹操一起逃亡，三个人是分头逃出洛阳的，当时情况紧急，但袁术居然出城前先拐到曹操家。曹操那时已经跑了，由于事情紧急，所以没来得及带上家眷。袁术告诉曹操的妻子卞氏说曹操已经让董卓杀了，结果引起曹府上下的恐慌。曹府的人害怕日后受株连，都想跑，危难关头曹操的妻子卞氏保持了镇定，对府里那些想各奔东西的人说："曹君吉凶未可知，今日还家，明日若在，何面目复相见也？正使祸至，共死何苦！"曹府上下这才安定下来，后来卞氏带着两岁的儿子曹丕也辗转逃出了洛阳。这件事记载在《三国志》里，一来说明袁术那时与曹操便相识，关系还挺密切；二来说明袁术与曹操的关系那时便比较微妙，袁术还没有弄清情况，就跑到曹操家里煽风点火，唯恐不乱，动机看起来似乎有些不单纯。

按照袁绍等人事先商量的路线，袁术逃出洛阳后前往南阳郡，南阳郡太守张咨是何进、袁绍等人推荐任命的，可以依靠他的力量组织人马反抗董卓，成为"关东联军"的一支。但是，到了南阳郡以后袁术却发现这里的局面很难打开，张咨虽然也反对董卓，但他来南阳郡的时间太短，只不过几个月，还没什么实力。南阳郡隶属于荆州刺史部，这时的荆州刺史名叫王叡，袁术跟他也没有什么交情，面对这样的局面，袁术一筹莫展。从这一点上看袁术就不如曹操，曹操也是只身逃出的洛阳，他到了陈留郡，也没有现成的人马，曹操就在陈留郡募兵，白手起家，拉起了一支近万人的"曹家军"，有了人马，武器不足，曹操就让人支起铁匠炉打造兵器，唐人虞世南编著的《北堂书钞》一书收录了曹操曾经发布的一条军令，里面就记录了曹操起兵初期亲自动手和工匠们一起打造兵器的事。一次，曹操正与工匠一块打造一种叫"卑手刀"的武器，有一位名叫孙宾硕的朋友来看望曹操，孙宾硕很不解，对曹操说你现在考虑的应当是大事，不应该干工匠的活，曹操回答："能小复能大，何害？"能干小事的人才能干大事，眼里只盯着大事而干不了小事，这就叫眼高手低，而这正是袁术一生中最大的短板。

4. 借助他人站住脚

但袁术的运气却非常好，不支持袁术的荆州刺史王叡被人杀了，杀他的是荆州刺史部长沙郡太守孙坚。孙坚虽然出身低微，但很能打仗，在镇压黄巾起义的行动中立功升官，累至长沙郡太守，汉灵帝驾崩后时局失控，董卓趁乱把持朝廷，各地纷纷掀起了讨伐董卓的运动，长沙郡地处偏远，孙坚于是带兵北上，也要参与进来。孙坚平时对自己的上司王叡反感，本州武陵郡太守曹寅跟王叡也有矛盾，曹寅找到孙坚，二人趁着朝廷大乱，无力约束地方的机会，竟然联起手来把王叡杀了，之后孙坚继续引兵北上，到达荆州最北面的南阳郡，南阳郡张咨对孙坚的到来不大欢迎，因为孙坚此举有鸠占鹊巢的嫌疑。

孙坚给张咨写了一封信，要求提供军粮，这让张咨更不高兴。张咨跟下面的人商量，大家认为孙坚只不过是本州另一个郡的太守，大家平起平坐，互不隶属，无权调发粮饷。张咨认为言之有理，对孙坚不加理睬。孙坚急了，因为他带着一支人马已远离长沙郡，兵马需要后勤保障，看到张咨不予合作，孙坚又动了杀心。《三国志》记载，孙坚先备了礼物拜访张咨，按照礼节，次日张咨也要备下礼物前来答谢，但在军营里的酒桌上孙坚突然发难，将张咨斩杀。

连杀州刺史和郡太守，孙坚的行为震动了荆州，尤其是杀张咨，他并不是董卓的人，跟"关东联军"来往密切，把他杀了等于得罪了"关东联军"，孙坚也感到了不安。这时，孙坚听说袁术就在南阳郡境内的鲁阳，于是前往拜见，表示愿意归附于他。袁术这时已是"关东联军"中的重要一路，可也只是个空架子，听说孙坚来了，一路连杀王叡、张咨，不禁暗自吃惊，担心孙坚杀到他的头上来。哪知孙坚主动前来拜访，并愿意听从他的指挥，袁术大喜过望，立即表奏孙坚为破虏将军，兼任豫州刺史。有了孙坚的加盟，袁术实力大增，他坐镇南阳郡，让孙坚在前给自己打仗。孙坚在打仗方面是一把好手，连克董卓所部。孙坚后来打到了洛阳附近，准备指挥人马对洛阳发起总攻，眼看讨董的头功就要记在袁术的头上了。

然而，孙坚一路高歌猛进让袁术的心里反而不踏实。孙坚打了败仗袁术着急，打了胜仗袁术更着急，有人在袁术面前不断挑拨："坚若得洛，不可复制，此为除狼而得虎也！"袁术心眼儿本来就小，经过这一挑拨，对孙坚更不信任，于是停止了对前方的后勤供应。孙坚一下子傻了，如果断了军粮，自己将不战而败，孙坚于是连夜骑马赶回南阳郡。《三国志》记载，孙坚对袁术说："所以出身不顾，上为国家讨贼，下慰将军家门之私仇。坚与卓非有骨肉之怨也，而将军受谮润之言，还相嫌疑！"《江表传》记载，孙坚还对袁术说："大勋垂捷而军粮不继，此吴起所以叹泣于西河，乐毅所以遗恨于垂成也。愿将军深思之。"魏文侯时吴起担任魏国西河郡守，其间与诸侯军队大战七十六次，其中大胜六十四次，其余不分胜负。魏武侯继位，前期对吴起还比较信任，后来受国相公叔痤等人挑唆，对吴起的忠诚产生怀疑，魏武侯决定召回吴起，吴起于是不再回魏国，而投奔了楚国。燕昭王时乐毅拜燕国上将军，为燕国攻下七十多座城池。燕惠王上任，对乐毅由不满而上升至不信任，处处排挤，乐毅无奈，逃往赵国。

孙坚向袁术说这两个人的例子，其实是在警告袁术，再这样不信任自己的话，他只能像吴起、乐毅那样离袁术而去。袁术想了想，发现自己还离不了孙坚，于是下令给孙坚所部重新调拨军粮。干大事的人需要有广阔胸怀，刘邦之所以成事，是放手任用了一帮有本事的人，单靠刘邦自己又能把事业干多大？从对待孙坚的态度上可以看出，袁术不仅眼高手低，而且小肚鸡肠，不是一个干大事的人。

二、趁乱割据淮南

按照袁术的能力、心胸与作为，南阳郡这个不大的地方大概既是他事业的起点，恐怕也将成为他事业的终点，但袁术的运气实在太好，别人拼死拼活打天下的时候，他总是能借来外力，也总能钻到空子。

1. 吞并孙坚的队伍

初平二年（191）春天，孙坚率兵攻入洛阳，正准备乘胜追击，袁术却命令他回师。袁术不愿意看到孙坚发展得太快，那样自己将很难再驾驭了。看到孙坚在前方势头越来越猛，袁术总想找个借口把他调回来，而这时刘表给了袁术这样的借口。荆州刺史王叡被孙坚杀死后，董卓控制的朝廷任命刘表为新的荆州刺史，刘表很有一套，很快便控制了荆州大部。荆州刺史部共有七个郡，有六个郡都被刘表先后控制，只剩下最北面的南阳郡还在袁术手中。刘表一心想把南阳郡也纳入自己的实际控制区，他是朝廷正式任命的荆州刺史，这么想并不违法，但这样就必须先把袁术赶走。刘表不断整顿兵马，做出举兵北上的阵式，双方在南阳郡的南部地区发生了摩擦。

让袁术去打刘表，他既没有这样的胆识也没有这样的能力，但袁术有能打的孙坚。袁术向孙坚下达了命令，让他从洛阳回师去打刘表。初平二年（191）冬天，孙坚率所部攻打刘表，一直打到了刘表的大本营襄阳外围。刘表手下最能打的将领是黄祖，刘表派他在襄阳以北的邓县、樊城一带迎击孙坚，黄祖不是孙坚的对手，被打得大败。孙坚率军渡过了汉水，把襄阳城包围起来。襄阳城两面环汉水，背靠群山，易守难攻，刘表闭门不战，想跟孙坚打消耗战，同时派黄祖乘夜出城调集军队不断偷袭孙坚。初平三年（192）正月初七，黄祖又被孙坚打败，逃往襄阳西郊的岘山，孙坚追击，想把黄祖一举拿下。哪知这里有埋伏，《三国志》和《典略》都记载，孙坚遭遇黄祖手下的人从竹林间发射暗箭的袭击，中箭身亡；《汉末英雄记》记载，与孙坚交战的不是黄祖而是刘表手下另一位叫吕公的将领，孙坚追击吕公，进入山中，吕公命人用石块攻击孙坚，孙坚头部被石块击中，"应时脑出物故"。

孙坚死时年仅 37 岁，他的大儿子孙策时年 17 岁，二儿子孙权 10 岁，三儿子孙翊才 8 岁。由于年龄还小，孙策和弟弟们没有随父亲在外征讨，跟随孙坚的除了程普、徐琨、黄盖、韩当、朱治这些将领外，还有孙河、孙贲、孙辅等几位孙氏族人。孙河是孙坚的族人，孙贲是孙坚的侄子，孙贲的父亲是孙坚同父异母的弟弟，孙辅是孙贲的弟弟。孙坚死得很突然，没有任何征兆，也没有留下政治遗言，大家便推孙贲为首领，整合孙坚旧部。孙贲无心再与刘表作战，扶送孙坚的灵柩回依袁术。

孙坚此时手下已经有了不少人马，人数应该在数万之间，是袁术集团的主力。孙坚之死一方面是袁术的一大损失，袁术称雄前期主要依靠的是孙坚；另一方面，孙坚死了也让袁术觉得更安心，他可以借机吞并孙坚的旧部。袁术表奏孙贲为豫州刺史，让他继续带领孙坚旧部，但私下里却找各种借口把这些队伍打乱，组编到其他各部。到后来，袁术索性改任孙贲为丹阳郡都尉，让他到江南去打游击，孙坚拉起来的队伍全部让袁术吞并了。

2. 转战兖州遇劲敌

袁术实力大增，已不满足于在南阳郡发展，他想到外面抢地盘，首先将目标指向了兖州。此时的兖州已被曹操占领，曹操那时候还被视为袁绍集团的一员，袁术为称霸天下，拉拢公孙瓒、陶谦对抗袁绍、曹操、刘虞，双方形成两大阵营。袁术开始没有把曹操这个老朋友放在眼里，认为挥师北上就能把兖州平定，但双方一接触，袁术才发现根本不是那么回事。

初平四年（193）春天，袁术亲自带兵进入兖州刺史部陈留郡境内，这时陈留郡太守是张邈。几年前，袁绍、袁术、曹操、张邈都还是好朋友，在洛阳公务之余大概还时常小聚，但现在却要刀兵相见了。张邈立即通报曹操，请求增援。袁术开始行动后，"黑山军"和南匈奴首领于扶罗也立即响应，在西北方的侧翼给袁术助威。袁术的前锋由部将刘详率领，进驻到匡亭，这里已深入陈留郡境内一百多里，再往前就是曹操的后方基地东郡了。曹操不敢大意，亲自引兵迎战。

曹操将匡亭围住，袁术率军北上增援。曹操在平丘、东昏一带摆下阵式，等袁军开到，双方展开激战，曹军以逸待劳，袁军北上的只是一部，实力稍逊一筹，结果大败，袁术退到封丘。曹操挥军追赶，将封丘围住，这是一个机会，因为袁军主力部队还未赶到，袁术又是孤军冒进，如果曹军行动迅速一点的话，有可能将封丘城围死，从而打死或活捉袁术，但那将是一件很棘手的事，无论杀掉袁术还是将他活捉都不符合曹操的利益。曹操于是在围城的时候"未合"，故意留一个缺口，袁术倒也识趣，知道这是老朋友放自己一马，于是顺着缺口突围逃走。但袁术逃往的地方是襄邑，仍然在陈留郡的地盘上，曹操不能不管，又追到襄邑。袁术未等曹军赶到，主动撤到襄邑附近的太寿，这时袁术的增援部队也赶到了。

一败再败，袁术颜面尽失，他想这一回不能再跑了，必须打一仗赢回面子。但是，这只是袁术的美好愿望而已，围攻太寿虽然不像前几次那么容易，但曹军仍然取得了胜利，他们采取的办法是掘开附近的渠道，用水灌城。袁术不敌，放弃太寿，逃到宁陵。襄邑、宁陵相距不远，曹操曾在这一带募兵，这里是曹操事业的起点，曹操带兵再次追击，袁术彻底退出了兖州。

由匡亭到宁陵，曹操五战五胜，现身说法地给老朋友上了一堂军事课，把袁术打服了，也把袁术彻底从陈留郡赶了出去。曹操一路追击的时候，袁术的盟友陶谦本可以帮忙，但一来徐州距离陈留郡路途还是有些远，二来陶谦想保存实力，抱着先看看再说的想法，想等曹操和袁术打上一阵再上去帮忙，但让陶谦吃惊的是，呼声一向很高的袁术，军事才能却如此之差，被曹操一路打来，没有任何招架之力，只有逃命的份，看到此情此景，陶谦放弃了增援行动。上面发生在兖州境内的这几仗也是袁术亲自带兵打仗的尝试，经过这一番较量，雄心勃勃的袁术深受打击，没有想到自己一向颇为自负，但水平居然这么差，只能如丧家犬般一路奔命，这对袁术的雄图大志无疑是个重大打击。

3. 钻了一个空子

本想占便宜，却不想被人打了个落花流水。从兖州撤出后，袁术还想回南阳郡，但南阳郡的形势已经发生了变化。袁术的主力北上后，刘表觉得机会来了，迅速抢占南阳的地盘。在刘表行动的同时，南阳郡又来了一伙不速之客，董卓旧部张济有个侄子名叫张绣，是一员虎将，他率领张济的旧部来到南阳郡，在著名谋士贾诩的协助下迅速在南阳郡成了气候，刘表拿张绣都没有办法，袁术如果回去就得跟张绣一战，袁术想了想，还是拉倒了。

不得已，袁术只好率军由兖州南下，来到淮南地区。淮南是对淮河中下游一些地方的统称，在当时并不是一个正式的行政区划，它包括扬州刺史部和徐州刺史部的一些郡县，主要是扬州刺史部在江北的九江郡、庐江郡和广陵郡，当时群雄逐鹿的主战场在黄河流域，淮南的郡太守多由朝廷任命，在政治上不属于当时已初步形成的几大群雄阵营，远在长安的朝廷也无力控制这里，于是淮南地区形成了各自为政的局面。袁术集合人马攻打淮南重镇寿春，将这里占领，此时的扬州刺史名叫陈温，他在扬州刺史部九江郡，袁术又率兵打到九江郡，陈温战败被杀，袁术于是宣布自己兼任扬州牧，又兼所谓"徐州伯"，意思是除扬州刺史部以外还要"兼管"徐州刺史部。

这时董卓已死于长安，董卓旧部李傕、郭汜等人控制着朝廷，他们为拉拢袁术，派人来寿春授予袁术左将军的印绶，还封他为阳翟侯，为表示隆重，朝廷特派太傅马日磾前来主持受封仪式。马日磾是天子的特使，随身带有天子的符节，袁术对这个东西很感兴趣，提出借来看看。马日磾无奈，只得给他看，谁知道袁术耍起了无赖，有借无还。紧接着袁术给了马日磾一份名单，让他以朝廷特使的身份任命这些人当官，马日䃅拿过来一看,只见这份名单上列出了一千多人,要求的官职还都不低,令马日䃅大为震惊。马日䃅多次提出回长安,袁术不放行,马日䃅又急又气,最后在忧愤中死于寿春。

三、轻信"预言"成伪帝

朝廷派特使来寿春,在给袁术的诏书中虽然没有提及"徐州伯",但赐袁术"假节"。《三国志》等史书经常提到"假节""持节""使持节""假节钺""假黄钺"这些概念,"节"是一种符信,"钺"为一种刑具,皇帝不能事事躬亲,便将"节""钺"授予大臣、将领,拥有此物者便拥有皇帝授予的特权,袁术拥有"假节"特权,在战时可斩杀犯军令之人,这让袁术俨然成为朝廷在东南地区的总代言人。不过,袁术对此还不满足,他的目标是当一回真正的皇帝。

1. 与刘备势不两立

袁术一向自视颇高,在寿春站稳脚跟后更不把其他人放在眼里了。这时袁术听到了一个消息,说有个名叫刘备的人成了徐州的新主人,袁术大怒,大骂刘备,并说"不闻天下有刘备"。袁术不只是嘴上说说,还动了真格,马上发兵攻打徐州。刘备不了解内情,大概还挺纳闷,自己从未跟袁术打过交道,不知道哪里惹到了袁术。刘备不知道的是,他的前任是陶谦,此番徐州易主,不仅对刘备来说是一件大事,对正在逐鹿的群雄们来说也不能算小事,尤其是袁术。

如前所述,此前北方争斗的群雄主要分为两大阵营:一方是袁绍、曹操、刘虞等人,一方是袁术、公孙瓒、陶谦等人。在袁绍和袁术牵头的两大阵营中徐州本属袁术阵营,陶谦一直视公孙瓒和袁术为友军,视袁绍、曹操为敌人,这就是陶谦被曹操攻击时能从公孙瓒那里借来刘备的原因。不过,刘备接手徐州后,大概认为自己的老同学公孙瓒在袁绍的进攻下正一步步走向衰落，陶谦也不在了，显然站在袁绍、曹操一方更安全，曹操已牢牢控制了徐州北面的兖州，从曹操现在的发展趋势看，彻底打败那时候还在兖州闹事的吕布是迟早的事，之后曹操肯定会再战徐州，那时公孙瓒指望不上，以徐州支离破碎的现状去对抗曹操以及他背后的袁绍，没有任何取胜的可能。想到这些，刘备大概认为最理想的是两边都不参与、都不得罪，你们打你们的，我只作壁上观。

刘备如果有这样的想法是很正常的，这是常人都会做出的判断。然而，刘备此时已拥有一州之地，做事不能按常人的思维来看，应该有一些政治头脑，否则就要吃亏。两方都不得罪，愿望很美好，但这只是幻想，各方博弈渐深，已没有逍遥在外的空间，群雄逐鹿逐到了这个份上，没有朋友可以做，想没有敌人那也是做不到的。大概考虑到了这个问题，所以刘备决定干脆与袁绍结盟，带领徐州来一个"改旗易帜"。为此，刘备派陈登去袁绍那里，对袁绍说："天降灾沴，祸臻鄙州，州将殂殒，生民无主，恐惧奸雄一旦承隙，以贻盟主日昃之忧，辄共奉故平原相刘备府君以为宗主，永使百姓知有依归。方今寇难纵横，不遑释甲，谨遣下吏奔告于执事。"刘备直接称袁绍为"盟主"，这是精心考虑的，意思大概有两层：一是袁绍是公认的"关东联军"盟主，是习惯相称；二是徐州已决定投靠袁绍阵营，尊袁绍为盟主。两种解释中袁绍愿意接受其一还是都接受，就看袁绍本人的意思了。对刘备主动送上门的好意袁绍当然不会拒绝，袁绍立即表示："刘玄德弘雅有信义，今徐州乐戴之，诚副所望也！"袁绍的态度很明确，他同意刘备当这个徐州刺史，也接受徐州加入他的阵营。听到陈登回来后的报告，刘备松了口气，北面之忧可以缓和了，曹操不会马上来攻徐州了。但刘备大概没有想过，袁术、公孙瓒那边该如何交代？尤其是袁术，就在眼前，你改换门庭，人家肯定有反应。在袁术的潜意识里徐州应该是自己的势力范围，这是他公开兼任"徐州伯"的原因，可刘备直接给了他当头一击，这是袁术非要"杠"上刘备的原因。

袁术于是发兵北上，想趁刘备立足未稳之际把他赶下台。刘备听说袁术要打他，不敢怠慢，赶紧整顿人马南下迎敌。建安元年（196）春天，刘备亲自率兵到达徐州刺史部南部一带与袁术交战，这时曹操已经把汉献帝和朝廷接到了许县，听说刘备跟袁术打了起来，曹操挺高兴，在曹操眼里刘备是可依赖的力量，所以曹操力挺刘备。曹操以朝廷的名义任命刘备为镇东将军，封宜城亭侯，这是一份大礼，草根出身的刘备自此有了朝廷正式授予的爵位，同时也有了正式的军职。此前刘备的军职是公孙瓒授予的别部司马，相当于独立团团长，不仅非法而且职位非常低。镇东将军在杂号将军之上，相当于战区副司令，刘备连升了若干级。

如果真打起来，这必然是一场恶战，刘备综合实力不如袁术，但手下有关羽、张飞这样的虎将，刘备手下的人马已经经过了一次次的战场洗礼，袁术想轻松打败刘备并不是一件容易的事。袁术动手能力比较差，但善于搞投机钻营，他很快发现了刘备的软肋，那就是刘备收留的吕布。在南阳郡的时候袁术曾跟吕布打过交道，也吃过吕布的亏，所以袁术很了解吕布的实力，也深知吕布的为人。袁术于是私下里给吕布写信，让他在刘备的背后动手，事成之后许以重利。干这种事吕布其实不用教，接到袁术的来信，吕布知道袁术会力挺自己，眼下确实是一个好机会，吕布马上就给刘备来了背后一刀，夺取了徐州。刘备倒霉透顶，刚当上徐州刺史没几天，就稀里糊涂地被袁术打，又稀里糊涂地被吕布赶下了台。

2. 利用孙策抢地盘

刘备被打败，徐州被吕布控制，袁术的势力范围在徐州南面的淮南地区，这一带的局势稍稍平静一些。袁术的地盘并不算小，只是这些地盘并不是他本人攻城夺地打下来的，为袁术立下汗马功劳的是孙坚的儿子孙策。孙坚死后，孙策一度也依附袁术，《江表传》记载，袁术很欣赏孙坚的这个儿子，曾对别人说："使术有子如孙郎，死复何恨？"孙策最大的愿望是要回父亲辛辛苦苦拉起来的队伍，袁术则压根不肯交还孙坚的这些旧部。孙策找得多了，袁术就出了个主意，说丹阳郡是出精兵的地方，你的舅舅在那里当太守，你不如到丹阳郡去募兵。

孙策无奈，渡江去了丹阳郡。丹阳郡太守吴景是孙坚的吴夫人的弟弟，孙坚起事后孙氏族人也借势起家，吴景因为姐夫孙坚的带动逐渐成长为郡太守，推测起来，这个郡太守可能是袁术表奏的。孙策在舅舅的帮助下很快募得几百人，但是他带着这支队伍到泾县一带时，遭到当地土匪祖郎的袭击，队伍被打散，孙策险些丧命。孙策募兵无果，又回到寿春，隔三差五去找袁术要他父亲留下的队伍，袁术被弄烦了，就把孙坚当年队伍里还没有被拆散的一千多人还给了孙策。这支队伍人数虽然不多，但是其中包括韩当、程普、徐琨、黄盖、朱治等人，对孙策的意义非同一般。

袁术把人给孙策是有条件的，他让孙策帮助自己平定九江郡，并答应事后任命孙策为九江郡太守。孙策给袁术出了力，但到头来袁术却任命陈纪为九江郡太守。袁术又让孙策帮他平定庐江郡，并且特别说明，上次食言是自己不对，这回一定任命孙策为庐江郡太守。孙策又帮助袁术平定了庐江郡，但袁术像是得了失忆症，再也不记得当初说过的话，而是任命刘勋为庐江郡太守。摊上这种朝三暮四、毫无信誉可言的领导，孙策真的觉得很受伤，也很无奈，他决心彻底离开袁术，到江南独立发展。《江表传》记载，孙策对袁术说："家有旧恩在东，愿助舅讨横江；横江拔，因投本土召募，可得三万兵，以佐明使君匡济汉室。"袁术本不想轻易放孙策走，但也渴望得到江东之地，最后还是同意了孙策的请求。兴平二年（195）年初，孙策渡过长江，开始了自己的拓疆之旅。袁术虽然同意孙策去江东，却仍旧没有归还孙坚的旧部，孙策渡江时"兵财千余，骑数十匹，宾客原从者数百人"，不过对孙策来说这已够了，至少从此可以脱离袁术。

3. 冒天下之大不韪

袁术有了一定势力，野心也跟着膨胀起来，居然动起了称帝的念头。袁绍之所以产生如此荒唐的想法，与一个神秘预言有关，这个预言在两汉时代广泛流传，内容只有六个字："代汉者，当涂高。"从字面上看，这个预言的意思是"能取代汉朝的是涂高"。然而，"涂高"是什么却没有人能说清楚，在此之前已经有了很多个解读的版本，袁术认为那些解释都不对。

"代汉者，当涂高。"这句话一般认为最早的出处是一本叫《春秋谶》的书，这部书早已失传，里面有一句话："汉家九百二十岁后，以蒙孙亡，授以承相。代汉者，当涂高也。"按照它的说法，刘邦建立的汉朝至少要延续920年，最后由"涂高"来代替它。根据真实的历史，两汉加起来只有405年，《春秋谶》的前半部分预言就错了，不过这不影响它后半部分的传播，尤其在汉朝还没有灭亡的时候，大家对它的相信大于怀疑。东汉末年天下大乱，对野心家来说机会又来了，"代汉者，当涂高"被更多地提起。董卓死后，有个女巫找到董卓旧部、凉州军阀李傕，对他说："涂即途也，当涂高者，阙也。傕同阙，另极高之人谓之傕。"她的理解是，"当涂"是在路上，在路上又特别高的自然是阙了，"阙"与"傕"同音，"涂高"指的就是李傕。不过李傕还算聪明，知道自己有几斤几两，听听也就拉倒了。还有一个人叫阙宣，他认为上面这个解释很好，可以应到自己身上，于是大干一场，想搏个富贵。初平四年（193）阙宣在徐州聚众数千人，自称天子，要与刘汉王朝争天下，徐州牧陶谦见他势大，一面谎报朝廷正在进行讨伐，暗地里却与之联合，阙宣参加了与曹操争夺徐州的战斗，但后来跟陶谦翻脸，这个"伪皇帝"被陶谦杀了。

袁术的野心也很大，之前朝廷被董卓裹挟至长安后传出汉献帝遇害的消息，袁术就已经萌生自己当皇帝的念头。袁术认为"代汉者，当涂高"其实很好理解，这个"涂高"就是指他袁术，理由是：自己的名字里有"术"字，表字是"公路"，"术"是城邑内的道路，"公路"指的也是路，而"涂"可以理解为"途"，也是路的意思，所以"涂高"就是袁术、袁公路。这种理解很牵强，但袁术认为一定是这样的，而且根据"五行终始论"，汉朝属于火德，取代汉朝的一定属于土德，袁姓就属于土德，是有资格取代刘汉统治的姓氏，这一条又成为上一条的佐证。这时河内郡有个叫张炯的人，又帮袁术弄出来一个所谓的符命，估计跟鱼肚子里发现一条写字的绸子之类的把戏差不多，都是骗人的，但袁术认为这些都应了自己的天子之兆，皇帝非他莫属。

建安二年（197）春天，袁术不顾众人反对，悍然在寿春称帝。不过，袁术玩了个花招，他既没有宣布国号，也没有下诏改元，也不自称天子，而称"仲家"，有人认为"仲家"就是袁术新王朝的国号或年号，所以把袁术称为"仲家皇帝"。后来袁术走投无路，曾对自己称帝的行为进行过辩解，说他当时看到天下大乱，已经到了周朝末年诸国分势的局面，自己出于一片责任心，出来替汉室管管事，所以自称"仲家"，"仲"是第二的意思，在他心里还是把刘氏当老大，并没有真的想当皇帝。但这些都是袁术的诡辩，袁术称帝后改九江郡太守为淮南尹，类似于西汉的京兆尹和东汉的河南尹，寿春于是成为伪朝廷的"京师"，袁术在这里任命公卿百官，建皇宫，设祠庙、明堂，所有一切都与真朝廷一模一样。

4. 走向穷途末路

袁术称帝的时候，曹操刚刚把汉献帝和朝廷迁至许县，也就是现在的河南省许昌市，寿县、许县相距不算太远，突然就有了两个皇帝，袁术等于公开与许县朝廷分庭抗礼，这不仅是对汉室的叛逆，更是对曹操的挑战，曹操不能不管。曹操只得放下手头上其他的事，先来解决袁术。

论实力袁术这时并不如曹操，加上之前有被曹操"痛扁"的经历，所以袁术并没有战胜曹操的勇气和信心。既然如此，袁术称帝前就没有料到这样的后果吗？袁术也许想过，不过他认为自己不是一个人在战斗，袁术自认为围绕着自己有一个联盟，从传统关系上说公孙瓒是他的联盟，除此之外吕布也是他的联盟，他们之前打过交道，吕布还曾经投奔过他，后来袁术跟吕布联手算计过刘备，吕布能坐拥徐州，袁术自认为做出了关键性贡献。除了公孙瓒、吕布，袁术认为孙策也是自己的联盟，袁术甚至认为孙策还是自己的手下，肯定会全力支持自己。

结果却让袁术大吃一惊，曹操来打他，公孙瓒离得太远帮不上忙，孙策不仅不来支援，还写了一封很长的信，把袁术痛骂一顿，信中列举了袁术的"九大罪状"。吕布更过分，不仅不帮忙，反而发兵来打袁术，袁术立即陷入四面楚歌的境地。袁术大惑不解。其实袁术不了解自己，也不了解别人，他不知道自己能力的大小，也不了解别人心中的向背，袁术心里所谓的盟友即使真的存在过，但在大是大非的问题上也都不可能给袁术陪葬，袁术自认为的联盟也只是某一阶段里的互相利用关系，根本靠不住。何况，当皇帝不仅要有政治资本、军事资本，还要有经济实力。皇宫、百官、后宫嫔妃、羽林卫队，光是备齐这些家当也得有相当实力。袁术的地盘说小不算小，但说大也不算大，核心区域仅是扬州刺史部六郡里的江北三个郡，再加上豫州刺史部的一些游击区而已，以这点实力，不用别人打上门来，就是自己关起门来过日子都很困难。

袁术称帝仅一年就在寿春待不下去了，袁术下令一把火烧了寿春的"宫室"，前往大别山区的潜山，想投靠部将陈简、雷薄。"皇帝"当到这个份上，简直生不如死，不幸的是，陈简、雷薄二人翻脸，拒绝接纳老领导率领的"流亡朝廷"。袁术很愤怒，但又无奈，身边的人看到此情此景，有些干脆溜之大吉，袁术"忧懑不知所为"。走投无路之际袁术想到了哥哥袁绍，虽然是势不两立的敌人，虽然这些年中原一带的乱仗大多数都与他们兄弟俩有关，但毕竟是同胞兄弟，别人都不管他，自家亲人不能不管吧？袁术给袁绍写了一封信，表示愿意将帝号让出来，信中写道："汉之失天下久矣，天子提挈，政在家门，豪雄角逐，分裂疆宇，此与周之末年七国分势无异，卒强者兼之耳。加袁氏受命当王，符瑞炳然。今君拥有四州，民户百万，以强则无与比大，论德则无与比高。曹操欲扶衰拯弱，安能续绝命救已灭乎？"袁术摸准了袁绍的脉，知道这个亲哥当皇帝的瘾一点都不比自己小，于是专从这方面下手。袁术现在虽然没落了，但手里还有两大法宝，一是他建立的新王朝，二是传国玉玺。关于后者，其实是孙坚当初在攻进洛阳时偶然得到的，袁术用威逼手段，从孙坚的吴夫人手里夺了过来，奉为至宝。袁术知道，不仅自己想当皇帝，自己的那位大哥更想当，而有了手里的这两样东西，袁绍称帝的路上障碍会小得多，对既要面子又要里子的袁绍来说，这当然相当有价值。

　　果然，袁绍接到这封信动了心，"阴然之"。事情就是这样，看别人往火坑里跳都会觉得人家太傻，可轮到自己站在火坑旁的时候脑子又常常犯糊涂，也会情不自禁地向着火堆舞蹈。袁绍立即派长子袁谭从青州刺史部动身来迎接袁术。袁术自己已没有能力一路打到黄河以北，只能等侄子来接。袁谭南下，必须经过已是曹操控制区的兖州和徐州，曹操派朱灵、刘备率兵拦截，袁谭南下受阻。袁术还想冒险试试，可到了徐州刺史部境内就再也过不去了，只得折返回来，又来到了寿春。此时寿春城里的皇宫已被袁术烧得一塌糊涂，这里也待不下去了。

　　袁术只得继续往南，走了八十来里，于建安四年（199）六月到达一个叫江亭的地方。寿春往南有淝水，连通著名的水利工程芍陂，这个江亭应该是淝水上的一个渡口。此时袁术身边已经没有多少人了，粮食也吃完了。袁术问他的"御厨"还有多少吃的，回答说只有三十斛麦屑。这些本来是喂马的，袁术怎能咽得下去？正值盛夏，天气闷热，袁术身体有些不舒服，想喝点蜜浆，手下人说找不到蜂蜜。英雄一世的袁术，就这样穷困潦倒地坐在江亭边的草席上回顾着自己的一生。想刚出道时的前途无量、刚起兵反董卓时的叱咤风云、当了皇帝以后的锦衣玉食，想想这些，看看眼前，袁术不禁老泪纵横。袁术一生都颇为自负，他也是个有血性的人，于是大叫道："袁术至于此乎！"喊罢，瘫倒在草席上，呕血不止，呕血斗余，袁术就这样死了。

5. 失败的心理学解读

在汉末三国历史上，袁术绝对是一个重量级人物，他出身高贵，志向也很高，自视能力很强，从来不愿意居于人后，在汉末乱世中他也抓住了机会，成为重要的割据势力之一，但历史上对他评价不高。陈寿评价袁术说："袁术奢淫放肆，荣不终己，自取之也。"认为袁术奢侈、荒淫、放纵，使事业在自己还没有死的时候就终结了，这实在是他咎由自取。曹操手下的名臣何夔评论袁术说："天之所助者顺，人之所助者信。术无信顺之实，而望天人之助，此不可以得志于天下。"认为只有上天相助才会顺，有众人相助才有信，袁术无信、无顺，还希望天人相助，怎能得志于天下？熟悉袁术的陈登评价说："公路骄豪，非治乱之主。"认为袁术既骄傲又霸道，成不了拨乱反正的明君。

看来袁术的最大问题是过于自信，从心理学上叫作"优越感过剩"，用美国心理学家、《自卑与超越》的作者阿德勒的话说是"狂妄的优越感"。阿德勒认为，人类无时无刻不在面临自卑的压力与挑战，为了消除这种压力，个人会发展出各种补偿机制来战胜自卑感，而过分补偿有可能导致优越感过剩，具体表现为自我感觉良好、自以为是、自命不凡，也表现为目中无人、虚荣心强、不能反省自己，漠视他人。

对照袁术的一生来看，刚好符合这一切。袁术就是一个自信心和优越感过剩的人，一个狂妄的自大者，一个集矫情与骄傲于一身的人，他不自量力，无法正确分析现在、把握未来，他的虚荣心极强，总想炫耀自己的门第出身，但又总显得外强中干。心理学研究也表明，优越感过剩还会产生寡恩刻薄、嫉贤妒能、相互拆台的情况，袁术正好也是这样的人，他忌妒别人，包括自己的哥哥袁绍，为了达到相互拆台的目的无所不用其极，对于孙坚、孙策这些为他的事业立下大功的人，他表现得寡恩而冷酷，对自己做出的承诺一变再变，让人寒心。

袁术之所以这样，与他的出身和经历有关。袁术出身于名门，一来到这个世界上就享受到家族带来的荣耀，他不需要向别的年轻人那样苦苦奋斗，也不会遇到挫折和磨难，轻而易举就走上一条坦途，二十多岁就当上了天子近卫军的高级指挥官，平步青云，走到哪里都是鲜花和掌声。但另一方面，他又活在哥哥袁绍的阴影中，袁绍比他年龄大，长得也比他帅，结交的人也比他多，虽然袁术放出话来袁绍不是嫡出，但不影响大家对袁绍的追捧，袁绍成了"带头大哥"，只能跟在袁绍屁股后头转悠的袁术感到很失落。可以想象，袁术小时候一方面生活在无比优越的家庭环境里，另一方面又生活在无法超越哥哥袁绍的阴影中；一方面形成了过剩的优越感，另一方面又产生了深深的自卑情结。

自卑感的一个极端就是"狂妄的优越感"，越是自卑越希望超越，越想强调自己的优越感。袁术走上了一条不归路，表面看来他不够明智，缺乏对形势的正确分析和判断，自取其辱，自作自受。而从深层次来分析，尤其是结合他的出身和经历来看，他似乎还是一个心理有问题的人，是一个由过剩的优越感和强烈的自卑感交织在一起的人，他做出来的不可理解的一切，都能从心理学的分析中找到答案。

刘备：

一个时代的励志传奇

刘备履历表

姓名	刘备
谥号	昭烈帝
家庭出身	汉中山王刘胜的后代,祖父刘雄曾为县令,父亲刘弘早卒,少时与母亲相依为命。
生卒年	161—223
生平履历	熹平四年(175),拜原九江郡太守、同郡人卢植为师。 中平元年(184),参加朝廷镇压黄巾起义的军事行动,因功被授予安喜尉,后辞官。 中平六年(189),大将军何进派毌丘毅到丹杨募兵,刘备途中加入,到下邳与盗贼力战立功,历任下密县丞、高唐尉、高唐令,高唐被盗贼攻破后,投奔公孙瓒。 兴平元年(194),奉公孙瓒之命往徐州支援陶谦,之后留下,被陶谦表奏为豫州刺史。 兴平二年(195),陶谦病故,接任徐州刺史。 建安元年(196),被朝廷任命为镇东将军,封宜城亭侯。 建安三年(198),为吕布所败,投奔曹操,升任左将军。 建安四年(199),脱离曹操控制,在徐州起兵,败于曹操,后转投袁绍。 建安五年(200),参加官渡之战,后转投荆州牧刘表。 建安十三年(208),与孙权联合,在赤壁之战中打败曹操。 建安十六年(211),西入益州,3年后将益州夺取。

(续表)

建安二十四年（219），占领汉中，称汉中王。
章武元年（221），在成都称帝，国号汉。
章武二年（222），兴兵伐吴，大败于夷陵。
章武三年（223），在白帝城向诸葛亮托孤，驾崩。

在三国群雄中刘备出道是比较早的人之一，但他"成名"较晚，这与他的出身有关。在后人心目中刘备出身"汉室宗亲"，还是"刘皇叔"，按理说具有天生的政治优势，其实这与史实大相径庭，刘备虽然也姓刘邦的"刘"，但家族的辉煌已是两百多年前的事，到刘备这一代早已没落，与社会上的普通人家无异，甚至过得还不如普通人。与袁绍、袁术、曹操相比，刘备创业之始没有任何可供辅助的资源，只能靠自己一点一滴奋斗。

到刘备真正崛起时，北方的格局已初定，尽管刘备具有异常顽强的奋斗精神，但一时间却很难被群雄们所接受，刘备只得周旋其间，但与公孙瓒、吕布等早早遭淘汰的群雄不同，刘备坚持走自己的路，不惧怕失败，这让他渡过了一个个难关险关。到了汉末群雄逐鹿的后半程，刘备开始大放异彩，占荆州、取益州、夺汉中，个人事业达到巅峰。刘备的成功说明汉末三国时代仍有它公平的一面，只要目标明确并坚持不懈地努力，最终仍能成就更大的事业。

一、个性鲜明的青年

刘备字玄德，《三国志》没有明确记载他出生的时间，不过一般认为他出生于公元161年，比曹操小6岁，比诸葛亮大20岁，年龄大概与吕布相当。刘备出生于东汉末年幽州刺史部涿郡涿县（今河北省涿州市），这里也是另外一位开国皇帝宋太祖赵匡胤的故乡。

1. 姓刘但不是"刘皇叔"

说刘备是"汉室宗亲",这个说法对也不对。说它对,是因为刘备确实是汉高祖刘邦的后代,是刘氏后人;说它不对,是因为"宗亲"这个词有时是一个狭义概念,指的是与本朝皇室较近的亲族,不能离得太远,而刘备这个"汉室宗亲"就离得太远了。追溯刘备的族谱,确实可以推到西汉初年的中山王刘胜。汉朝由高祖刘邦所建,刘邦的第四个儿子刘恒是汉文帝,汉文帝死后第五子刘启继位,是为汉景帝,接汉景帝班的是他的儿子刘彻,也就是汉武帝,刘胜是汉武帝的异母兄,被封为中山王,封地是中山国,相当于一个郡,属幽州刺史部南边的冀州刺史部。

刘胜的日子本过得很自在,但弟弟刘彻继位后情况发生了改变。刘彻推行中央集权,不容各封国分治坐大,颁行推恩令削其势,也就是将各封国分为若干小国,由诸侯王的子孙依次分享封土,地尽为止,封土广大而子孙少的则"虚建国号",保留一个名义。推恩令强制实行,各诸侯王不服但也无奈。但这项政策到了中山王刘胜这里却遇上麻烦,不是他不肯分国,而是无法操作,什么原因呢?刘胜的儿子太多,分不过来。刘胜一生无政绩也乏军功,但他在历史上的名气却很大,缘于两件事:一是他的墓被后人打开了,在里面发现文物六千多件套,足以建起一座馆藏丰富的博物馆,其中最著名的是金缕玉衣,由近两万五千枚玉片用金丝穿缀而成,精美绝伦,震惊世界;另一个是他的儿子很多,史书记载有一百二十多人,创造了一项纪录。

中山国再大也无法分成一百二十多个小国来,最后有的人被封了国,有的人没有封上。《汉书》记载刘胜一百二十多个儿子中只有五个被封为侯国,刘备的先祖还算幸运,是这五个人里的一个,他的名字叫刘贞,被封为陆城侯。据清代学者潘眉考证,陆城就是中山国所辖的陆成县。但刘贞在陆城侯的位子上并没有待太久,因为酎金事件被夺去侯爵。根据汉朝制度，每年正月初一酿酒，八月酿成，称为酎酒，皇帝每年八月用新酿的酎酒祭祀宗庙，各宗室诸侯按规定出贡金以资祭祀，称为酎金。因酎金事件被治罪，指的是不按时或按数量呈送贡金，不过这个可能性较小，因为大家再差钱也不敢在这上面马虎，当时更多的情况是呈送的酎金"成色"不足。汉武帝虽然颁行了推恩令，但还嫌不够，经常找理由夺去诸侯的爵位，不按时呈送酎金者立即夺位，按时呈送的，还可以找别的理由，说你上的金子不够好，拿现在的标准说，就是要求呈送24K纯金，你拿18K金糊弄，也下诏夺位。刘贞就这样被夺去侯爵，之后来到北边的涿郡居住。

通过以上回顾可以看出，刘备的先祖自刘贞起就不再显赫，那还是在西汉，是两百多年前的事。现在是东汉，天子虽然也姓刘，但前朝的刘分量自然不足，刘备一家与普通百姓没有两样。东汉末年这样的人很多，虽然姓刘，却享受不到任何特权福利，有的人日子过得还不如一般人。当然，他们中间也有出类拔萃者或知名度较高者，如刘表、刘焉、刘虞、刘馥、刘繇、刘岱等人，刘备更是其中最出色的一个。

刘备的爷爷名叫刘雄，还算是个有能力的人，曾在外地当过县令。刘备的父亲叫刘弘，刘雄活着的时候家境还好，但到刘弘家境就衰落了，而且刘弘在刘备很小的时候就生病死了。刘弘只有刘备一个儿子，刘备小时候和母亲一起生活，日子过得相当拮据，母子俩靠"贩履织席为业"，也就是做小生意贩卖个鞋子或者织席子挣点钱。汉代普遍瞧不起商人，有的商人家资巨亿社会地位一样不高，像刘备母子这样的小商贩、小手工业者在当时地位更是低下，所以从家世上说刘备没有任何显赫之处，甚至不如平常人家。

至于说到"刘皇叔"，史书里从来没有这个提法，这个说法最早来自《三国演义》。《三国演义》说刘备来到许县，见到汉献帝，把自己的家世一说，双方都是一个大家族的，汉献帝马上跟刘备叙了叙家谱。双方共同的谱系可以从汉景帝开始算起，《三国演义》的这一段写得很细，大概是为了增加可信度,几乎把每一代人的名字都提了一下,最后发现刘备比汉献帝长一辈,《三国演义》说"帝大喜,请入偏殿叙叔侄之礼"。但其实这是小说虚构的,真实的情况是,如果从汉景帝开始往下数,汉献帝刘协是他的第14世孙,而刘备是汉景帝的第19世孙,刘备比汉献帝低了5辈。所以,任何一部严肃史书都不敢说刘备是当世的"皇叔",这只是小说为强化戏剧冲突而设置的一个情节。

2. 不爱学习爱交友

母亲拉扯刘备过日子,历尽了艰辛,但是这位母亲很伟大,她不想刘备将来只是一个小商贩,所以坚持让刘备读书。在那个时代读书是寒门子弟晋升上层社会的唯一途径,汉朝以经学治天下,要么进入洛阳太学学习,通过不断求学,使自己在经学方面达到一定修养,要么在地方上博取足够的名声,被推举为茂才或孝廉,这两条路都可以让寒门子弟走上仕途,从而改变人生。

为了让刘备在学业上有突破,母亲做出了一个惊人的决定,送他到本地著名学者卢植开办的私学里读书。卢植也是涿郡涿县人,《后汉书》说他身高八尺二寸,约合现在1.93米,声音洪亮,酒量极好。表面看卢植是个武人,适合从军,但他的志向却是经学,他和郑玄一道拜马融为师,奠定了在学术上的地位。卢植后来回到家乡办起私学,学校的名气很大,不少人到他这里来求学。在当时,名师所办的私学自然是"名校",学费不会低,所以说刘备的母亲送他来读书是个惊人的决定。

作为寒门子弟,有这样的机会一定会拼命学习、发奋努力。马融教出了郑玄、卢植,郑玄又教出了崔琰、郗虑、赵商、孙乾等人,他们靠着老师的招牌日后要么成为著名学者,要么成为高官。算起来,刘备与曹操手下的著名文人崔琰在"学术"上同辈,如果读书够刻苦,前途不成问题。然而刘备并没有做到,他在学习上一点儿都不刻苦,《三国志》说他"不甚乐读书",还"喜狗马、音乐、美衣服",一点儿都不像穷人家的孩子。刘备成年后个子长到了七尺五寸，合现在1.76米，也算个大高个。《三国志》还记载，刘备平时话不太多，喜怒不形于色。

早在青年时期，刘备就显露出善于跟各种人打交道的特点，拿现在的话说就是情商高。虽然不喜欢读书，但刘备非常懂得尊重人，喜欢结交各类豪侠，"年少争附之"，他的影响力已经超出了卢老师的私学，远播到社会上。《三国志》记载，冀州刺史部中山国有两个大商人，一个叫张世平，另一个叫苏双，他们常来涿郡一带贩马，非常有钱，听说刘备的名声后要前来相见，相见后觉得刘备不简单，主动拿出不少钱资助他。

刘备一生都保持了这种善于与人打交道、善于与人结交的特点，除了与关羽、张飞"恩若兄弟"，与诸葛亮"如鱼得水"，还吸引和团结了一大批人追随他。《三国志》记载："士之下者，必与同席而坐，同簋而食，无所简择，众多归焉。"也就是说，有人来见刘备，无论什么人，哪怕地位不高、名气不大，刘备都和他们坐在一张席子上，还留大家吃饭。"同簋而食"的"簋"，就是北京簋街的那个"簋"字，古人用来盛放煮熟的饭食，有人戏称这是中国最早的火锅，当然这有些勉强，因为吃的时候不能同时在下面加热，说它类似于"麻辣烫"更合适。即使你是陌生的朋友，又是第一次上门，刘备也会邀请你一起吃饭，用一个锅吃"麻辣烫"，这说明刘备完全没有架子，对人从不挑剔，所以众人都愿意归附他。

刘备始终保持了轻财好士的作风，喜欢结交各类朋友，能跟形形色色的人打成一片，这是他的超人之处。刘备后来在平原国当国相，有个叫刘平的人，不知道什么原因一心谋害刘备，他买通了一名刺客，让他刺杀刘备。刘备不知道，还跟这个刺客见了面，而且待刺客十分盛情，刘备的真诚感动了这名刺客，他不仅没有刺杀刘备，而且把实情和盘托出，之后离去，刘备凭借真诚待人躲过了一劫。重情义、以情动人、以情感人，这是刘备最大的特点，是他最为人称道的地方，也是众多时代精英们甘愿一路追随他、与他一同奋斗的秘密。

3. "桃园结义"的虚与实

刘备15岁到卢植老师那里求学,这一年是熹平四年(175),当时南方的庐江郡发生叛乱,卢植之前曾在九江郡平叛有功,朝廷于是再次征召卢植,拜他为庐江郡太守,前去平叛,刘备也就中断了这次学业,回到家里。刘备没有什么具体事可干,既不能像曹操那样有条件去洛阳太学继续深造,也不能像同学公孙瓒那样有门路能在本地官府中谋取一官半职,当时宦官专政,政治一片黑暗,刘备这样的人没有太多的发展机会。

在刘备的履历中这段日子并不短,有五六年,史书对他这一段经历只记载了三个字:"合徒众。"也就是聚集了一帮人,非官非商,整天在一起,既不打家劫舍,也不效命官府,能挣钱的时候就挣点儿,没事的时候就喝酒,反正就那么混着,说得好听点儿叫自由职业者,说得难听点儿就叫混混,天下承平时代有可能成为社会不安定因素,但在乱世里他们就可能成为强人,他们不差体力,也不差胆量,只差机会。

在这帮人里刘备和两个人最情投意合,一个是关羽,另一个是张飞。据《三国志》记载,关羽原来字长生,后改字云长,河东郡解县人,一般认为此地为今山西省运城市解州镇,因为犯了什么事,亡命至涿州,后与刘备相识。关羽生年不详,只知道他比刘备小,以刘备为兄长。正史中关羽的出身只有这些,至于有人说他的祖父叫关审,父亲叫关毅,妻子姓胡,还有的说他在家乡杀了人才逃亡的,这些都是传说,关羽在后世名气越来越大,围绕着他的传说和故事也就越来越多。不过就正史记载的事迹来看,关羽也是一个神秘的人,因为他改了自己的表字,古人讲究"行不更名、坐不改姓",改表字像改名改姓一样,除了避讳,没有极其特别的理由是不会做的,加上关羽四处逃命,说明他有一个复杂而隐秘的出身。《三国志》对张飞的记载更简单,只说他字翼德,是涿郡本地人，还说他比关羽年龄小几岁，把关羽也奉为兄长，其他就没有了，至于说张飞是一名屠户等，史书都不见记载。在这段时间里，刘备身边不只有关羽、张飞两个，他跟前有一群人，比较有名的还有简雍，他也是涿郡人，史书上说他"少与先主有旧，随从周旋"，并一生相随。

从关羽、张飞的情况看，他们跟刘备一样都生活在社会底层，在讲出身、讲门第的汉末时代，他们没有太多的晋升机会，而原有的社会秩序正一点点被打破，他们可能已经预感到机会的来临，所以主动走到一起，等待机会的到来。至于"桃园三结义"，这个情节在史书里没有记载，最早出现于元朝《全相平话三国志》里，虽然也叫《三国志》，但它是说书艺人的讲话底本，是《三国演义》的源头。"结义"这个情节虽然是民间艺人创造的，但从史书的记载来看，刘备和关羽、张飞的关系的确相当密切，他们很投脾气，《三国志》说他们三人寸步不离，"寝则同床，恩若兄弟"。《华阳国志》还记载，刘备让关羽、张飞做他的"御侮"，类似于警卫员或保镖。关羽、张飞和刘备私下里是兄弟，不分彼此，但在公开场合就比较正规，关羽、张飞以警卫员或保镖的身份跟随左右，刘备坐着，他们就站着，十分恭敬，有时一站就是一天。

二、充满坎坷的创业路

刘备生活在一个政治黑暗的时代，宦官、外戚轮流把持朝政，普通人的机会很少，即便很优秀，也没有多少晋升空间。不过，这个时候时代发生了巨变，一场轰轰烈烈的农民大起义改变了很多人的命运，渴望机会的刘备终于迎来了人生转机，但这条路也充满了艰辛。

1. 步入仕途却难施展

中平元年（184）爆发了黄巾起义，朝廷组建了三支队伍平叛，其中一支由卢植负责，没啥正经事干的刘备听说后主动投奔了卢老师，如果没有这个机会，以刘备、关羽、张飞等人的情况，会不会成为黄巾军的一员都很难说。刘备等人现在成了"官军"，他们作战勇敢，立了功，但卢植受到宦官的迫害，被免了官，刘备失去了依靠，战后因功仅被朝廷授予县尉一职，职务不高，但总算进入了朝廷"公务员"的行列。

　　23岁的刘备担任的是安喜县县尉，县里有县令或县长，之下有县丞和县尉，县尉类似于现在县里的公安局长，是一个不太高的职务。刘备上任后本想好好干一场，但这时上面整顿官吏，对那些因为军功而任职的将予以淘汰，刘备怀疑自己在被淘汰范围内。郡里的督邮来到县里，果然要遣散刘备，刘备提前知道了，他听说督邮住在县里的传舍，于是到那里求见，而督邮以生病为由不见。应该说，这个督邮做得也没有问题，遣散一部分在职官吏是上面的意思，甚至都不是州里、郡里能定的事，他只是执行者，刘备求见，意图不言自明，督邮不见也是避嫌，谎称有病是给刘备面子。但刘备无法忍受，率人来到传舍，硬闯进去，声称接到郡太守的密令要逮捕督邮，于是把督邮捆了起来，押往郡里。将出县界，刘备把自己的官印解下，系在督邮的脖子上，把他绑在一棵树上，鞭打百余下，还不解气，要杀督邮，督邮苦苦哀求，刘备才把他放了，之后刘备率关羽、张飞等人逃亡。朝廷的官吏变成了罪犯，刘备的人生又面临转折，好在这时天下已乱，何进等人诛杀宦官，四处募兵，刘备等又参加了何进的队伍，后被任命为下密县县丞，又改任高唐县的县尉、县令。高唐县后来被一伙盗贼攻破，刘备又无处可去，便带着关羽、张飞等人投奔了公孙瓒。

　　青年刘备的这段有官方认可的仕途就暂告结束了，刘备的经历大概也是那个时代许多青年遭遇过的情形的缩影，这让人想起了孙坚。孙坚也是个有本事的人，有勇力、有胆识，为官府效力不惜命，也立了不少功，渴望因此受到朝廷重视，有一个辉煌的前程。但是，刘备、孙坚出身下层，上面没有人扶持，仅靠自身拼搏努力无法实现人生目标，刘备当了四任"副县级"官员，孙坚则在十年中当了三个县的县丞。不过，刘备的这段长达数年的基层工作经历也并非毫无意义，它让刘备更加了解了社会。都说基层工作锻炼人，在汉末三国时代除了刘备、孙坚外，曹操也当过县尉和县令，袁绍当过县长，他们这些人都在基层岗位上摔打磨炼过，培养了他们的领导能力、务实精神和吃苦精神。

2. 在老同学那里不如意

刘备二度弃官逃亡后之所以投奔公孙瓒，是因为二人曾相识于卢植老师的私学，是同学关系。公孙瓒是幽州刺史部辽西郡人，与刘备不同，他出身于大族，只不过因为母亲地位卑贱，他只当了一名郡中小吏。公孙瓒长得也很排场，"貌美，声音洪亮，机智善辩"。公孙瓒担任的职务是书佐，是秘书一类的工作。作为一名基层公务员，公孙瓒很快显露出能力。《魏略》记载，公孙瓒很会向领导汇报工作，每次汇报都不说那些细枝末叶的琐事，"常总说数曹事，无有忘误"。会写总结，会汇报工作，这样的人肯定有前途，太守把女儿都嫁给了他，为了更好地培养他，太守也把公孙瓒送到卢老师的私学里深造。公孙瓒比刘备年长，刘备与他很投脾气，"瓒深与先主相友"。

卢老师走了，刘备和公孙瓒只好离开，公孙瓒回到郡里，因为是太守的女婿，有背景，所以升了官，当上了本郡的上计吏，后来一步步发展，被朝廷任命为奋武将军，成为高级将领，在幽州一带很有实力。刘备去找公孙瓒，被公孙瓒任命为县令、国相，国相相当于郡太守，算是不错了，但干了几年刘备却带着关羽、张飞找了个机会走了，到南方的徐州独立发展。刘备为什么没有留下来辅佐老同学成就一番大事呢？有人说刘备志向更远大，看不上公孙瓒，所以走了。其实也未必，那个时候的刘备估计还没这么狂吧，他之所以走，是因为在公孙瓒手下没有发展空间。

公孙瓒打仗有一套，但治理政务却不行，尤其不会用人。《汉末英雄记》记载，在公孙瓒手下"衣冠子弟"们都没有发展的机会，无论多么有才,都"抑死在穷苦之地"。所谓"衣冠子弟"指的是世家大族出身的人,这些人往往具有政治特权,一个家族一旦兴盛,便会绵延不绝,几辈人交替提携,经常英才辈出,这是汉晋时代的政治风尚,《汉末英雄记》的作者王粲就出身于这样的家族,所以他对"衣冠子弟"们在公孙瓒这里的悲惨遭遇比较关切。公孙瓒不用"衣冠子弟"的理由是这些人本来就已经很富贵了,再给予重用他们也会认为理所应当,不会感激。看来公孙瓒的心态有点问题,像个小市民,而公孙瓒确实喜欢小市民,《汉末英雄记》记载,公孙瓒所宠信的大多是"庸儿",即平庸之辈,其中尤其以算命先生刘纬台、布贩子李移子、商人乐何当三人最受宠信,公孙瓒跟他们结成异姓兄弟。《汉末英雄记》甚至说,公孙瓒字伯圭,但这是后改的,因为一家如果有四个兄弟,他们的字里应该分别有伯、仲、叔、季这几个字,公孙瓒为了表示跟这几个异姓兄弟很亲,他自称"伯",几个兄弟则分别称仲、叔、季。有公孙瓒撑腰,这些人很快富了起来,身家都过了亿。公孙瓒还跟他们中的人结成儿女亲家,常把他们比作汉初的开国功臣曲周侯郦商、颍阴侯灌婴。

汉末三国时代人才是最稀缺的资源,大家都在拼命抢人才,最优秀的人才更是让群雄们心驰神往。一流人才的思想才是一流的,一流的思想才能开创一流的事业,"庸儿"不可能提出一流的规划。这就是为什么曹操见到荀彧会那么激动,把他称为"吾之子房",见到郭嘉更是激动地说"使孤成大业者必此人也"。刘备为求得诸葛亮这个人才,会放下架子亲自到深山里拜访,那时候诸葛亮只不过是一个二十多岁的平民百姓。群雄争霸拼的是实力,在实力组成要素里人才排在第一位,公孙瓒靠一己之勇起家,也开创了不小的局面,当他发展到一定阶段时,应该把人才战略放在最突出的位置,但他偏偏不重视人才,也不会识才、用才和留才,身边更没有郭嘉、诸葛亮那样的顶尖人才,这是他失败的根本原因。

刘备、关羽、张飞以及赵云等人都曾在公孙瓒手下干事,他们都是有能力又有志向的人，自然不愿意久留。兴平元年（194）曹操攻打徐州牧陶谦，陶谦与公孙瓒是盟友关系，于是向公孙瓒求援，公孙瓒派田楷、刘备前去支援徐州。公孙瓒交给刘备的是一千多人，刘备又收拢了一些乌桓骑兵，还从饥民中挑选了一些人，总算组织起数千人的队伍，先期到达了徐州，当时陶谦正被曹操打得喘不过气来，刘备率生力军到达，解救了陶谦，曹操退兵。陶谦表奏刘备为豫州刺史，让他驻扎在属于自己势力范围的小沛，刘备于是脱离了公孙瓒，留在了徐州。

3. 跻身于群雄行列

　　曹操虽然撤了兵，但陶谦却受到了惊吓，一病不起。陶谦此时六十多岁了，自知来日无多，所以开始安排后事。陶谦有两个儿子，一个叫陶商，另一个叫陶应，但陶谦不想让他们接班，这两个儿子也没有当官。陶谦并非淡泊名利，只是他经历得多也看得多了，深知权力是诱惑也是陷阱，如果自己的儿子能力平平，把权力交给他们等于害了他们，所以陶谦是明智的。徐州经过两次战火已经遭受严重破坏，曹操的大军注定还会再来，陶谦更不会把这样的烂摊子交给儿子，陶谦在寻找更合适的接班人。

　　陶谦手下倒是人才济济，但他把所有的人都打量了一番，觉得都不满意，有的人名气很大但实际能力不足，有的人有一定的雄才，但人品方面又不放心，最后陶谦想到了刘备。陶谦跟刘备交往并不深，刘备来徐州也很晚，但据陶谦观察，刘备这个人雄才大略兼具，手下人马虽然不多但战斗力很强，让他主持徐州事务，陶谦觉得比交给其他人更放心。想好以后，陶谦把别驾麋竺叫来，告诉他自己可能不行了，徐州今后的大事只能交给刘备了，交代完陶谦就死了。

　　陶谦去世后，麋竺跟州中众人商量，多数人拥护陶谦的决定，于是大家推举麋竺、陈登、孔融等人前往小沛迎请刘备。刘备开始不敢贸然接受，陈登对他说，现在"汉室陵迟，海内倾覆，立功立事，在于今日",徐州户数超过百万,虽然有点委屈您,但仍然希望您能屈尊就任。刘备客气地回答说,袁术在寿春,离这儿也不远,袁家四世三公,海内所归,这个位子应该由他来坐。陈登不以为然,说袁术这个人既骄且豪,不是治乱之主,我们可以帮助阁下组织起十万军队,上可以匡主济民,成就春秋五霸那样的事业;下可以割地保境,在史册上留下英名。刘备听完仍然犹豫,一旁的孔融着急了,对刘备说,袁术这个人不是忧国忘家之人,顶多是坟墓中的枯骨而已,又何足挂齿?现在百姓拥护的是有能力的人,天赐良机,您要不接受,将来后悔都来不及。刘备于是不再推辞,随同众人前往徐州刺史部的治所郯县,大概在兴平二年(195)春夏之交,刘备在郯县就任徐州刺史,拥有一州之地,标志着刘备正式成为逐鹿群雄中的一员。

4. 还是新手

刘备刚当上徐州刺史,被曹操打败的吕布、陈宫就来到了徐州,请求刘备收留。丁原、董卓、袁术、袁绍等人此前都跟吕布打过交道,但没有落着什么好,这让吕布的信誉变得很差,有人劝刘备不要搭理吕布,但刘备最后还是欣然相迎。刘备不仅答应收留吕布,还把自己的豫州刺史一职让给了吕布,让吕布驻守在小沛,事后证明,这是一个极其错误的决定。

刘备那个时候正积极向袁绍靠拢,派陈登去袁绍那里尊其为"盟主",刘备做出收留吕布的决定,事先应该没有征求过袁绍的意见,即使征求了,袁绍也不可能同意,吕布是袁绍的敌人,袁绍恨不得派人四处追杀吕布,肯定不希望吕布这条咸鱼还能翻身。刘备既然已承认袁绍盟主的地位,所作所为就不能损害袁绍的战略利益,否则业已建立的良好关系将不复存在。同时,吕布还是曹操的敌人,曹操原指望刘备替他收拾吕布,如果那样,今后刘备自然跟曹操成为一条阵线,徐州北方的压力也就不存在了。现在吕布在刘备的帮助下起死回生,等于向曹操宣布徐州仍然是曹操的敌人，那将迫使曹操第三次南征徐州。此外，刘备还应该从张邈的身上吸取教训，张邈、陈宫想反叛曹操，原来可以自己干，因为想借用吕布的名气，所以把吕布拉来结伙，但最后一事无成，反受牵连，可见吕布所谓的名气并不能当饭吃，他的野心和善变倒一次次把事情推向不可收拾的地步，这样的队友比对手更可怕。

一向精明的刘备肯定也能看到这些，为什么还会做出那样的决定？一个原因，可能是看中了吕布和他的手下仍具备战斗力，刘备此时可依赖的只有关羽、张飞所率领的有限兵马，虽然有徐州刺史的头衔，但徐州各路地方势力不会真心实意听他指挥，一旦有大的行动，必须防备内部的敌人，这是刘备焦心的事，可能在刘备看来，引入吕布可以平衡徐州的各路势力，让自己这个徐州刺史坐得更稳；另一个原因，和当初陶谦的想法一样，刘备觉得自己的头上也需要戴一顶钢盔，这就是小沛，作为抵挡兖州方面的前沿阵地，让吕布去守小沛是再合适不过了，正因为吕布和曹操是不共戴天的敌人，所以不用担心他会阵前反水，吕布有一定的力量，曹操真的南下，能顶上一阵。

但事后证明，刘备的这些想法有点儿傻，有点儿天真。吕布不仅没有对徐州各路势力起到平衡作用，还与他们联合起来对付刘备；吕布不仅没有跟曹操拼命，两人还一度合好，亲如一人。这些都表明，刘备收留吕布的决定是个大错，刘备虽已跻身群雄行列，但到现在为止他还只是政治舞台上的一名新手。

5. 夹缝中求生存

刘备很快为自己的错误决定付出了代价，吕布没有报恩，反而利用刘备南下与袁术交战的机会一举将徐州夺走。建安元年（196），失去根据地的刘备面临前后是敌的困境，无奈之下只得回到徐州，提出向吕布投降，有人提醒吕布可以趁机结果刘备，吕布没听，还把这些话告诉了刘备。刘备听完心里不安，请人出面到吕布那里说情，为了打消吕布的顾虑，刘备让人带话给吕布，只要接受他投降，他愿意去小沛，这正符合吕布的想法，于是答应了刘备的请求，这说明吕布同样也是一个政治新手。

刘备在小沛期间曾受到袁术的攻击，吕布为平衡徐州一带的力量，对刘备给予支持，上演了一出"辕门射戟"，帮助刘备解了围。但刘备与吕布之间的关系仍然微妙和紧张，建安三年（198）吕布找了个借口进攻小沛，刘备向曹操求援，曹操派夏侯惇来救，小沛仍被攻破，刘备逃走，在梁国境内与曹操相遇，刘备随曹操反攻吕布，最终将吕布擒杀，曹操拜刘备为左将军，让他随自己一起去许县。

曹操一向多疑，刘备知道自己的处境，所以在许县闭门不出。《吴历》记载，有一天刘备在院子里指挥人种菜，种的是一种叫芜青的菜，曹操派的密探来了，从门缝往里看，想知道刘备在家干什么。刘备很老到，发现门外有人，但装着没察觉，该干什么干什么。密探走后，刘备对张飞和关羽说，我岂是干种菜这种活的？曹操必然会生疑，这里不能再待了。当天夜里，他们打开后门悄悄逃出许县，临走前，把汉献帝和曹操所赐予或赠送的衣物等全部整理好留下。刘备一行逃出许县，直接前往小沛，这里是他多年经营的根据地，在此他重新聚合旧部，打出反曹旗号。《华阳国志》记载，曹操派手下人偷偷监视刘备，发现刘备在园子里整理葱，刘备指挥仆役干活，仆役干得不好，刘备生气，拿着棍杖打那个仆役。手下人向曹操报告，曹操对身边的人说，看来这个大耳朵的家伙还没有察觉。刘备的耳朵比较大，他的对手经常称他为"大耳贼"。其实这也是刘备在演戏，他已发现有人监视，所以故意做给监视的人看，监视的人一走，刘备感觉不妙，连夜逃走了。上面这些记载反映了刘备在许县的处境，但并不完全符合史实。根据《三国志》记载，刘备离开许县是经曹操批准的，任务是前往徐州一带阻击试图北上的袁术，刘备出发前曹操还给他摆酒送行，虽然只有两个人参加，但这顿酒仍然是历史上有名的饭局，这就是"青梅煮酒论英雄"的那次。

刘备去阻击袁术，是他主动向曹操提出的，因为刘备这时急于离开许县，其中的原因不全因为曹操对他的监视，而是刘备牵涉进一桩大案，在事情没有暴露前必须赶紧脱身。这是一场预谋中的政变，发起人是董承，他的女儿是汉献帝的董贵人，《三国志》记载"献帝舅车骑将军董承辞受帝衣带中密诏，当诛曹公"，这就是"衣带诏"事件。汉献帝和董承找到刘备，一来基于刘备和曹操并不一心，二来刘备手里尚有一定实力，刘备在小沛被打散，但收拾残卒后手下还有一些人马，目前应该在关羽、张飞等人的指挥下，曹操想必对这些人马看得很紧，也可能被分编于各部，可一旦有事，把这些人发动起来就是一股力量。

现在，刘备面临着选择。刘备不难看出董承的密谋胜算很小，许县是个小地方，上上下下、里里外外都是曹操的人，周边都是曹操的嫡系重兵，曹操的情报工作做得很细，可谓无孔不入，一旦泄密，参与的人都将万劫难逃。刘备此时也可以选择向曹操告密，以换取曹操对自己的信任。但刘备实在做不出来，一来他对曹操并无好感，如果能除掉曹操他也乐意为之；二来选择告密就等于和汉献帝作对，如果曹操一怒之下来个废帝弑君，之后顺势把"功劳"往自己身上一推，那刘备可就成了千古罪人而遗臭万年了，这个刘备也不能做。《三国志》记载刘备听了董承的话后"未发"，可以理解为刘备答应了董承，但没有任何行动，既没有去告发，也没有再去联络他人，这大概也是刘备唯一能做的。这样可以拖一拖，但也拖不了太久，刘备不行动，董承还会联络其他人，一旦败露，曹操会追查下去，结果还是一样，为了这件事，刘备恐怕每天都有如坐针毡的感觉。对刘备来说，这段时间他想必比董承等人更紧张。

对刘备来说，许县已经不能久留，尽快脱身是唯一出路。建安四年（199）年底刘备领兵前往徐州，阻击袁术的任务完成后刘备没有回到许县，而是杀了曹操任命的徐州刺史车胄，宣布与曹操决裂。曹操怒火中烧，派刘岱、王忠率兵前往徐州讨伐，刘备将二人打败，刘备在徐州一带得到了广泛支持，手下有了数万人马，曹操不能不理，虽然这时与袁绍的决战即将展开，但曹操还是亲率人马来攻徐州，这出乎了刘备的预料。听说曹操亲自来了，刘备大吃一惊，但还是不太相信，他亲自带着几十名骑兵到前面察看情况，看见了曹操的旗帜，于是不战而逃，手下大部分人马都做了曹军的俘虏，其中包括关羽。刘备无奈，只得率张飞等投靠袁绍，袁绍盛情接待了刘备，让他随自己一起出征。

三、终成一代霸主

刘备作为袁绍集团的一分子参加了官渡之战，此时他即将四十岁，已经有了十六年的军事生涯，尽管身经百战、历尽艰险，但仍然一事无成，仍然仰人鼻息。这不是刘备的志向，他在寻求着翻身的机会。

1. 寄人篱下的日子

刘备参加了官渡之战，其间至少有两次重要行动：一次是与袁绍的部将文丑一起进攻延津，这一仗袁军大败，文丑战死；另一次是奉袁绍之命迂回南下，与汝南郡的黄巾军余部刘辟等联合，试图在曹操的后方造成声势，牵制曹军，曹操派曹仁南下，刘备不敌。汝南郡的军事行动失败后刘备又回到了袁绍那里，但不久又要求南下汝南郡，大概刘备已看出袁军的不妙，为自己留条退路。果然，袁绍很快在官渡之战中大败，刘备因为身在汝南郡，没有被袁军的溃败波及，此时整个北方已经成为或即将成为曹操的势力范围，作为曹操的老对手，刘备知道无法在北方立足，于是由汝南郡南下，投奔荆州牧刘表。

听说刘备来投奔，刘表很高兴。刘表没有跟刘备打过交道，但早就知道刘备的名字，因为这个跟公孙瓒同过学、跟陶谦共过事、跟吕布搭过伙、跟袁术交过手、跟曹操喝过酒、跟袁绍结过盟的人早已不是一般人物，头上有左将军、豫州牧的头衔，手下有关羽、张飞几员猛将，虽然现在人马不多，但谁也不敢小瞧他。曹操迟早要南下，刘表正在用人之际，单就刘备的名望就很值钱。为了表示热情，刘表亲自到襄阳郊外相迎，对如何安排刘备，刘表做了认真思考，不知是不是受到陶谦的启发，刘表也给刘备找了一个好去处——新野。

新野是一个县城，隶属于荆州刺史部南阳郡，此时南阳郡的治所宛县已在曹军控制之中，新野刚好处在宛县与襄阳中间，是敌我对攻的要冲。刘表给刘备增加了人马，让他驻扎在新野。如今的新野正如当年的小沛，都是当盾牌用的，刘备折腾了这么多年，又一次被人当成钢盔套在头上。但刘备别无选择，这次的情况连上一回还不如，没人、没钱、没地盘、没前途，已经走投无路，刘表能收留他已经很不错了，地盘虽然小点但总算有个立足的地方，不能再挑挑拣拣了。新野北距曹操控制下的宛县不足百里，实际上每天都生活在敌人的鼻子尖下，形势一紧张，睡觉都不敢脱衣服。刘表给刘备增了兵，让他来指挥这些人马，看起来很大方，其实除了增加防卫力量外，这些人还有一项重要任务，就是监视刘备，到关键时候，刘备的话对这些人并不好使。

面对如此复杂的内外部情况，换成别人说不定得愁死，但对刘备来说这点事算不了什么，风风雨雨经过了太多，他习惯了这种东奔西跑、在刀尖上行走的生活。自建安六年（201）开始刘备在新野驻扎了六年多，时间不算短，这是刘备最苦闷的时期之一。刘备在新野最想做的事是招募人马、广揽人才，不断壮大自己的实力，但以刘备当时的处境和地位，做这件事比较困难，不是他的名望不够，没人愿意跟他，相反，据《三国志》记载，刘备当时已经有了很高的知名度，"荆州豪杰归先主者日益多"。让刘备感到苦恼和不安的是，他寄居在荆州，在别人的地盘上招兵买马是一件很忌讳的事，加上刘表本身就是一个疑心重的人，所以刘备怕招不来人，更怕招来的人太多引起刘表的猜忌。

事实上，刘表果然起了疑心，刘表"疑其心，阴御之"。《九州春秋》记载，一次，刘备前往襄阳的刘表那里做客，席间去上厕所，宽衣解带，突然看到大腿内侧的肉长了起来，不禁慨然流涕。返回座位，刘表见刘备闷闷不乐，询问原因，刘备说自己"见髀里肉生，慨然流涕"。人生壮年，正是大干一番事业的好时候，自己却寄居在别人那里过着担惊受怕的日子，想想走过的路也可谓波澜壮阔，但看看前途却一片渺茫，所以看到髀肉顿生出感慨。据《世语》记载，刘表知道刘备是个英雄，"惮其为人，不甚信用"，刘表请刘备喝酒，刘表的亲信蒯越、蔡瑁等人"欲因会取备"，这件事让刘备察觉出来了，"伪如厕，潜遁出"。刘表是否真有过杀害刘备的举动，这一点值得怀疑，因为直到刘表临终前都一直与刘备保持正常来往，但即便没有这回事，刘表对刘备的猜忌也是肯定存在的，刘备的日子并不好过。

2. 逐渐成熟

刘备的坏运气还没到结束的时候，建安十三年（208），完全解决北方问题后的曹操率大军南下荆州，刘表忧惧而死。《汉末英雄记》和《魏书》都记载，刘表临死前曾与刘备有过一次谈话，《汉末英雄记》说刘表"上备领荆州刺史"，《魏书》记载刘表对刘备说："我儿不才，而诸将并零落，我死之后，卿便摄荆州。"对刘备来说这已经第二次有人"以国相托"，上一次是陶谦，这一次是刘表。从中可以看出，刘备身上确实有某种过人的才干和魅力，至少说明他很能笼络人，否则以陶谦的孤傲和刘表的城府，不可能把他抬举得那么高。

刘备听到刘表这番话，感到的不是惊喜而是惊讶，他更不了解此话的虚实，于是说："诸子自贤，君其忧病。"刘备拒绝了刘表的好意。为《三国志》作注的裴松之不相信发生过这样的事，对《汉末英雄记》和《魏书》的记载进行了驳斥。裴松之认为刘表夫妇深爱刘琮，已经做出了舍嫡立庶的决定，无缘无故在临终前把荆州授给刘备，"此亦不然之言"。《汉末英雄记》的作者是刘表的老师王畅的孙子王粲，他此时就在荆州，是刘表的座上客；《魏书》的作者是王沈，一直仕宦于曹魏。对这段历史，他们二人都算当代人，如果完全没有这件事，他们凭空捏造出一个，似乎并不能看出有什么动机。

其实，如果仔细想一想，这件事完全是可能的。人在重病中，尤其即将不久于人世时，想的会很多，过去的有些想法也会改变。刘表知道荆州的覆亡难以避免，他最不愿意看到的是死后刘琦、刘琮兄弟相争，袁绍死后儿子们斗得你死我活，刘表都看在眼里，还写长信给他们进行调解，这是刘表所忧虑的。思来想去，刘表觉得只有把荆州托付给外人才能避免这种情况出现，和陶谦临终前的想法一样，刘表心中最合适的人选莫过于刘备。

对刘表的盛情，刘备身边有人劝他可以好好考虑一下，"或劝备宜从表言"。刘备说："此人待我厚，今从其言，人必以我为薄，所不忍也。"刘备的拒绝，理由或许不是他说的那样于情于义不符，而是没有把握。刘表的话即使发自腹心，对刘备而言却毫无用处，因为此时的刘表只是躺在床上等死的一名老者，荆州已不在他掌控之中，掌握荆州的是蔡瑁、张允、蒯越等地方实力派。当初陶谦让徐州，刘备倒是敢接，因为那时徐州的地方实力派大多数拥护他，现在他不敢接荆州，也是相似的考虑。面对刘表的托付，如果刘备贸然接招，荆州必定掀起新的乱局，以自己目前有限的实力无法收拾这种局面。没有一点儿把握的事刘备不敢仓促去做，说明刘备在政治上已经成熟了。

3. "借荆州"的是与非

刘表死后，儿子刘琮在荆州众人拥戴下接班，刘琮投降曹操，刘备只得南逃。接下来就是赤壁之战，刘备联合孙权打败了曹操，这一仗对刘备而言是转折之战，也是没有退路的一仗，所幸的是，因为曹操太心急，犯了轻敌的大错，给孙权、刘备以机会，刘备逃过了一劫。在人们印象中，赤壁之战奠定了"三分天下"的局面，其实这场战役的规模不算太大，双方直接投入的兵力也谈不上很悬殊，战役的过程没有多么复杂，它其实就是一场遭遇战，更没有开启"三分天下"的时代，现在距离"三分天下"还相当远。

赤壁之战后，曹操的军队仍然控制着荆州的三大重镇，也就是襄阳、南阳和江陵，孙权的目标是把曹操的势力从长江沿线向北压缩，让曹操远离长江，这样江东才安全。为此，孙权将江陵作为进攻的重点，在周瑜的指挥下发动了江陵之战，曹军在江陵守了一年多，最后不得不撤走，孙权趁机把西至江陵东到柴桑的这一广大地区纳入自己的控制范围，而刘备的收获非常有限，为了生存和发展，刘备亲自面见孙权，提出"借荆州"的请求，孙权为继续维护孙刘联盟以对抗曹操，答应了刘备，孙刘联盟继续得以巩固。

刘备向孙权"借荆州"，由此也留下一句歇后语"刘备借荆州——有借无还"，刘备的信誉因此大打折扣，《三国演义》说到"三气周瑜"，多围绕荆州的"借"与"要"展开，给人的总体印象是要债的快被逼疯、欠债的一味耍赖，不管做了怎样的艺术处理，对刘备显然不利。在正史中对"借荆州"也多有描述，不过记载往往又比较含糊，既没有详细说明刘备是怎么借到荆州的，更没有具体指出这个"荆州"指的是什么。

东汉末年，荆州不是一座城池，而是一个很大的地域概念，具体说就是东汉的13个州之一，下辖南阳郡（今河南省西南部）、南郡（今湖北省西部）、江夏郡（今湖北省东部）、长沙郡（今湖南省东北部）、桂阳郡（今湖南省东南部）、武陵郡（今湖南省西北部）、零陵郡（今湖南省西南部）7个郡，曹操南下荆州之前南阳郡被其占去大部，江夏郡被孙权占据一部，其余尽归刘表父子所有。曹操南下，刘表死、刘琮降，荆州的格局发生了改变，孙权的势力未变，其余尽归曹操所有。之后发生了赤壁之战，曹操虽战败，但并不意味着荆州7个郡归了孙刘，因为曹操仍占据整个南阳郡以及南郡、江夏郡的大部，江南四郡处于"自治"状态，孙刘控制的地方十分有限。

赤壁之战后曹操由赤壁退到了南郡的郡治江陵，而不是向北方逃跑，说明他不想放弃荆州，但孙权、周瑜、刘备动作很快，迅速扩大战果，周瑜、刘备指挥孙刘联军追到江陵，至建安十四年（209）下半年，曹操看到江陵再守十分困难，才决定撤出，回防到襄阳，周瑜指挥人马迅速攻下江陵及其以东长江沿线的许多重要据点，从柴桑到夷陵的长江防线基本上被吴军占领，孙权任命周瑜为南郡太守，驻守江陵；程普为江夏郡太守，驻守沙羡；吕范为彭泽郡太守，驻守柴桑。彭泽郡是之前没有的，为孙权新设。孙权的行动很果断，丝毫没有考虑联盟另外两方刘备和刘琦的感受，比如，江夏郡太守，原本由刘琦担任，程普再去当郡太守，明显是内讧。

　　换成别人，早就去吵架了，但刘备经历过也看到过太多这样的事，他丝毫不以为意。对刘备来说，眼下还不能和孙权闹僵，联手抗曹还是当前的首要任务。为此，刘备赶紧表奏刘琦为荆州刺史，为了不与程普争锋，把自己原来驻扎在夏口一带的人马也全部撤出。《江表传》说，孙权和周瑜给刘备指定了一个叫油江口的地方，让他在这里驻扎。油江口是长江南岸的一个小地方，属南郡，位于江陵沿江而下约百里的地方，归南郡太守周瑜管。南郡有三分之二在江北，三分之一在江南，在江南的部分至少五分之四是荒无人烟的山区，孙吴一连得了三个郡，作为另一个战胜方，刘备几乎什么都没有得到，他这个荆州牧也就在油江口一带说话管用，州长其实是个"镇长"，确实不公平。

　　刘备继续忍耐，为了换取孙权的支持，刘备主动表奏孙权为车骑将军。这时刘琦因病去世，孙权作为回报，表奏刘备为荆州牧。油江口听起来总是一个小地方，不适合把荆州的治所放在这里，刘备便改油江口为公安县，作为自己的大本营，此地即今湖北省公安县。但公安毕竟太小了，刘备想自己这个州牧手里至少也得有一个郡吧，他决定亲自去面见孙权，当面提出把南郡的其他地区也让给他。赤壁之战后孙权回到京口，即今江苏省镇江市，听刘备说要去京口见孙权，所有人都大吃一惊，诸葛亮更深表忧虑，劝他不要去，以免遇到危险，但刘备执意前往，并于建安十五年（210）冬天出发。

刘备的举动让孙权也吃了一惊，但又不能拒绝。刘备于是到了京口，开门见山说出来意，孙权没有思想准备，让刘备先别急，他和属下们商量商量。江东内部对此事的看法出现严重分歧，孙权最后接受了鲁肃等人的建议，决定撤出南郡，把这里让给刘备。对孙权来说让地盘只有这一次，所让出的其实只是刘备实际控制的公安等以外的南郡，还不是整个南郡，因为南郡的北半部还在曹操手里，说起来就是半个郡。从战略上看这的确是高明的一招，受益的不仅是刘备，还有孙权自己。《三国志》记载："曹公闻权以土地业备，方作书，落笔于地。"

4. 夺取益州重攻心

刘备拥有半个南郡后，立即以此为中心向四面发展，除夺取和巩固长江以北的一些地方外，还火速进兵江南，夺取了荆州刺史部江南的四个郡，真正有了立足之地。建安十六年（211）益州牧刘璋听从张松等人的建议迎请刘备率兵进入益州，目的是让刘备帮他攻打汉中的张鲁。刘备早就想夺取益州，有了这样的好机会当然不能放过，刘备立即率数万人马西进，为打消刘璋的疑虑，也为了防备孙权和曹操，刘备没有带诸葛亮以及关羽、张飞和赵云。

刘璋听说刘备如约而至，还带来数万精兵，很高兴。更让刘璋感到欣慰的是，刘备手下的主要谋士和将领没有来，说明刘备此行是帮忙的，而不是抢地盘的，刘璋于是亲自赴涪城与刘备相会，涪城即今四川省绵阳市涪城区。到了涪城，刘璋与刘备相见，无比亲近，刘璋下令摆下盛宴，给刘备以及手下将士们接风洗尘"欢饮百余日"，参加的人数多达数万，不知道是否能创造一项纪录，刘璋不仅跟刘备喝，还和刘备手下的将士喝，喝得很高兴。

张松没有随刘璋来涪城，他通过法正悄悄转告刘备，可以借此大会之机，一举将刘璋拿下，大事可成，对这个建议刘备拒绝了，刘备的解释是:"此大事也,不可仓卒。"与此同时,庞统也提出了和法正一样的建议,庞统觉得现在时机正好,可以一举拿下刘璋,夺取益州,庞统还进一步建议:"今因此会,便可执之。"也就是趁刘璋身在涪城,当场将其擒拿,那就免去用兵之劳而可坐拥一州。对此,刘备一样拒绝了,理由是才入益州,恩信未立,不能这么做。

应该说张松、庞统的建议具有可行性,在涪城,刘备有数万人马,刘璋只有三万人,人数方面不吃亏,更重要的是,干这种事情,先动手的一方肯定占便宜,可以打对手一个措手不及,尤其是先设法控制住刘璋,逼迫刘璋下令手下投降,刘璋束手就擒,作为别驾也就是副州长的张松可以趁机在成都遥相呼应,刘璋在益州的控制力本来就弱,那样整个益州就唾手可得,可以用最小的代价达成占据益州的目标。张松、法正、庞统都是一流的智囊,他们不约而同想到的事情,应该是十拿九稳的。

但是刘备分别拒绝了他们的建议,虽然都是拒绝,不过刘备给出的理由却不太一样,给张松、法正的理由比较笼统,感觉是刘备自己没有把握,所以不干,而给庞统的理由才道出了刘备的心里话,也就是,相对于地盘来说刘备更在意的是人心,人们都知道他是受邀而来的,刘璋又如此盛情厚意,自己对益州没有任何建树,却趁机发动政变,即使得手,也会让益州官民心寒。张松、法正以及庞统考虑的是战术层面的胜利,而刘备考虑的是战略层面的成功,这是双方不同的角色所决定的,智囊考虑战术,政治家考虑战略,自出道以来,刘备已经经过了二十多年的磨砺,到这时已经成长为一名经验丰富的政治家了。

涪城大会后刘备带兵继续北上,来到葭萌,也就是今天四川省广元市昭化区,这里现在也被称为昭化古城,附近的白水关有刘璋的驻军,刘璋特别明确,白水关守将杨怀、高沛可以听从刘备的调遣。刘备到了葭萌,就住了下来,在这里住了一年,其间没有向张鲁用过一次兵,他在这里"厚树恩德,以收众心"。庞统认为葭萌不可久留,"若沉吟不去,将致大困"，为此庞统制订了三个方案供刘备参考：第一个方案是悄悄选派精兵，昼夜间行，直接袭取成都，刘璋实力不强，防备力量不足，如果突然发起攻击，可一举将其拿下；第二个方案是告诉白水关的守将杨怀、高沛说荆州那边有事，要回荆州救急，之后做出要回去的样子，这二人既惮于将军的威名，又高兴将军现在离去，必然会轻骑来见，到时候一举将其擒拿，进而攻取成都；第三个方案是暂不用兵，退回白帝城，与荆州相连，益州之事徐图缓进。上、中、下三策摆在了刘备面前，经过思考，刘备一定觉得出其不意地攻取成都，在军事上胜算最大也是最有效的方案，但和之前的顾虑一样，不明不白地突然反戈一击，势必造成极大震动，为治理益州留下后患。至于下策，等于这一年白忙活了，基本上也不在考虑范围之内，刘备最终选择了中策。其实这大概正是庞统预料之中的，他也知道上策虽好，刘备不会采纳。至于下策，说出来也只是做个陪衬，庞统的真实意图大概就是中策。

这时已经到了建安十七年（212）年底，刘备在葭萌正式起兵，与刘璋决裂，行动前刘备先用计招来了白水关的正副督杨怀、高沛，将二人杀了，之后率兵南下，进攻成都，这一仗打得很曲折，前期进展得很顺利，一路势如破竹，但快打到成都平原时，刘璋做了殊死反抗，刘备进军受阻，在雒城之战中刘备的主要谋士庞统还不幸遇难。不得已，刘备写信给诸葛亮，让他火速率兵增援。建安十九年（214）五月诸葛亮把荆州交由关羽镇守，自己率张飞、赵云等部开赴益州。诸葛亮指挥的各路援军进展都很顺利，连克刘璋的多座重镇，最后来到成都外围，与刘备一起展开对刘璋的围攻。

建安十九年（214）夏刘璋开城投降，刘备占领了益州。刘备占领益州前，势力范围仅限荆州的部分地区，大概有几个郡，但是力量远远没法与曹操相比，与孙权也差了很大的距离，天下还无法称为"三足鼎立"。占领益州后刘备的势力范围猛增，地盘与孙权不相上下，这时才有了"鼎立"的格局，从这个意义上说，刘备在葭萌关起兵才是"三分天下"的起点。

四、带着遗憾离开人间

赤壁之战成为刘备事业的拐点，战前刘备一路失败、一路被追打，战后刘备占荆州、占益州，一路攻城夺地。建安二十四年（219）刘备又率军进攻汉中，经过激烈战斗，杀了曹操派在汉中留守的将领夏侯渊，将汉中占领，之后曹操亲自率兵前来试图夺回汉中，在刘备严密防守下无法得手，曹操撤回。这一年刘备在汉中称王，次年又在成都称帝，对已近六十岁的刘备而言，事业似乎达到了圆满。然而，命运再次考验了刘备，让刘备的晚年生活并不平静。

1. 伐吴之战不得已

刘备的称帝大典在成都西北郊武担山举行，仪式上杀黑色公牛祭祀，宣读了祭天文诰，宣布承续汉祚，受皇帝玺绶，场面非常隆重。然而刘备的心情却十分压抑，因为就在几个月前孙权背叛联盟，突然在荆州向关羽下手，杀了关羽，夺取了荆州。刘备虽称帝，心里却只惦记着一件事，那就是为关羽报仇，重新夺回被孙权占有的荆州。

孙权占领荆州后一面对曹魏一味献媚示好，孙权接受了曹丕授予的吴王封号；而另一面，孙权对刘备却摆出了强硬姿态，在指挥侵占荆州的战役期间孙权一直身在公安，身临一线指挥。荆州战役结束后孙权也没有回建业，而是宣布迁都于武昌。孙权已是吴王，所迁是王都。当时的武昌即今湖北省鄂州市。蜀汉章武元年（221）八月，就在刘备武担山登基的4个月后，武昌新城筑就，孙权正式入驻，并向全军发布命令，要大家时刻保持临战状态，摆出要大打一仗的准备，这些都刺激着刘备，让刘备的怒火彻底爆发。

刘备一刻都不想再等下去了，决定马上东征，夺回荆州。这将是一场综合国力的对决，或成或败都将改写历史。刘备此意一出，立即在蜀汉阵营引起了争论，有人表示坚决支持，也有不少人表示反对，"群臣多谏"。反对的意见主要是，孙权虽然可恨，但曹魏才是主要敌人，现在还不宜和孙权大打出手。但刘备意志已决，对任何反对意见一概不听。刘备后来的东征以惨败结束，所以后世多认为刘备一意孤行是个严重错误，刘备本人也是一位出色的政治家和军事家，蜀汉这么多大臣能看出来的事，刘备为什么看不出来呢？是不是真的被愤怒充斥了头脑？人们常说，不要在两种情况下轻易做决定，一是特别高兴的时候，二是特别愤怒的时候，愤怒有时会降低自己的判断力。不过，如果处在刘备当时所面临的情况，设身处地替刘备着想的话，这一仗他其实是非打不可的。

首先，孙权突然背叛联盟杀害关羽，这是大仇也是大耻，如果刘备没有反应，不仅丢人而且没法向蜀军将士和蜀汉百姓们交代。刘备跟孙权是同盟关系，这一点自赤壁之战前就已确立，中间通过赤壁之战、借荆州、刘备娶孙权之妹以及益阳城外"单刀会"等事件一再加强或明确，双方利益上虽然也有分歧，有时闹得还很不愉快，但总体而言这个联盟是双方都认可的，即便在"单刀会"那样的情况下，双方仍能达成和解，而刘备之所以让出湘水以东的三个郡，为的就是维护这种联盟关系。关羽北伐，打击对象是双方共同的敌人曹魏而不是孙权，这一点孙权不能否认，孙权先派人增援关羽，之后又表示自己将亲自前往荆州助战，都说明孙权至少在形式上不否认孙刘联盟的存在。因此，孙权的背叛就更带有欺骗性和突然性，性质十分恶劣，加上杀害了关羽，夺取了荆州，无论面子还是里子刘备都输得一塌糊涂，如果这时还顾虑重重，不敢发兵向孙权讨个说法，刘备这个皇帝干脆就别干了，回家卖红薯算了。

其次，荆州是许多蜀汉官员和将士的家乡，那里有他们的亲人和祖产，现在沦陷于敌手，刘备不赶紧带着大伙"打回老家去"，蜀汉将人心涣散。刘备在成都建立了政权，但他是个外来户，丞相诸葛亮等人也都是外来户，刘备初入蜀中时，自己带了三万多人，诸葛亮、张飞、赵云等后来入蜀助战，又带来数万人。先后入蜀的这两批人马就有近十万人，再加上他们的部分家属以及随他们入蜀的官员、商人和百姓，人数更多，刘备当年初入荆州时只带着几千人，所以入益州的这些人大部分来自荆州。荆州、益州本连为一体，入了益州的荆州人，亲属和一部分家眷还在荆州，在荆州的房屋、田地等也都搬不走，荆州丢了，他们的老家和财产就丢了，所以都急于"打回老家去"，刘备必须给予响应，如果瞻前顾后，下不了决心，反而会失去人心。

最后，刘备即使不伐吴，也拉不回孙权，孙权将更加远离蜀汉，随着蜀汉国力一天天衰弱，别说统一天下了，能不能继续生存都是问题。刘备夺得汉中后，孙权的心态不断发生着变化，他对刘备的态度陷入矛盾中，出于抗衡曹操的需要，孙权不希望刘备太弱，但显然他也不希望蜀汉太强。孙权战略的改变其实早在益阳城外相争时就表现出来了，刘备当时正在跟曹操争汉中，孙权如果真的维护孙刘联盟，他这时应该从合肥方向向曹魏发起进攻，以缓解刘备的压力，但孙权没有这样做，反而趁机敲刘备的竹杠。孙权在益阳得手，占了很大便宜，按理说应该知足了，但孙权觉得，他即使实力不如曹操，但至少不能输给刘备，所以仍在设法削弱刘备，这才有了背后一击。从中可以看出，孙权的战略方针很明确且很坚定，那就是不断地打击和削弱刘备，刘备再退缩和让步也无法将孙权拉回。

对刘备来说，如何给臣民们一个交代？只能东征。如何最大程度减少自身损失？只能东征。如何在斗争中挽救刘孙联盟？也只能东征。要不要东征已经不以刘备个人意志为转移，也不能考虑那么多的胜负判断和利害得失，刘备必须这么干，只能这么干。

2. 白帝城托付后事

刘备伐吴，后大败于夷陵，退至白帝城。章武三年（223）四月，刘备在白帝城病重，托孤给诸葛亮。刘备对诸葛亮说："君才十倍曹丕，必能安国，终定大事。若嗣子可辅，辅之；如其不才，君可自取。"诸葛亮闻言涕泣不已，对刘备说："臣敢竭股肱之力，效忠贞之节，继之以死！"一个要让皇位，体现出对臣下无比的信任；一个感动涕泣，誓死以报，这就是白帝城托孤的一段千古佳话。但是，对这件事也有不同的看法，有人认为刘备很真诚地说了那番话，有人认为他很虚伪，这倒不全是今人的胡猜乱想，自古以来史书首先就分成了两派，一派以《三国志》《后汉纪》等为代表，认为刘备说这些话出自一片坦诚，是真心的；另一派以《魏氏春秋》等为代表，认为刘备是在试探。《三国志》认为刘备此言出于至公之心，说明他"心神无贰"，是真心想以国相付，而诸葛亮的回答也表明了诸葛亮内心的忠贞，这次托孤事件反映出君臣二人内心的纯正无私，"诚君臣之至公，古今之盛轨也"。《魏氏春秋》持相反意见，认为"备之命亮，乱孰甚焉"，也就是刘备对诸葛亮的遗命实在太糊涂，因为如果所托的人是忠臣贤良，就不用给他说这些话，如果所托的人有篡逆之心，就不应该托付给他，所以刘备这些话属"诡伪之辞"，幸好刘禅昏弱、诸葛亮没有二心，不然的话一定会引起内部的猜疑和混乱。

两种看法，究竟谁说得对呢？这个问题可以从刘备的性格方面去考察，也可以考察刘备与诸葛亮的关系。刘备一生重情义，一生本色不改，他不会做出这样的事，刘备对诸葛亮也相知相契，感情很深，刘备对诸葛亮的信任从未有过动摇和怀疑，刘备如果不信任诸葛亮，称帝后就不可能让诸葛亮当丞相，甚至可以不设丞相。

刘备共有三个儿子，除了太子刘禅，还有鲁王刘永和梁王刘理，当时刘禅不在白帝城。刘备向诸葛亮托孤后，在弥留之际还把鲁王刘永叫到床前，对他说："吾亡之后，汝兄弟父事丞相，令卿与丞相共事而已。"口头交代完了刘备还不放心，又以书面的形式给太子刘禅颁布一道诏令，诏令中说："汝与丞相从事，事之如父。"让他今后要好好地和丞相诸葛亮一块儿共事，再次强调"共事"这个关系，要刘禅待诸葛亮像父亲一样。刘备在留给儿子们的遗言、遗诏中一再强调他们以后跟诸葛亮的关系是共事、从事，这在帝王的遗嘱中是少见的。刘备比诸葛亮大了整整20岁，相差至少一代人，但刘备把诸葛亮当平辈看待，因为十多年的相知相契已经让他们成为患难与共的朋友，刘备临终的话都是真诚的，他之所以这么说，是基于对儿子们的了解，知道靠他们的才能不足以延续蜀汉的基业，同时刘备更了解诸葛亮，深知他的才能和人品，说这样的话正是对诸葛亮的无限信任，而诸葛亮在刘备离开之后的十一年，也用行动证明了他没有辜负刘备所托。

历史可以质疑，可以从不同角度去看，也可以通过新的发现和推理提出新的观点。但历史是人的历史，从历史中剥去利害、得失、权谋、诡诈，历史的最后一层底色还是人性，其他的东西可以揣测，但人性的东西是要靠心灵去感知的，是善是恶要凭自己的心灵、凭一颗纯良之心做出判断。对历史留给我们的那些温暖瞬间，无论跨越了多少时空，我们都应该把它们捕捉下来，变成温暖我们前行的动力，而不能把揣测当必然，把刻薄当深刻，用不屑或冷冰冰的态度对有温度的历史妄加揣测和非议。

3. 一生执着成就励志传奇

回顾刘备的一生，除了重情重义，执着也是他鲜明的特点，他之所以历尽坎坷取得成功，与他对理想的执着追求有很大关系。在刘备的一生中，有成功、有辉煌，但更多时间里充满着坎坷、遍布着失败，但刘备没有在奋斗途中倒下，他的一生是对"有梦不怕千里远"理想和信念的最好诠释。

都说吕布是"三姓家奴"，但要论改换门庭的次数刘备则更胜吕布一筹，在刘备创业过程中曾7次投奔过他人，他先后投奔过卢植、公孙瓒、陶谦、吕布、曹操、袁绍、刘表，在这方面，刘备的经历比吕布还复杂，但人们说吕布是"三姓家奴",却从不说刘备是"七姓家奴",这是因为刘备不管在哪里都能保持独立的人格和做事的原则,不去做那种先一味讨好,时机一变又攻击诋毁的事。

刘备是一名在战场上久经摔打磨炼的老兵,军事才能较为突出,打过一些胜仗,但考察刘备一生的征战史,他打的败仗更多,这主要是在很长时间内他的实力都不足,在强敌面前不得不逃亡。仔细梳理一下刘备一生的战绩,可以发现他至少有过13次战败逃亡的经历,其中4次"弃妻子"。对刘备来说,打败仗是家常便饭,他无数次面临险境,如果是一般人早就坚持不下去了。刘备的不同寻常之处就在于他始终不放弃,失败了没关系,一无所有就从头再来,正是有这种坚韧和执着,刘备才最终成就了帝业。

我们都知道机遇很重要,但对机遇的认识有不同的层次:一种是认识机遇,有了机遇你能认识到,不然机遇就走了;另一种是抓住机遇,认识到了抓不住等于没有;还有一种是创造机遇,没有机遇,无从认识也没法抓住。有人哀叹命运不公,但也有人不信命运,因为他们能在没有机遇的情况下创造机遇来,刘备就属于能创造出机遇的人。建安十二年(207)曹操力排众议率主力北征乌桓,这一仗无论胜负曹操都得用上好几个月甚至一两年时间,刘备那时在荆州刘表那里,他当即认识到这是一次反击曹操的绝佳机会,于是建议刘表趁机袭取许县,但刘表没有采纳,因为刘表看不到这是机会,他又是个优柔寡断的人,结果这次机会就错失了。等到曹操得胜而还,刘表想想不对劲,后悔了,对刘备说:"不用君言,故为失此大会。"刘备听后非常平静,对刘表说:"今天下分裂,日寻干戈,事会之来,岂有终极乎?若能应之于后者,则此未足为恨也。"顺境不喜,逆境不忧,不愤不怨,过去的事就过去了,保持良好乐观的心态面向未来,这是刘备的执着之处。

刘备一生至少经历7次"跳槽"、13次逃亡、4次"弃妻子",却仍能站起来走向成功,对事业的执着是关键,有的人说"二十岁时觉得曹操厉害，四十岁时觉得司马懿厉害，六十岁时觉得刘备厉害"，揭示的正是这个道理。觉得曹操厉害比较好理解，挟天子以令诸侯；觉得司马懿厉害也比较好理解，能忍，忍出了自己的天下；觉得刘备更厉害原因其实很简单，刘备快到五十岁时还不算成功，前面一再创业一再失败，但是他没有气馁，也没有怨天尤人，为了再次创业，他向一个比自己小二十岁的年轻人虚心请教，最后终于实现了自己的梦想，单就这一点来说，刘备确实很厉害。

诸葛亮：

古代知识分子的楷模

诸葛亮履历表

姓名	诸葛亮
爵位	武乡侯
家庭出身	出身于士族家庭，先祖诸葛丰在西汉初年任司隶校尉，父亲诸葛珪在东汉末年任泰山郡丞，父早卒。
生卒年	181—234
生平履历	建安二年（197），赴襄阳城外隆中隐居。
	建安十二年（207），刘备"三顾茅庐"，出山辅佐刘备。
	建安十三年（208），赴柴桑联络孙权，缔结孙刘联盟。
	建安十四年（209），任军师中郎将，督令零陵、桂阳、长沙三郡，负责征收赋税，充实军资。
	建安十六年（211），与关羽、张飞、赵云等留守荆州。
	建安十九年（214），与张飞、赵云率兵溯长江而上，与刘备会师于成都，任军师将军。
	章武元年（221），刘备称帝，任丞相。
	章武三年（223），在白帝城受命托孤，开府治事。
	建兴三年（225），征南中，大胜。
	建兴五年（227），率兵进驻汉中，开始北伐。
	建兴六年（228），马谡兵败街亭，第一次北伐失败。同年，第二次北伐。
	建兴七年（229），第三次北伐。
	建兴九年（231），第四次北伐。
	建兴十二年（234），第五次北伐，病逝于五丈原。

在所有汉末三国人物中，诸葛亮无疑是后世人们最熟悉也是最热爱的一位了。诸葛亮，从一名乡村青年成长为蜀汉丞相，他的人生堪称成功和完美，无论庙堂之上还是市井之间，关于他的史实和传说早已家喻户晓，在中国人千百年的集体记忆中，诸葛亮具备超人的能力和品质，在忠君、智慧、勤政等诸多方面都达到了极致。

诸葛亮真正产生重大历史影响是在蜀汉先主刘备去世之后，诸葛亮以丞相的身份主持蜀汉国政，其实际作用相当于曹丕、曹叡和孙权。在诸葛亮的谋划下，蜀汉开始了艰难的北伐之路，这一场持续了数年的战役耗尽了诸葛亮的生命，也消耗掉蜀汉的国力，对这些总体上未能达成目标的系列战役，后人却给予了积极的评价，这正是诸葛亮魅力之所在。诸葛亮深受后世敬仰，无论帝王、大臣还是民间，对诸葛亮都一致肯定，诸葛亮成为古代知识分子的楷模。

一、乡村青年的成才之路

诸葛亮字孔明，徐州刺史部琅邪国阳都县（今山东省沂南县）人，西汉名臣诸葛丰的后人。诸葛亮的父亲名叫诸葛珪，母亲姓章，有兄弟三人，他排行第二，哥哥名叫诸葛瑾，比他大七岁，曾到洛阳等地游学，弟弟名叫诸葛均，此外还有两个姐姐。诸葛亮很小的时候母亲就去世了，诸葛珪为他们娶了一个继母。然而不久之后，诸葛珪也去世了，他们一家人的生活全靠叔父诸葛玄照顾。

1. 少年时代的灰色记忆

诸葛亮少年时代在家乡生活，诸葛亮的家乡琅邪国当时是陶谦的势力范围，曹操多次发动征讨陶谦的战役，在其中的一次征讨中，曹军主力进入琅邪国北部地区，《三国志》记载："复征陶谦，拔五城，遂略地至东海。"曹操在此战中攻下的琅邪国五座城池都是哪几座不得而知，但是少不了开阳、即丘、阳都这几座沂水沿岸靠近东海郡的县城。这是诸葛亮的家乡阳都县第一次面临大规模战事，之前虽然黄巾民变骤起，但主要在青州、兖州境内，琅邪国还相对安全，不少人还到这里来避难，其中包括曹操的父亲曹嵩。

综合各种史料记载，曹军早期的军纪比较差，这大概与曹军早年的构成有关。曹操起兵初期收编了大量地方武装，还有相当多的黄巾军旧部，作战虽然勇猛，但纪律较差，屡次留下屠城和残杀百姓的记录。战火一起，生灵涂炭，这次琅邪国境内五座城池陷落的情景虽然没有留下文字记载，但惨状可想而知。少年诸葛亮亲眼目睹了这一切，从而在心中留下了抹不去的阴影，让诸葛亮对曹操产生了本能的排斥，这种微妙的心理甚至影响到诸葛亮日后的政治选择。虽然曹操此次南征徐州仍然未能全胜，遇到了重大挫折，张邈和陈宫秘密迎请吕布在曹操的后方兖州发起叛乱，曹操不得不仓促撤军，但是所有人都明白曹操还会卷土重来，琅邪国已不安全。原本是避难之地的琅邪国，现在每天都有大量民众外逃，作为诸葛家长子的诸葛瑾，看着继母和两个弟弟、两个妹妹，不得不思考这样的问题。

诸葛亮的叔父诸葛玄是一个挺有名气的人，早年跟袁术有过交往，这时候袁术已来到淮南的寿春，正积极向北面的豫州、兖州以及南面的扬州发展势力，扬州刺史部的豫章郡太守周术死了，袁术就请诸葛玄担任豫章郡太守。豫章郡大体相当于今天江西省的全部，这里并没有完全为袁术所控制，去上任有很大风险。但是，面对家乡的不安定诸葛玄还是决定去，他带上诸葛亮、诸葛均以及诸葛亮的两个姐姐同行，诸葛瑾暂留家乡侍奉继母。

大约在兴平二年（195），诸葛亮随同叔父前往豫章郡上任，这一年诸葛亮14岁。不幸的是，诸葛玄到豫章上任不久就死了，诸葛亮带着弟弟诸葛均以及两个姐姐迁居到荆州刺史部的襄阳。诸葛玄与荆州牧刘表关系也不错，这是诸葛亮姐弟来襄阳的原因。到襄阳后，诸葛亮的大姐嫁给了蒯祺，二姐嫁给了庞山民，诸葛亮成年后娶了荆州名士黄承彦的女儿为妻，蒯氏、庞氏和黄氏都是荆州大族，诸葛亮姐弟们的生活这才安定下来。

2. 身在山村心系天下

隆中只是一个小山村，诸葛亮在这里隐居，却没有用这个小环境封闭自己，相反，在躬耕隆中的这段时间里他积极与外界沟通，随时掌握外部世界的任何变化，广泛的拜师交友就是诸葛亮居住隆中这十年间所做的主要事情。

当时的荆州经济发达、社会稳定，刘表本人又特别重视文化教育事业，他兴建学校，援引名师，博求儒术，培养人才，当时洛阳残败，太学被废，刘表在襄阳设立的学业堂无疑是全国最好的学府，吸引了各方有志青年前来求学。著名学者有宋忠、司马徽、颍容等人在荆州致力于延续文化和学术，形成有名的荆州学派，一心致力于求学的诸葛亮哪能放弃向这些名师学习的机会？但是，一个不到二十岁的青年，毫无知名度，要接近这些学者也不那么容易，诸葛亮首先得到了贵人的帮助，这就是他的亲戚庞德公。庞德公是诸葛亮二姐夫庞山民的父亲，通过庞德公诸葛亮又拜司马徽为师，并与庞统、向朗等人成为同学。除了这些师友，诸葛亮这一时期交往的还有崔州平、石韬、孟建、徐庶等人，他们经常在一起切磋聚会。

后人视诸葛亮为奇才，对他的成长过程十分好奇，对他读了哪些书、研究了哪些学问抱有浓厚兴趣，由于年代久远，这些已经无法具体考证。不过，《三国志》等记载诸葛亮在隆中并不是死读书、读死书，别人读书务求精通、熟练，而诸葛亮"独观其大略"，诸葛亮显然不希望自己刻苦读书只是为了成为一名寻章摘句的儒生，他读书为的是积累和思考。如果没有在隆中的积累，没有如饥似渴地勤奋学习，没有广泛涉猎和科学的读书方法，诸葛亮也无法取得后来的成就。

诸葛亮虽生于乱世，又连遭家庭变故，但命运还是青睐和眷顾着这个有志青年，不仅给诸葛亮一个安静优美的读书场所，也给了名师的指点，还有一帮志趣相投、出类拔萃的俊才相互砥砺。人们佩服诸葛亮的《隆中对》，如此高超的"顶层设计"不仅建立在平时大量读书积累之上，更建立于对天下形势动态的及时捕捉和分析，这些是山村里闭门读书所得不到的。高人开悟、贵人相助，这是一个人成功的必要条件，如果每天只关在屋子里自己去思考，显然无法成就诸葛亮这样的奇才。在遗传方面，诸葛亮生于虽不显赫却也传承有序的家族，有着祖先留下的良好生理基因和文化传统，从小就润泽在齐鲁文化的丰厚土壤中，让他具备了成为一个奇才的良好基础。在个人努力方面，时局的动荡，家庭的不幸，让诸葛亮比同龄人更显得成熟，战乱和流离失所丰富了他的阅历，生活的不幸锻炼了他的坚强，同时他知道抓紧时间积累和充实自己。更为难得的是，在纷乱的世事中，诸葛亮竟然获得了良好的学习氛围，可以心无旁骛、如饥似渴地学习。众多因素集合在一起，加在了诸葛亮身上，这是诸葛亮的幸运。自17岁来到隆中算起，诸葛亮在此隐居学习长达十年，可以想见，这十年里诸葛亮每天都很忙碌和充实，他经常外出访友游学，刘备来了两次都没能见到他，并不是他刻意躲出去的，而是因为他经常外出。

3. 不走世俗"捷径"

诸葛亮虽然客居荆州，但在荆州却拥有强大的人脉关系。汉末的荆州，在刘表之下有所谓"七大家族"，分别是黄、蒯、蔡、庞、马、习、杨，诸葛亮跟这些家族都有非常紧密的关系：诸葛亮的妻子是黄氏家族成员；诸葛亮的岳母是蔡氏家族成员，岳母蔡氏还有个妹妹嫁给了刘表；诸葛亮的大姐嫁给了蒯家的蒯祺；二姐嫁给了庞家的庞山民，诸葛亮的老师是庞家的庞德公，与庞家的庞统是同学；马家的马谡、马良，杨家的杨仪，习家的习祯，这些人要么和诸葛亮是同学，要么是好朋友。

诸葛亮的大姐所嫁的蒯祺出身于襄阳附近中卢县蒯氏家族，蒯祺与荆州实力派人物蒯越同族，蒯越早年在洛阳任职，跟刘表、曹操是好友，刘表占有荆州蒯越出力最大，蒯家成员多在刘表手下任职，蒯祺后来担任刘表任命的房陵郡太守。诸葛亮的二姐所嫁的庞山民，其父便是庞德公，诸葛亮与庞德公既是师生又是亲戚，关系进一步密切。

诸葛亮的妻子是襄阳本地名士黄承彦的女儿，有人说她叫黄月英，但这只是传说，史书上并没有关于她名字的记载。黄承彦不仅是名士，也是荆州大族出身。黄承彦和庞德公志趣相投，交往密切，通过庞德公，黄承彦知道了诸葛亮，对这个志向远大、学识一流又为人沉稳的年轻人抱有深深好感。黄承彦有个女儿还没有出嫁，以黄家的实力和地位自然并不愁嫁，可黄承彦看好诸葛亮。一般这样的事最好通过第三方来传达，以免对方不同意带来尴尬，而且最好由男方首先提出，这才符合礼节。但黄承彦觉得没必要，他自己直截了当地向诸葛亮说了这件事。《襄阳记》记载，黄承彦对诸葛亮说我有一个丑女，黄头发、黑皮肤，但是才能和品格与你相配。诸葛亮一听就答应了，并且很快成了亲。历代以来诸葛亮的这桩婚姻颇为世人称道，大家赞赏诸葛亮不以貌取人。其实，说黄氏是位丑女倒也未必，黄承彦的话多出于自谦，女儿可能不漂亮，但未必像黄承彦自己说的"黄头黑色"，那只是谦虚的说法。荆州最有影响力的大族是蒯家，其次是蔡家，蔡家的代表人物是蔡瑁，他有两个妹妹，一个嫁给了刘表，另一个就嫁给了黄承彦。作为黄承彦的女婿，诸葛亮和刘表、蔡瑁又有了亲戚关系。

荆州共有七大家族，除了上面提到的这几家，还有马氏、杨氏和习氏，诸葛亮与他们均有来往：马氏的马良比诸葛亮小六七岁，与诸葛亮很早便相识，诸葛亮曾在信中称他为"尊兄"，马良有个弟弟叫马谡，就是后来被诸葛亮挥泪斩掉的那个；杨氏的杨颙、杨仪都与诸葛亮关系密切，他们后来在蜀汉都担任过重要职务，诸葛亮当丞相时杨颙是他的主簿，杨仪更有才华，诸葛亮一度把他当作接班人进行培养；习氏的习祯曾在蜀汉任郡太守，虽然事迹较少，但《襄阳记》对他评价很高，习祯的妹妹嫁给了庞统的弟弟庞林，庞统是诸葛亮二姐夫庞山民的从兄弟，论起来习祯跟诸葛亮也有亲戚关系。

诸葛亮虽然只是一名乡村青年，但对天下时局一直有精准的把握，从而能当着刘备的面一口气道出那份著名的战略规划书，要做到这一点离不开信息的及时掌握，一个强大的"朋友圈"无疑是诸葛亮获取信息的最有力渠道。从诸葛亮的成功经历还可以看出，一个人的成才不是偶然的，一个具有高超智慧的大才更不可能横空出世，必然经过了大量的积累和准备，这其中知识的储备固然重要，但更离不开丰富的社会实践，结识天下名士、俊才，互相砥砺、提携，以助力未来的事业，这是社会实践的重要组成部分。

4."每自比于管仲乐毅"

诸葛亮隐居隆中期间还有不少好朋友，其中与孟建、崔州平、徐庶等关系最好，他们常在一起交流切磋。有一次，几个人聚谈，说起未来的打算，诸葛亮有感而发道："卿三人仕进可至刺史郡守也。"三人问诸葛亮自己能做到什么官位，诸葛亮"笑而不言"。这个"笑而不言"容易被人理解为高傲，但换成谦虚的人，面对这个问题时也似乎无法正面回答，如果说"我的理想比你们大"，确实显得骄傲自负；如果随便说一个很低的目标，那又显得虚伪，所以"笑而不言"是正常反应。

诸葛亮还"自比于管仲乐毅"，希望自己成为他们那样的人，这算不算是一种骄傲呢？管仲是春秋时期齐国下卿，古代历史上宰相的典范，他博通坟典、贯通古今，有经天纬地之才、济世匡时之略，齐桓公任用管仲，称他为"仲父"，授权让他主持改革。管仲掌权后大刀阔斧推进改革计划，发展经济，提拔人才，齐国由此强大起来。管仲还提出"尊王攘夷"的战略，联合北方邻国抵抗山戎族南侵，取得了很高的外交和军事成就。乐毅是战国后期军事家，被拜为燕国上将军，辅佐燕昭王振兴燕国，他曾统帅燕国等五国联军攻打齐国，连下七十余城，创造了古代战史以弱胜强的神话，后人称之"神于用兵，所向无敌"。一个是名相，另一个是名将，他们是诸葛亮心中的楷模。诸葛亮大概觉得，当此乱世，缺少的正是管仲、乐毅那样的人，而他对自己的定位，也正是能安邦定国之人。所以，诸葛亮看中的是管仲、乐毅所肩负的历史责任，而不是他们取得的官位和名望，所以诸葛亮发奋学习，积累知识，他要做文武兼备的人，以更好地肩负责任。

隆中至今有一处抱膝亭，相传诸葛亮有一段时间常在此抱膝长啸。亭子是后人附会的，但事情确有其事。《魏略》记载诸葛亮"每晨夜从容，常抱膝长啸"，长啸指大声呼叫，也指通过调整口腔和声带发出悠长清越的声音，汉魏时很多人常以此述志，曹植写过一首诗，里面有"顾盼遗光采，长啸气若兰"的句子。抱膝长啸，说明表面平静的诸葛亮内心里也在激烈地思考着未来。

二、走进风云时代

诸葛亮在26岁之前一直在隆中隐居，是一名"布衣"青年。按理说，诸葛亮跟刘表是亲戚，诸葛亮的岳母是刘表夫人的亲妹妹，这层关系是很近的，诸葛亮如果想求得一官半职也是容易做到的，但诸葛亮没有轻易走上仕途。诸葛亮的好友庞统先出来工作，担任南郡的功曹，相当于郡政府人事局局长，干得很不错，诸葛亮的能力、名气都在庞统之上，如果诸葛亮想当官，肯定能做到郡功曹以上，但直到遇见刘备，诸葛亮才肯出山。

1. 两种版本的相见

诸葛亮与刘备初次见面的情况早已家喻户晓，这就是"三顾茅庐"的故事，诸葛亮之所以出山，是刘备一再登门来请的。但还有另一说法，认为诸葛亮是主动投奔的刘备，持这个说法的是《魏略》和《九州春秋》。按照它们的记载，是诸葛亮主动去见的刘备，而刘备没听说过这个年轻人，一开始只把他当成一般儒生接待。

当时受刘备接待的儒生很多，不止诸葛亮一个，大家坐在一块儿闲聊，聊了一阵，"坐集既毕，众宾皆去，而亮独留"。刘备可能并没有跟诸葛亮单独交流的打算，或许源于早年帮着母亲织过席子的经历，所以刘备喜欢做小手工，闲来无聊编个小东西自娱。而好多人也知道刘备有这个爱好，遇着适合编织的东西就送给他，恰好有人送给刘备一条牦牛尾巴，儒生们走后，刘备觉得无聊，也不管诸葛亮还在，就一个人编了起来。刘备正陶醉在做手工的乐趣中时，诸葛亮上前道："明将军当复有远志，但结牦而已邪？"刘备这才打量了这个年轻人，见他身材魁伟，谈吐镇定，气宇不凡，就赶紧把手里的东西扔了，来跟诸葛亮交谈。刘备对诸葛亮说，自己也是借此打发心中的忧愁罢了。诸葛亮接着问刘备"将军度刘镇南孰与曹公邪"，刘备认为刘表不如曹操。诸葛亮又问刘备他自己比曹操如何，刘备回答也不如曹操。诸葛亮这时候说："今皆不及，而将军之众不过数千人，以此待敌，得无非计乎！"刘备说："我亦愁之，当若之何？"诸葛亮回答："今荆州非少人也，而著籍者寡，平居发调，则人心不悦；可语镇南，令国中凡有游户，皆使自实，因录以益众可也。"刘备采纳了诸葛亮的建议，结果实力大增，从而对诸葛亮以上宾之礼待之。

上面这个说法不如"三顾茅庐"有名，据《三国志》《襄阳记》等史料记载，诸葛亮的老师司马徽、好朋友徐庶先后向刘备推荐过诸葛亮，刘备"遂诣亮，凡三往，乃见"。这个说法也得到诸葛亮本人的证实，多年后诸葛亮向后主上《出师表》，中间有一段话道出他与刘备相见的情景："臣本布衣，躬耕于南阳，苟全性命于乱世，不求闻达于诸侯。先帝不以臣卑鄙，猥自枉屈，三顾臣于草庐之中，咨臣以当世之事，由是感激，遂许先帝以驱驰。"

上面这两种不同的说法有一定矛盾，但即便是第一种说法，也丝毫不会影响刘备和诸葛亮的形象。刘备选择诸葛亮，是因为诸葛亮是他最急需的人才，诸葛亮选择刘备则是深思熟虑的结果。当时，时局变化之快令人难以想象，诸葛亮暂栖隆中，对外面的事情尤其曹操方面的动态定然十分关注，他没有同好朋友孟建、石韬一道回到北方，自然不想加入曹操阵营。除了早年对曹操以及曹军留下的恶劣印象外，诸葛亮考虑更多的还是曹操挟持朝廷以来社会上对他的种种非议。除此之外，诸葛亮还有另外的考虑，作为一个真正的人才，选择什么样的组织去发展，除了看这个组织的思想、实力和影响外，还关心的是自己在这个组织中能发挥的作用，此时曹操手下已人才济济，打败了袁绍，统一了北方，曹操身边出现了人才大繁荣，单就身边的智囊来说，顶尖的就有好几位。而处在创业阶段的组织就不一样，虽然知名度有限，未来发展不确定，投身其中有风险，但发展空间更大，给人才预留的发展资源也多，在这样的组织里进步快。诸葛亮不愿意投奔曹操，这些也是重要的原因。诸葛亮更不会考虑刘表，如果他有此意，早就像庞统那样出来去刘表手下做事了，在诸葛亮眼中刘表勉强算是有雄才，但没有大略，荆州迟早要易主。

但是，要说这十年来诸葛亮隐居隆中就是在等刘备的到来，那也较为勉强。对刘备，诸葛亮了解得恐怕比较有限，只是在当时的局面下，可供诸葛亮选择的机会并不多。对刘备"凡三往，乃见"的原因，史书并没有正面解释，有人理解为诸葛亮在考验刘备的诚意，也有人认为是诸葛亮还没有想好见面后如何与刘备谈论天下大事。如果是前一种情况，说明诸葛亮内心还有矛盾，对投奔刘备，他觉得并没有十足的把握，试想，刘备如果来一次或两次之后就不再来了，今后的合作也就不存在了；如果是后一种情况，说明刘备当时拥有的有利条件确实乏善可陈，诸葛亮必须认真思考一番，才能制订出可行的规划方案。

2. 一份战略规划书

无论是哪一种情况，刘备与诸葛亮最终还是见面了，这一年刘备47岁，诸葛亮27岁。按照《三国志》记载，刘备见到诸葛亮后，也不做太多客套和寒暄，马上就时局进行了深入交谈，刘备所关心的是自己下面该怎么办，诸葛亮以简明扼要的语言回答了刘备的关切，这就是著名的隆中对策。据《三国志》原文，诸葛亮的对策不过300多字，对形势的分析却非常深刻，其要点为：曹操已不可与之争锋；孙权可以结为外援而不可图；荆州是上天授予的"礼物"，应占据荆州；益州是另一份礼物，应占据益州；待天下有变时，可以自宛洛和秦川两个方向出兵，天下可定。

诸葛亮的这份战略规划书规划了很远之后的事，刘备此时寓居于荆州，在人家的地盘上暂栖，不要说平定天下，就是占据一块属于自己的地盘都是奢侈想法，但诸葛亮偏偏认定刘备可成大事，并且为刘备"量身定制"了每一步的行动路线。诸葛亮先通过对时局的分析，总结出兴亡成败的规律，那就是要成大事不仅依赖天时，更要有人谋，必须重视人才，只要不懈努力，客观上的不利条件是可以改变的。久处下风的刘备很愿意听到这样的话，如果一切都由命运和现有实力所决定，那么个人再努力也都无济于事了，刘备是个不服输的人，他认为诸葛亮说得有道理。

更为重要的是，诸葛亮就目前天下时局和各路豪强此消彼长的变化进行了具体分析，他认为要尽可能避开强大的曹操，同时想办法与正在快速成长的江东孙氏结盟，寻求三足鼎立之势。听完诸葛亮的话，刘备感到豁然开朗，心中久积的抑郁一扫而空。诸葛亮进一步提出占据荆州和益州，之后等待天下变化，到时候兵分两路，一路由荆州北上宛县、洛阳，另一路由益州攻击秦川，到那时天下可定、汉室可兴，更让刘备大为兴奋。神奇的是，后来的局势走向完全如隆中对策所规划的那样，刘备得荆州、夺益州、取汉中，只差最后一步就能统一天下了。诸葛亮只是一名乡村青年，一出手就能拿出如此高质量的战略规划书，说明他隐居的这十年里每一天都没有虚度，他拼命地学习、观察和思考，对时局已经洞若观火。所谓顶层设计，必须由顶尖的人才来做；所谓顶尖人才，就是站得最高、看得最远的人。方案无须繁复，却能一语中的。

听完诸葛亮的分析，刘备大为折服，刘备确信诸葛亮就是他正在苦苦追寻的那个人。在刘备的邀请下诸葛亮离开了隆中，开始了辅佐刘备建功立业的生涯。刘备得到诸葛亮后非常高兴，"与亮情好日密"，这让关羽、张飞都感到了忌妒。刘备发现了这个问题，对他们说："孤之有孔明，犹鱼之有水也！"关羽、张飞这才不再说什么。诸葛亮也没有辜负刘备的信任，来到刘备身边不久，曹操即率大军南下，形势处于"危难之间"，诸葛亮迅速提出联合孙权共抗曹操的构想，并亲赴柴桑促成联盟，使刘备的事业迎来转机。

3. 受到破格重用

接下来，孙刘联军在赤壁之战中打败了曹操，刘备从孙权那里借来了半个南郡，开始拓展江南，刘备的事业得到大发展。随着刘备集团的一步步壮大，诸葛亮也拥有了第一个正式头衔——军师中郎将。在汉末三国的武职中，中郎将介于将军与校尉、都尉之间，当时关羽是荡寇将军、张飞是征虏将军、赵云是偏将军，如果说关羽、张飞相当于"军长"、赵云相当于"副军长"，诸葛亮的军师中郎将就相当于"师长"。汉末三国的军职看似很乱，但不失基本的规范和规则，其中重要一条就是因兵而设，有多少人马就设多大编制。刘备初到荆州，寄居于他人篱下，手中人马并不多，设不设那么多将军意义不大，现在势力迅速扩大，关羽、张飞各领一军，自然是"军长"。赵云驻守在桂阳郡，手下可能还没有完整一军的人马，就以"副军长"的名义统领。

有人认为，军师中郎将的任命正式明确了诸葛亮在刘备集团中军师的地位，其实此军师非彼军师，意义完全不同。一般意义上的军师是指统帅或君主身边的谋士智囊，是出谋划策的人，这一职务早有记载，从战国到两汉许多典籍里都有关于设立军师的记载，这一类的军师是君主或统帅的属官。但诸葛亮所任的不是军师，而是军师中郎将，意义就不一样了，这不是属官，而是主官。军师中郎将中的"军师"与"荡寇""征虏"一样都是军衔的别号，类似于部队的番号，以与兄弟部队相区别。中郎将是汉末常设的军衔，关羽、张飞升任将军前都担任过中郎将，它比将军低，所部人马不足一个军，相当于一个校尉所部，相当于"师长"。

刘备任命诸葛亮为军师中郎将后并没有把他留在身边，而是让他驻扎在外地。《三国志》记载，刘备让诸葛亮"督零陵、桂阳、长沙三郡，调其赋税，以充军实"。随着人马的迅速增加，如何保障后勤供应成为一大难题，新收的江南四郡面积广大，虽然相较于江北其农业生产尚欠发达，但如果管理得当，好好经营，未来的潜力不可小视。之前诸葛亮曾提出"游户自实"的建议，在诸葛亮看来赋税难收的一个重要原因是户籍登记制度不严格，大量人口不在编，因而不用交税，增加税赋要先从重新登记人口做起。这个问题到了江南各郡更显突出，如何解决这些问题，史书虽然未做进一步交代，但可以想见，诸葛亮到了江南后一定想尽办法发展当地经济，同时加强对人口的管理，打牢治理的基础。此后，在长达三年时间里诸葛亮都以军师中郎将的身份来往于三郡之间，他既协调监督三郡的赋税征调，又对地方治理提出建议，为保证工作能顺利开展，在诸葛亮常驻的临烝，也应该有直属于他统率的一支军队。

上面就是赤壁之战后的几年中三十岁左右的诸葛亮所从事的主要工作，他既不是常在刘备身边的军师，也不是统率江南的地方大员，他所做的是一些具体而实际的工作。至于诸葛亮的地位，此时确实还不如关羽、张飞、赵云等人高，甚至比不上新归附刘备的黄忠。作为赤壁之战的重要功臣之一，刘备对诸葛亮仅做出了这样的安排，是不是意味着对诸葛亮的不信任和不重视呢？恰恰相反，这说明刘备对诸葛亮很重视，也很信任，因为对年轻的诸葛亮来说，中郎将的任命已经是破格提拔了。曹操手下的首席智囊荀彧出身于颍川郡世家，投奔曹操时比诸葛亮现在的年纪还大，曹操把他比作自己的张良，但在职务安排上开始也仅是个司马，相当于"团长"。周瑜是孙权兄长孙策的莫逆之交，辅佐孙权后屡立功勋，开始的职务也仅是个县长，到指挥赤壁之战的时候也仅是中郎将。从基层干起，一步一个脚印，不仅曹操、孙权、刘备这些群雄如此，他们身边的重要谋士更是如此，诸葛亮一参加工作就得到了中郎将的职务，放在哪里都不算低了。刘备把诸葛亮派到江南执行的是重任，这既是对诸葛亮的信任，也是对他做进一步培养和锻炼。

4. 成为左膀右臂

建安十六年（211）益州牧刘璋派人请刘备去益州，帮助自己攻打汉中的张鲁，刘备率军西进，命诸葛亮等人镇守荆州。刘备走时，交代荆州的防务由诸葛亮、关羽、张飞、赵云等人负责，至于谁负总责史书没有明确说明，《三国志·先主传》说"先主留诸葛亮、关羽等据荆州"，没有提张飞和赵云，看样子是诸葛亮、关羽共同负总责；《三国志·诸葛亮传》与此说法相似，说刘备离开后"亮与关羽镇荆州"；《三国志·关羽传》却说"先主西定益州，拜羽董督荆州事"。论职务，诸葛亮是军师中郎将，低于关羽、张飞，甚至低于赵云，但职务高低不能用来说明一切，诸葛亮出色的能力和独特的作用决定了他可以负起整个荆州的责任。加入刘备阵营以来，诸葛亮比较注意处理好与关羽、张飞等将领的关系，关、张二人早期的不满情绪已不存在，关羽、张飞对诸葛亮的能力和重要性也认识得比较清楚，尽管诸葛亮年轻，职务也低，二人却不反对接受他的领导。

所以，史书虽然没有明确，仍可以推断刘备不在荆州期间，事务是由诸葛亮总负责的。至于拜关羽总督荆州事务，那应该是后面的事，发生在诸葛亮领兵去了益州之后。刘备走后，诸葛亮改驻公安，关羽、张飞分别驻守在江陵、秭归等要地。诸葛亮较好地履行了职责，刘备不在的这段时间，诸葛亮维护了荆州的稳定，诸葛亮格外注意与孙吴关系方面，《诸葛亮集》中保存有这一时期诸葛亮与孙权的通信，从信中内容看双方的关系很融洽。《吴录》记载，诸葛亮在此期间甚至还出使过江东的秣陵，即今江苏省南京市，称赞"钟山龙盘，石头虎踞"，为南京留下"虎踞龙盘"的典故。

刘备西进益州的次年在葭萌关起兵，与刘璋公开决裂，双方展开激战。开始战事还顺利，后来却陷入胶着，刘备写信给诸葛亮，让他火速率兵增援。建安十九年（214）五月，诸葛亮把荆州交由关羽镇守，自己率张飞、赵云等部开赴益州，他让张飞率一部人马先行，自己与赵云率部在后面跟进，两支人马约定在江州会合。这是诸葛亮第一次单独指挥数万人马行动，这一年诸葛亮34岁。诸葛亮指挥的各路援军进展顺利，连克刘璋多座重镇，最后来到成都外围与刘备会师，一起展开对刘璋的围攻，刘璋被迫投降，刘备占据了地域广阔、物产富饶的益州。

攻取益州后，刘备任命诸葛亮为军师将军，兼任益州郡太守。诸葛亮此前是军师中郎将，中郎将之上还有裨将军、偏将军，刘备直接任命诸葛亮为将军，又是一次越级提拔。此次进入益州作战，诸葛亮独当一面，指挥张飞、赵云等部，诸葛亮的军职其实低于二人，经过越级提拔，诸葛亮在名义上已与关羽、张飞并列。此外，刘备还让诸葛亮"署左将军府事"，刘备当时正式军职是朝廷所颁的左将军，手下将领的职务均围绕左将军而设，左将军府其实就是刘备的最高军事指挥机构，刘备将左将军府的日常事务交给诸葛亮处理，进一步体现出对诸葛亮的信任和重视。

三、挑起千钧重担

刘备占领成都后又出兵占领了汉中，刘备集团的势力达到鼎盛。然而，荆州突现变局，刘备为给关羽报仇愤然出兵伐吴，之后兵败夷陵。刘备连受打击，不久即病故，临终前将后事托付给诸葛亮，诸葛亮以托孤大臣和丞相的身份"开府治事"，担负起振兴蜀汉、完成天下统一的重任。

1. 拒绝对手招降

刘备死后，诸葛亮辅佐后主刘禅继位。此时，对蜀汉来说内外部皆面临着严峻局面：从内部说，夷陵之败和刘备驾崩深深震撼了蜀汉军民，一些人抓住机会发动了叛乱，其中以南中地区最为严重，有多个郡已脱离了蜀汉实际控制；从外部说，孙吴方面的威胁还没有解除，曹魏方面又施加了压力，曹丕听到刘备的死讯后，意识到这是一个难得的契机，蜀汉不仅没有了刘备，关羽、张飞、马超等人也都不在人世了，曹丕于是想劝说诸葛亮效仿孙吴称臣，曹丕认为并非不可能，因为双方的实力对比的确不能同日而语。

曹丕于是发起了一轮对蜀汉的舆论攻势。《魏略》记载，之前曹魏司空王朗写信给许靖，让他劝诸葛亮等人"去非常之伪号，事受命之大魏"。《诸葛亮集》中也保存有这方面的史料，后主登基后诸葛亮密集地收到了曹魏司徒华歆、司空王朗、尚书令陈群、太史令许芝、谒者仆射诸葛璋等一批人的书信，这些信都是写给诸葛亮本人的，信的主题只有一个："陈天命人事，欲使举国称藩。"曹丕让这几个人给诸葛亮写信是有讲究的：华歆、王朗不仅是曹魏重臣，而且是天下名士，很有影响力；陈群是曹魏的实权派，他曾经在徐州做过刘备的下属，与蜀汉有旧谊；许芝是太史令，既然拿天命说事，自然少不了他这个"专业人士"；诸葛璋职务不高，也让他出面给诸葛写信，推测起来，他很可能是诸葛亮的本家。

这些信摆在诸葛亮的案头，让他陷入了沉思。诸葛亮可以置之不理，但又觉得这正是一次向外界特别是向曹魏表明立场的机会，这个立场既是诸葛亮自己的，也代表了蜀汉。诸葛亮没有给众人一一回信，而是在深思熟虑后写了一篇文章，作为对他们的回答。这篇文章的题目叫"正议"，收录在《诸葛亮集》中，文中写道，当年西楚霸王项羽不用仁德对待百姓,所以他的力量即使很强大,有帝王的威势,最终还是身败名裂,成为千古遗恨。如今魏国不吸取项羽灭亡的教训反而效仿,即使曹操不死,他的后代子孙也必然灭亡。那些写信劝降的人,你们也都有一大把年纪了,却顺从贼子之意,就像当年陈崇、张竦称赞王莽篡汉一样,讨好盗贼,却还是被盗贼逼迫而死。光武帝创业时只带领几千人就在昆阳郊外一举击溃敌军四十万,足见正道讨伐淫邪时胜败不在人数。曹操一向诡诈,纠集十万人来战先帝,妄图救张郃于阳平,却只落得狼狈逃窜,不但辱没了精锐之师,还丢掉了汉中,此时曹操大概才知道,国家是不能随便窃取,没等曹操退军回到家,已染病身亡。曹丕骄奢淫逸,篡夺帝位,即便你们几个像张仪、苏秦那么能诡辩,说得天花乱坠、滔滔不绝,也不可能诋毁尧、舜,白白浪费笔墨而已。

诸葛亮在这篇文章中还引用了《军诫》中的一句话:"万人必死,横行天下。"诸葛亮说,昔日轩辕黄帝仅率领几万士卒,就能击败四位帝王,平定天下,何况我们有几十万兵马,又是替天行道,讨伐有罪的人,谁能够与我们匹敌呢?诸葛亮把曹操比作项羽,把华歆、王朗诸人比作帮助王莽篡汉的陈崇、张竦,都直接切中了要害,因为曹魏篡汉本来就是一个有争议的话题,曹丕自己的事还没有弄明白,就来劝别人,这当然是有力反击。诸葛亮举光武帝刘秀的事例说明,讨伐邪恶、维护正义不在兵力多寡,蜀汉虽然不够强大,但比起昔日的光武帝还绰绰有余,汉中之战一举击败曹操就是最好的例证。

诸葛亮写这篇文章既是对曹魏那些劝降者的公开回复,也是统一内部思想的重要举措,面对朝野上下的动荡不安,诸葛亮希望用这篇文章鼓舞士气,向外界郑重表明蜀汉绝不可能投降的原则,强调先主制定和追求的兴复汉室、统一天下的目标不会放弃,只要上下团结一心,一定能取得最后的胜利。这篇文章写得义正辞严,不仅有力度,而且不空洞,文字不多却深沉有力,是一篇足以与《隆中对》《出师表》相媲美的出色政论文。

2. 国家利益高于一切

拒绝曹魏的招降后，诸葛亮对内采取"务农殖谷，闭关息民"的政策，埋起头来搞建设，同时与孙吴恢复交往，化解矛盾，蜀汉渡过了最艰难的时期。国力有所恢复后，诸葛亮立即着手解决最大的外部威胁，也就是南中问题。蜀汉政权的疆域以益州刺史部为主体，益州刺史部的南部是一片广阔区域，主要是牂柯郡、益州郡、越嶲郡和永昌郡四个郡，它们又称为"南中"，大体相当于今云南、贵州两省以及四川省西南部分，这里远离成都，遍布高山大河，杂居着各少数民族部落，统治相对薄弱。刘备在时，曾派邓方前往南中，任命他为安远将军，巩固那里的统治基础。邓方很有本事，以少御多，震慑有方，确保了南中一带没有发生大的祸乱。刘备兵败驾崩的消息传到南中后，南中沸腾，这时邓方已去世，南中地区有二心的人纷纷跃跃欲试，先是越嶲郡叟人头领高定元起兵反叛，杀了蜀汉任命的郡将焦璜，举郡称王，紧接着益州郡有人闹事，杀了太守正昂，公然反叛。

后主刚继位时蜀汉面临的问题很多，诸葛亮对南中问题采取了忍耐态度，但南中问题不解决，叛乱就会继续扩散，威胁蜀汉的生存，所以必须征讨南中的叛乱。这是一次重大军事行动，只能成功，不能失败。所谓成功，也不是占几处地方、杀几名叛乱首领那么简单，必须从根本上解决南中的问题。正因为如此，诸葛亮当时才没有轻易用兵。黄初六年（225）三月，魏文帝曹丕任命陈群为镇军大将军、司马懿为抚军大将军，亲往召陵，开掘讨虏渠，做出讨伐孙吴的举动，魏吴之间一场新的大战即将展开，蜀汉的外部压力暂时减小，诸葛亮认为机会终于来了，于是上表后主，决定立即集合大军进军南中。

就在诸葛亮准备亲征的时候，丞相长史王连提出了反对意见，王连认为南中是不毛之地、疫疠之乡，所以"不宜以一国之望，冒险而行"。王连不反对征南中，反对的是诸葛亮亲征，他认为这是冒险之举。诸葛亮明白王连想说什么，此次进军南中情况复杂，打胜了还好说，如果打败了或者无功而返，自己的威望将受到极大挫伤，对个人来说这是有风险的事。但是，如果自己不亲自去，而是另派一名将领，在协调指挥方面和调度资源方面效率就会降低，取得全胜的可能性也因此会降低，于国家更为不利。不能因为自己避免风险而让整个国家冒险，诸葛亮知道王连的话很恳切，但仍然决定亲自南征。

3. "七擒七纵"不是传说

南中之战是一场重要战役，史书记载却非常简略，《三国志·后主传》只有五十一个字的记载，《三国志·诸葛亮传》更是少到二十个字，一向以翔实著称的裴松之注也只有不到三百字的记述，都属于只言片语的记载，比较零星，难以看出这场重要战役的全貌。记述南中之战比较详细的唯有《华阳国志》，此书写作时间距诸葛亮南征不到一百年，在当时还可以看到更多的原始史料，所以可信度较高。据《华阳国志》记载，诸葛亮将蜀军分成三路，分别讨伐南中的三股叛军，诸葛亮亲自率领任务最艰巨的西路大军。

三路大军中后来只有中路军进展不太顺利，中路叛军的首领是雍闿，他被杀后孟获成为首领，孟获在南中很有威望，"为夷、汉所服"，推测起来孟获应该出自益州郡的大姓，在当地很有势力，所以雍闿主动与他合作。两汉治南中时，郡太守多由上面派遣，所谓"铁打的衙门流水的兵"，这些人来到地方上并没有扎根的打算，干个三年五载就回去，大小事务都仰仗本地大姓，大姓们往往掌握着实权。还有一点，上面来的人不通当地语言，也只能由大姓们从中沟通，所以大姓们在南中势力很大。当朝廷强势时，对南中掌控力量强，大姓们因此左右了一切，一旦朝廷力量衰弱，这些大姓便趁机而起，雍闿、孟获都是这样的人。孟获的号召力很强，他接手后叛军势力不降反升。

诸葛亮完成西路军的任务后，又指挥各路大军专门对付中路的孟获，最后把孟获所部围困在南盘江上游一带，将孟获擒获。诸葛亮没有杀孟获，还请他参观军营，参观完，诸葛亮问孟获："此军何如？"孟获说："向者不知虚实，故败。今蒙赐观看营陈，若只如此，即定易胜耳！"诸葛亮笑了笑，把孟获放了，让他再战，共计抓住七次，最后诸葛亮又把孟获抓住，再放他，孟获不走了，对诸葛亮说："公天威也！南人不复反矣！"这就是"七擒七纵"典故的由来，诸葛亮按照心战为上的作战方针，为了让孟获等南人心服口服，不惜一再释放被俘的孟获，直到他不愿意再打为止。

但是，正史对孟获的记载很少，《三国志》甚至没有提到过孟获这个人，"七擒七纵"的故事只记录在《华阳国志》《汉晋春秋》等史籍里。《华阳国志》说诸葛亮当时"方务在北"，担心南中容易叛乱，所以想让敌人把图谋不轨的想法全部使出来，也就是"宜穷其诈"，于是赦免孟获，让他聚集人马再战，就这样总共七次俘虏又七次赦免，孟获等人最终心服，参与叛乱的夷、汉各族都愿意真心归顺蜀汉。《汉晋春秋》说诸葛亮之所以释放孟获，是担心没有全部歼灭叛军，故意让他纠集残部再来交战，偏偏遇上孟获是个死心眼儿，配合得很好，居然前后7次集结又被全歼，孟获最后实在找不来什么人了，只得投降。

由于《三国志》等更权威的史书没有记录，《三国志》甚至没有提到过孟获这个人，"七擒七纵"这件事，所以后世有人认为所谓"七擒七纵"是杜撰的。有人认为，军事行动岂能是儿戏，当时诸葛亮也没有那么多时间去做这样的游戏，他考虑的应该是尽早平定南中，以准备下面的北伐，与南中相比，北伐才是诸葛亮更关心的大业，诸葛亮不会只是为让夷人心服就在此无限期耽误时日。上面这种说法比较有代表性，有些近现代学者在谈到这段历史时，往往强调"七擒七纵"属民间故事范畴，不是正史。

但仔细考察，可以看出仅把该事件当成民间故事和传说是不够的，不说有《华阳国志》等史料为依据，就连一向治史严谨的司马光在《资治通鉴》中也照录了这件事，司马光主编《资治通鉴》，对裴松之注引的很多史料未予采纳，但对"七擒七纵"反而采纳了，司马光认为这并非杜撰。清代有一部地方志，不仅确信"七擒七纵"的真实性，而且进行了实地考察，最后归纳出"七擒孟获"的地点：一擒于白崖，二擒于豪猪洞，三擒于佛光寨，四擒于治渠山，五擒于爱甸，六擒于怒江边，七擒于蹯蛇谷。这部地方志所言或许有传说成分，因为与诸葛亮七擒孟获有关的故事在云南、广西一带广为流传，有很多传说属于后人的附会，但这么多传说故事的出现也反映出事件本身不会完全是子虚乌有。

当然，把孟获这样的部族首领放七次再抓七次，的确有儿戏嫌疑，不仅动机方面不好理解，某种程度上也存在着操作上的复杂性。放一次—纠合人马—进行准备—发起进攻—交战—被抓—再被放，这一套流程下来最快也得个把月，实际上，一个月能完成一回已经是相当快了，不可能今天被释放，明天就领着几十个人原路杀回，除非孟获有意恶搞，或者精神已经失常，否则一捉一放的时间不会太短。并且，每次捉与放的地点肯定不会完全一样，按照清代那部地方志的说法，每次其实都不一样，且跨度相当大，看起来眼花缭乱，不要说认真组织实施战役，就是去这几个地方徒步旅游一遍，没有一年半载也不好完成。总之，捉七次再放七次，如果主角都是诸葛亮和孟获，而整个流程都是单线程的，没有半年到一年时间肯定是完成不了的，诸葛亮的时间即使很充裕，也得考虑其他成本，十万大军要吃要喝，得耗费多少钱？诸葛亮不会不算这些账。

其实可以换一种思路看，当年诸葛亮的确释放过孟获，孟获也的确再次打上门来，只是诸葛亮把孟获本人抓了又放未必真有七次，所谓七次，应该是把孟获领导的其他各支叛军加上计算出来的，也就是说，"七擒"是存在的，但每次擒住的不一定都是孟获本人，而是"孟获集团"里的人，把孟获手下的头目也算进去了，这样也就说得通了。

4. "出师一表千载无"

黄初七年（226）五月，魏文帝曹丕驾崩，诸葛亮觉得这是一个伐魏的好机会，虽然南中之战刚刚结束不久，但诸葛亮仍决定立即着手北伐。诸葛亮早年提出的隆中对策里提出了北伐的三项要点：一是"将军身率益州之众出于秦川"，二是"命一上将将荆州之军以向宛、洛"，三是"天下有变"。诸葛亮认为这三个条件同时具备，北伐一定能取胜。自从关羽弄丢荆州，三个条件中的第二个暂时无法实现了，但这并不意味着放弃北伐大业，只是增加了成功的难度而已。在这三个条件中诸葛亮其实更看中第三个，也就是曹魏内部发生变化，可以是曹魏统治区发生了大规模叛乱，或者发生了宫廷政变，那时可以趁乱出击，自然事半功倍。这样的机遇可遇不可求，曹操、曹丕父子在治政和驭人方面很有手段和手腕，曹魏发生大规模叛乱和宫廷政变的可能性很小，曹丕的去世应该算是一次难得的机会了。

南征归来后诸葛亮一刻不敢停歇，开始"治戎讲武，以俟大举"。建兴五年（227）年初，诸葛亮北伐曹魏的准备工作基本完成，于是上表后主刘禅，请求出兵。这份奏表就是著名的《出师表》，全文不到七百字，内容却很丰富，写得深沉、诚挚、亲切而流畅，既是一篇不可多得的优秀文章，也是诸葛亮政治理想和理念的集中表达，深为后世推崇。这篇不太长的奏表从内容上可分成四个部分，第一部分阐述北伐的动机和意义；第二部分针对后主年轻、主政经验不足而提出一些劝谏，对自己率军离开成都后的一些具体事项进行必要安排；第三部分主要是请后主亲贤远佞；第四部分表明了自己的心迹，表达誓将先主遗志完成的决心。在这份奏表的最后，诸葛亮写道："今当远离，临表涕零，不知所言。"

这份《出师表》读来感人至深，它最早由《三国志》的作者陈寿收录进《诸葛亮集》，当时的题目叫"北出"，南梁萧统编《文选》，搜集了截至当时的最著名、最优美的文章，也把此表收录其中，改名为"出师表"。当时曹魏最强、蜀汉最弱，诸葛亮甘愿承担风险，坚持劳师远征，如果没有强大的精神力量做支撑，是无法办到的。诸葛亮的精神力量来自对刘备遗志的继承，为完成刘备临终前的嘱托，诸葛亮不计个人得失，不辞辛劳，勇往直前，这是最受后世推崇的地方。作为托孤大臣，诸葛亮深知自己肩上的重担，除了立志北伐、完成兴复汉室的大业外，他还不避闲言，用了大量篇幅对后主进行劝谏，晓之以理，动之以情，没有矫饰，没有虚伪，一片忠心可鉴。

在《出师表》的有限篇幅里，诸葛亮先后十三次提到"先帝"，七次提到"陛下"，"报先帝""忠陛下"贯穿全文，处处不忘先帝"遗德""遗诏"，处处为后主着想，期望他成就先帝未竟的大业。没有华丽的辞藻，没有深奥的典故，所言既不失臣子的身份，也切合长辈的口吻，平实中见忠贞、平淡中见真情。同时，《出师表》也是一篇上乘的散文佳作，为表达忠贞、坚定的思想，诸葛亮用了率直质朴的语言，凝练简洁，一气呵成，充满气势，文中有不少词汇经诸葛亮提炼而成为后世人们常用的成语，如危急存亡、妄自菲薄、引喻失义、作奸犯科、苟全性命、夙夜忧叹、不毛之地、斟酌损益、感激涕零、不知所云、三顾茅庐、临危受命、计日可待等，足有二十多个，几百字的一篇小文章能产生出这么多被后世广泛使用的成语，可谓字字珠玑，论起所贡献成语的数量，恐怕只有唐代王勃的《滕王阁序》可以一比。

后人对《出师表》推崇备至，给了很多高度的评价，其中最推崇《出师表》的当数宋代的两个人，一位是名将岳飞，他以诸葛亮兴复汉室的精神为动力，毕生致力于抗金大业，据说由他亲手书写的《出师表》至今仍然能看得到；另一位是宋代诗人陆游，他每读一次《出师表》都有新的感受和发现，一生中先后写出了"出师一表真名世，千载谁堪伯仲间""出师一表通今古，夜半挑灯更细看""出师一表千载无""一表何人继出师""凛然出师表，一字不可删"等诗句。

5. "子午谷计划"的争论

北伐非同寻常，对手也异常强大，为北伐的胜利，诸葛亮尽可能地做好了各方面准备工作。关中与汉中之间横亘着秦岭,中间虽有数条小道通行,但道路崎岖,山势险峻。关中与汉中间几条古道穿行在秦岭山中,最东边的叫子午道,与长安直线距离较近,出北面的午口即是关中平原,长安就在眼前,但此道最险;西边还有一条叫褒斜道,出北面的斜口后是郿县,即董卓当年筑郿坞之处,此道路途较远,但路况相对较好;子午道和褒斜道之间还有一条傥骆道,因南口称傥、北口称骆而得名,此道几乎荒废,较难通行。

进攻关中,大家首先想到的是从上面这几条古道出击,但具体走哪一条路线,不同的方案各有利弊。《魏略》记载,诸葛亮与群下商议攻击曹魏的具体路线,魏延提出一个方案,建议从子午道出击,他认为曹魏在长安的守将夏侯楙是曹家女婿,此人怯而无谋,要以利用。魏延建议:"今假延精兵五千,负粮五千,直从褒中出,循秦岭而东,当子午而北,不过十日可到长安。"魏延认为夏侯楙听说自己来攻,一定会闻风而逃,夏侯楙一走,长安只剩下御史、京兆尹这些官员,战斗力较弱,长安附近有横门邸阁的粮仓,加上百姓手中的散粮,足以供人马食用,曹魏关外人马聚合好杀到长安最少需要二十天,到那时诸葛亮率领大军从斜谷出来,绝对能赶到,这样就可以一举拿下咸阳以西的关中地区。

魏延的这项计划,简单地说就是两路出击,一路走子午道,一路走褒斜道,只不过褒斜道开始仅做佯攻,主攻方向在子午道,出其不意地拿下长安,之后两路大军会合,占领曹魏的关中地区。魏延的这个作战计划即历史上有名的"子午谷计划",围绕它历来争论颇多。支持者认为,魏延久居汉中,对当地情况十分了解,在蜀、魏军力不对等的状况下,弱小的一方应出奇制胜,魏延的计划正好能达到这样的目的。反对者认为,"子午谷计划"过于冒险,其要点是出其不意,但上万人马十多天的军事行动不让敌人察觉是不可能的,曹魏一定会在子午谷沿途派出很多侦察兵,一旦知晓蜀军动向,一方面会在山中依托险要地势进行袭扰和阻击,另一方面会调集重兵把守午口,使蜀军不得进入关中。即使费尽千难万险、做出重大牺牲后能杀到长安城下,面对这座著名的古都,能否一攻得手也希望渺茫,所以魏延的"子午谷计划"不是出奇制胜,而纯粹是军事冒险。

看起来,反对魏延"子午谷计划"的理由显得更充分,但从那时到现在,支持这项计划的一方反而占了上风,这是因为诸葛亮没有采取魏延的作战计划而实施了北伐,而北伐并没有取得最后成功,所以有人认为,假如诸葛亮采纳了魏延的计划,没准就成功了。这个逻辑有些问题,北伐没有成功不一定全是进攻路线的选择造成的,而即使诸葛亮最终选择的路线有问题,也不能说明走子午谷一定正确。兵法有奇正之分,《孙子兵法》说:"凡战者,以正合,以奇胜。"常规战法为正,出奇不意为奇,二者必须结合起来,脱离常规战法的基础,一味出奇未必制胜。

说魏延的计划是冒险,因为这项计划的核心是长途奔袭,仅以五千人马去攻击长安,虽是奇兵,但缺少常规战法作为基础,奇兵就成了孤军。夏侯楙虽不是名将,但也不会看到区区几千人就弃城而逃,一旦夏侯楙不逃,魏延的计划就输掉了一大半。在冷兵器时代,兵家怕的不是野战也不是守城,而是攻城,即使是一座孤城,久攻不下的战例也不胜枚举,魏延想率五千人攻进长安,几乎等于靠买彩票发财,所以诸葛亮认为魏延的计划将致蜀军于"悬危"之地,作为蜀汉丞相,诸葛亮不能去赌,所以他没有采纳魏延的计划。

有人仍不认同诸葛亮的选择,一个流行的说法是,后来钟会伐蜀走的就是子午道,结果占领了汉中,继而灭掉了蜀国,说明由子午道用兵是可行的。这个说法虽然挺流行,却与史实不相符,因为钟会伐蜀走的其实不是子午道,而是秦岭山中三条栈道的另外两条。《三国志》记载:"会统十余万众,分从斜谷、骆谷入。"不过,即使那时钟会走了子午道,相信问题也不是太大,原因很简单,钟会与魏延不一样,他不是去搞偷袭的,他打的是正规战,人马数量远优于汉中驻守的蜀军,所以他不怕敌人提前侦知,也不怕杀出子午谷后兵力不足。总之,并非于子午道用兵一定会失败,诸葛亮反对魏延的"子午谷计划",反对的不是走子午道而是"奇兵偷袭"的战法,在当时情况下,这种战法连冒险都算不上,其实是去送死。

四、"诸葛大名垂宇宙"

建兴十二年(234)八月,因积劳成疾,蜀汉丞相、武乡侯诸葛亮病逝于五丈原,享年54岁。诸葛亮之死距今已近一千八百年,世人对他的纪念和评论从未间断,至今保存的截至清代以前关于诸葛亮的评论、考证至少有四百多篇,涉及一百八十多人,参与评论的人范围之广、规格之高在三国历史人物中首屈一指。历代对诸葛亮的评价多持颂扬态度,称颂的重点在于诸葛亮忠君为国、兴复汉室、矢志不移以及高尚的个人品德等方面,但也有人提出过一些非议,如认为诸葛亮发动北伐是为了保住自身权力、诸葛亮的军事才能一般,还有人认为诸葛亮虽被称为忠臣,但只是对刘备父子的愚忠,这些看法其实没有多少道理。

1. 北伐不是为了"保权"

《孙子兵法》说"可胜者,攻也;不可胜者,守也",强者主攻、弱者主守,这是基本的道理,明知无法取胜非要主动发起进攻,看起来的确是不明智的做法。诸葛亮主持蜀汉朝政期间先后五次北伐曹魏,在此期间曹魏主动向蜀汉发起的进攻只有一次。弱小的蜀汉在强敌曹魏面前反而频频主动挑战,似乎违背了战争的基本法则。对这个问题历来有不少揣测,最流行的一个观点是诸葛亮为了保住自己的权力才主动对外示强,刘备托孤时后主刘禅尚未成年,但几年后刘禅就年满二十岁了,诸葛亮为了不还政于后主,所以故意发动北伐,但这种看法是狭隘的,它不符合诸葛亮一生所展示的高尚政治品格,刘备对诸葛亮有知遇之恩,诸葛亮对刘备十分敬重，《出师表》处处不忘先帝"遗德""遗诏"，这种真挚感情不是伪装出来的。

那么，诸葛亮为什么"明知不可为而为"呢？一个原因，与蜀汉的立国基础有关。后人称刘备建立的政权为"蜀汉"，但在当时却不是这样叫的，当时称为"汉"，与西汉、东汉没有区别，刘备以汉室继承者自居，基本国策是"兴复汉室，还于旧都"，坚持的是"汉贼不两立，王业不偏安"，如果始终偏居西南，既有违于立国基础，也无法向臣民交代，所以必须兴兵北伐。还有一个原因，与孙刘联盟有关。刘备死后孙刘联盟重新修复，并达到一个新高度，双方联盟不是形式，而有具体协定和联动机制，双方签订的《绝盟好议》规定"汉国"和"吴国"将勠力同心，同讨魏贼，救危恤难，共同分担灾祸，共同分享胜利，绝对没有二心，如果有人危害"汉国"，"吴国"讨伐它；如果有人危害"吴国"，"汉国"讨伐它，所以，当孙权出兵曹魏时诸葛亮也从西线予以配合，最典型的就是陈仓之战，其实就是为了配合孙权的合肥之战。

上两条还不是最重要的，因为在不得已情况下偏安、苟全和专心防守其实也没有什么，但还有一点更为重要，它让蜀汉的有识之士们觉得即使想"好死不如赖活着"也是做不到的，对这一点，诸葛亮其实曾明确阐述过，它记录在《后出师表》里："以先帝之明，量臣之才，故知臣伐贼，才弱敌强也。然不伐贼，王业亦亡。惟坐待亡，孰与伐之？"这里说得很明确，即使"不伐贼"，但那样做"王业亦亡"，我们其实没有选择。对蜀汉与曹魏实力的对比诸葛亮其实有清醒认识，诸葛亮在《后出师表》中还说："高帝明并日月，谋臣渊深，然涉险被创，危然后安。今陛下未及高帝，谋臣不如良、平，而欲以长计取胜，坐定天下，此臣之未解一也。"这是从人才、谋略的角度说的，从综合国力对比看，主持蜀汉朝政的丞相诸葛亮当然更清楚，但诸葛亮认为，如果消极防御，与对手同时"休养生息"，双方的差距将越拉越大，最终的结果只能是

"王业亦亡"一条路。与其被动挨打,不如主动出击,采取"以攻代守"的战略可以谋取更大的生存空间。诸葛亮五次主动向曹魏用兵,贯彻的都是这种战略思想,这与诸葛亮维护自己的政治地位毫无关系。《孙子兵法》说"凡先处战地而待敌者佚,后处战地而趋战者劳。故善战者,致人而不致于人",诸葛亮的北伐战略完全符合《孙子兵法》有关思想,从实际效果看这一战略思想也基本上是成功的。

说诸葛亮"以攻代守"的战略取得了成功,有两个例子可以从反面作为佐证。一个例子是张鲁,他割据汉中,埋头发展生产,通过实施政教合一的体制,内部管理得也不错,但张鲁实行消极防御的战略,把秦岭里的栈道烧了,想过"与世隔绝"的日子,但曹操的大军一来,张鲁马上就兵败如山倒了;另一个例子是蜀汉后期的汉中防卫战,诸葛亮在世时坚持主动进攻,战事基本发生在蜀汉境外,蜀汉后期改变了这样的方针,采取"敛兵聚谷"的方法,集中优势兵力防守汉中的若干重要城池,想把敌人放进来打,这种做法不能说没有一点儿道理,但敌太强、我太弱,一旦出了问题就没有任何反转的余地,结果曹魏最后一次兵进汉中时,没有太费波折就将其攻下。

理论和事实都证明,诸葛亮采取"以攻代守"的战略是明智的,也是成功的。诸葛亮强调进攻,并不是喜欢冒险,诸葛亮恰恰最反对冒险,不接受魏延的"子午谷计划"就是不愿意冒险。弱小的一方发动主动进攻,首先要保护好自己,不能干太冒险的事,因为输不起。此外,还要善于把握战机,在最恰当的时候出击,同时充分利用盟友的力量助自己一臂之力,当战事不利时还要不恋战,该撤退时毫不犹豫地撤退。上面这几条原则,诸葛亮在北伐中其实都做到了。

2. 军事才能不容置疑

诸葛亮北伐,有人说"七伐中原",有人说"六伐中原",还有人说是"五伐中原",究竟几次北伐呢?还有人说诸葛亮北伐是"出祁山",

有"六出祁山""七出祁山"的说法，究竟是怎么回事？其实，诸葛亮北伐公认的是五次，之所以有其他说法，是因为第三次北伐比较复杂，包括三场相对独立的作战，有人把它们拆分成二次或三次，就有了"六伐中原""七伐中原"的说法，其实这三场战役在时间和空间上有很大关联性，应该是一次北伐。至于祁山，它是陇西地区一处战略要地，诸葛亮北伐中三次到过这里，"出祁山"不等于诸葛亮北伐，"六出祁山""七出祁山"的说法更没有依据。

诸葛亮每次北伐均亲自指挥，但从直接的战果看却不太理想，从"失街亭"到陈仓之战，蜀军多次遭受挫败，所以有人认为诸葛亮是一位好丞相却不是一位好将军，虽然治国理政是好手，却不擅长带兵打仗。有人还认为，在北伐前诸葛亮甚至没有过独立带兵的经验，这才招致挫败，就连《三国志》都评价诸葛亮"连年动众，未能成功，盖应变将略，非其所长欤"，其实这样的说法没有太大说服力。当年刘邦、韩信仅占据汉中，还没有蜀地作为大后方，兵出陈仓，只一次"北伐"就解决了问题，而诸葛亮五伐中原无果，根本原因不在于他们之间能力孰高孰低，而是对手不同。诸葛亮面对的是一个统一而强大的对手，这个对手在北方深耕多年，战略纵深广大，综合实力超强，而且无时无刻不在紧盯着这边的一举一动，"明修栈道，暗度陈仓"的办法根本用不上，双方的决战只能在正面战场，谁的综合实力更强大，谁就能获得胜利，对蜀汉来说，只要对手不犯错，自己就很难取胜。北伐没有取得最后的胜利，并不意味着诸葛亮的军事才能很差，事实上诸葛亮的军事才能非常突出，他不仅是一名出色的丞相，还是一名出色的军事家。

首先，诸葛亮有丰富的独立带兵经验。认为诸葛亮军事才能不足的一个理由是，在刘备生前诸葛亮没有独立带过兵，只是一名"参谋人员"，没有实战经验。其实这是不对的，诸葛亮追随刘备后不久就独立带兵了，诸葛亮曾长年驻扎在荆州江南三郡，又负责镇守荆州，还指挥张飞、赵云驰援益州，在南中之战中更亲临前线指挥，打得很漂亮，这些都说明诸葛亮不是纸上谈兵的人，他固然出身于谋士，但同时也是一名实战经验丰富的带兵将领。

其次，北伐之战也并非一无所获。第一次北伐虽因"失街亭"而未达成全部战役目标，但收服了姜维，又"拔西县千余家还于汉中"，也有收获；第二次北伐虽然在陈仓城外遇阻，但在撤退途中打了一个漂亮的伏击战，"魏将王双率骑追亮，亮与战，破之，斩双"；第三次北伐进攻武都郡、阴平郡，将二郡攻占，蜀汉的地盘大为增加；第四次北伐在局面上双方打成平手，多次破敌，因军粮供应不上而撤军，曹魏车骑将军张郃追击，诸葛亮在木门道设伏，将一代名将张郃射杀；第五次北伐兵进关中，打得魏军只能防守。蜀汉在弱小的情况下不示弱，打得积极主动，让对手无法发起主动进攻，已经实现了"以攻代守"的目标，确保了蜀汉的安全。除此之外，诸葛亮北伐还锻炼了队伍，在实际作战中姜维、王平、吴壹、廖化、张嶷等人得到了成长，他们成为蜀汉后期的中流砥柱。由于诸葛亮坚持发起主动进攻，对曹魏也产生了巨大压力，促使其内部发生了斗争，曹休之死、张郃之死以及后来司马氏与曹氏之间的矛盾冲突都与诸葛亮北伐有着关联。诸葛亮北伐还进一步坚定了孙刘联盟，牢牢抓住了孙权，让孙权站在自己的一边，所有这些都改善了蜀汉的战略处境。

再次，诸葛亮在军事理论方面贡献突出。诸葛亮在治政、司法方面以严厉著称，在治军方面更是如此，在诸葛亮留下的著作中，有许多治军、选将方面的独到见解。诸葛亮认为只有纪律严明才能提高战斗力："若赏罚不明，法令不信，金之不止，鼓之不进，虽有百万之师，无益于用。"诸葛亮还强调："军令不可犯，犯令者斩。"在加强军事训练方面，诸葛亮主张平时要严格训练，战时才能保持严明的纪律，他认为："有制之兵，无能之将，不可以败；无制之兵，有能之将，不可以胜。"《诸葛亮集》中有大量关于作战、训练纪律的文字，有些地方说得很细致，比如，"闻鼓者，举黄帛两半幡合集，为三面陈"。在选将用人方面，诸葛亮也倾注了大量心血，他撰写的《将苑》就是全面探讨如何成为一名出色将领的著作，全书五十篇，分为八个主题，包括：好将领应有什么样的素质，有什么样的气度，应具备什么样的机变权谋，如何振奋士气、提高军队战斗力，如何肃军容、扬军威，如何发挥幕僚的作用，什么是将领的软肋，什么是不合格的将领等。诸葛亮根据自己的实践经验，对以上问题一一做出解答，论述全面，见解独到，又浅显易懂、朴实无华，这些军事理论著作都受到了后世的推崇。

最后，诸葛亮在军事发明方面成就卓著。诸葛亮不仅是一流的战略家、军事理论家，还是出色的军事发明家，在武器革新、军事后勤等方面有具体的思想和创新。蜀地缺好马，蜀军以步兵为主，在与以骑兵为主的魏军对抗中，为弥补这一缺陷，诸葛亮亲自钻研阵法，《三国志》说他推演兵法，尤其是阵法，制作了八阵图，提高了蜀军的战斗力。关于古代阵法，留下来可供研究的资料较为有限，原因主要在于阵法本身属于"诡道"，又涉及军事机密，具有神秘色彩，记述的人往往故意不说得很详细，具体到诸葛亮发明的八阵图，由于许多史料都有记载，除《三国志》提到外，《水经注》中也记载着定军山下有诸葛亮所布八阵图的遗迹，所以这种练兵、作战的阵法是存在的，它不仅用于两军对垒，还用于行军、宿营、训练等各方面，也许它的基本阵形为八个方阵，或者纵横各八行，因此叫八阵图。在敌众我寡的情况下，可以通过严密的阵法和各兵种间的配合提高战斗力，这是八阵图的基本指导思想。除了阵法，诸葛亮还不断改进兵器，提高军队的战斗力，在街亭古战场所在地附近发现过一把铸有"蜀"字的弩机，与史书记载的诸葛亮"又损益连弩，谓之元戎，以铁为矢，矢长八寸，一弩十矢俱发"相吻合。当时曹魏军队里也有连发的弓弩，但它达不到一次连发十矢，《北堂书钞》里有魏明帝曹叡写的一首诗，里面有"长戟十万队，幽冀百石弩。发机若雷电，一发连四五"的诗句，可见它的发射效率只是诸葛弩的一半。除此之外，诸葛亮还发明了木牛和流马，这就更为大家所熟知了。

所以,诸葛亮的军事才能是十分突出的,这一点也得到了历代的公认。唐代官方设武庙,从历代军事家中选出十位,称为"十哲",入祀武庙,被选中的十个人是田穰苴、孙武、吴起、乐毅、白起、韩信、张良、诸葛亮、李靖、李勣,整个汉末三国乃至两晋只有诸葛亮一人入选。宋代官方沿袭唐代设武庙的做法并扩充了享受祭祀者的阵容,把张辽、邓艾、关羽、张飞、周瑜、吕蒙、陆逊、陆抗、杜预、羊祜等汉末三国名将扩充进来,但他们的等级为"七十二将",而诸葛亮仍然是级别更高的"十哲"之一。

3. 千古第一忠臣

诸葛亮被视为古代忠臣的代表人物,但也有人认为,封建时代的帝王主张臣子效仿诸葛亮,是想让大家只对自己效忠,因为诸葛亮的忠本质上是对刘备父子的愚忠,从这个意义上说,诸葛亮的忠有很大的局限性。这种认识忽略了当时的历史环境,也忽略了与诸葛亮有关的史实,其实诸葛亮并非只对刘备父子愚忠,诸葛亮的忠,体现在忠于国家、忠于人民、忠于事业上,是一种"大忠"。

首先,诸葛亮忠于国家。刘备以汉室继承者自居,诸葛亮协助刘备。对诸葛亮来说,如果只为一己之私或子孙后代的荣华富贵,偏安也许是更好的选择,但诸葛亮从来没有这样想过。中国人内心深处素来有家国情怀,其中有《礼记》所说的"修身齐家治国平天下"的人文理想,有《孟子》所说的"天下之本在国,国之本在家,家之本在身"的社会责任,也有《岳阳楼记》里"先天下之忧而忧,后天下之乐而乐"的大任担当,所有这些都离不开一个基础,那就是对"大一统"国家的忠诚和坚守,尤其在乱世里,即使面临分裂是已不可避免的现实,也不放弃对实现国家统一所做的努力,这才是对国家最大的忠诚。诸葛亮在困难的情况下坚持北伐,心中装的就是"大一统"的国家理念,是对国家最大的忠诚。

其次，诸葛亮忠于人民。有人认为诸葛亮是一个喜欢用兵的人，蜀汉国力有限，但年年用兵，军事方面的负担超过了国力所能承受的范围，其实这是误解。据裴松之《三国志》注所引的资料，诸葛亮十分注意减兵省将，把兵员控制在一定范围内，一般情况下全国常备兵员不超过八万人，且实行轮换制，保证有充足的劳动力从事生产。诸葛亮北伐常受制于兵力不足的问题，有人曾建议"宜权停下兵一月，以并声势"，也就是暂停轮换制以增加在岗兵员数量，但诸葛亮不同意，他说带兵打仗要以严守信用为根本，按规定将要轮休的将士"束装以待期，妻子鹤望而计日"，绝不能让他们失望，兵力再不足也要坚守信用，不能废弃轮休制度。在赋税方面，诸葛亮主张轻徭薄赋，认为"唯劝农业，无夺其时；唯薄赋敛，无尽民财"，否则"人有饥乏之变，则生乱逆"。为减轻百姓负担，诸葛亮还在蜀中组织兵士屯田，增加军粮收入。历史上，苛捐杂税往往是激起民众反抗的直接导火索，据《袁子》记载，诸葛亮治蜀虽"行法严而国人悦服，用民尽其力而下不怨"。有人做过统计，三国时期曹魏控制区内共发生民变二十四次、孙吴二十三次，而蜀汉仅有三次，这从侧面反映出诸葛亮主持制定和推行的赋税政策是较为合理和成功的。因为忠于人民，所以诸葛亮也深受人民的爱戴。诸葛亮归葬定军山不久，蜀汉各地民间的祭祀活动就已开始，各地纷纷向朝廷请求为诸葛亮立庙祭祀，很多百姓在清明节以及诸葛亮祭日"私祭于陌道"。《三国志》的作者陈寿向晋武帝进呈《诸葛氏集》，其中说到百姓对诸葛亮的怀念："黎庶追思，以为口实。至今梁、益之民，咨述亮者，言犹在耳。"这种风气延续到以后各代，晚唐时孙樵说诸葛亮已经死了五百年，但"歌道遗烈，庙而祭者如在"。

最后，诸葛亮忠于事业。诸葛亮年轻时就立下远大志向，后来又为之孜孜以求，从不懈怠。诸葛亮在《后出师表》中说"鞠躬尽瘁，死而后已"，以此作为自己的座右铭，康熙皇帝对此曾有评论，认为自古以来的人臣，真正做到这八个字的"惟诸葛亮能如此耳"。诸葛亮身为蜀汉丞相，不仅日理万机，而且责任心很强，工作非常细致，他率先垂范的精神感动和影响了下属。《三国志》等记载，诸葛亮对重要文书都亲自过目，向他汇报工作的人不敢有丝毫马虎。为减少差错，诸葛亮甚至"自校簿书"。《襄阳记》记载，丞相主簿杨颙看到这种情况，劝诸葛亮不用管得那么细，"为治有体，上下不可相侵"，也就是把工作分给大家，只要做到职责不互相交叉就行了。诸葛亮一向鼓励大家多提意见，对杨颙的建议诸葛亮表示感谢，但他却没有按照杨颙说的做，凡事仍亲力亲为。从管理学上看杨颙的建议不无道理，但此时是诸葛亮刚刚"开府治事"不久，许多工作才起步，新组建的丞相府和调整过的益州牧府都需要磨合，各级官员的工作作风也需要培养和锻炼，诸葛亮从细节入手，通过亲力亲为，狠抓作风建设，以此带动工作质量和效率的提高，在这个扭转作风、纠正错误的关键时候领导必须带头。在诸葛亮的严格要求下，各级官署的工作作风大为改观，一些虽然没有背景却有能力、肯干事的人得到提拔重用。诸葛亮不仅是勤政的楷模，还是廉政的榜样。乾隆皇帝评论诸葛亮："约其生平，亦曰公忠二字而已。公故无我，忠故无私，无我无私，然后志气清明而经纶中理。"诸葛亮没有像曹操、司马懿那样培植自己的子孙以延续权力，他的养子诸葛乔死于北伐，儿子诸葛瞻、孙子诸葛尚死于保家卫国。诸葛亮以节俭治家，在《又与李严书》中说："吾受赐八十万斛，今蓄财无余，妾无副服。"诸葛亮临终前向后主最后上表，说自己在成都"有桑八百株，薄田十五顷，子弟衣食，自有余饶"，以诸葛亮的权力、官职和爵位，只要稍多一些私心，就不会只有这么一点儿财产。

历代以来，人们之所以对诸葛亮有极高评价，是因为在古人看来诸葛亮不仅具备治国治军的突出才能，更有济世爱民、谦虚谨慎、廉洁奉公的品格，为后世树立了榜样。人们视诸葛亮为历代以来忠臣的楷模，并不是因为他只对刘备父子"私忠"，而是对国家、对人民、对事业的

"大忠"。回顾诸葛亮的一生，他的忠贞、济世、敬业、至公、廉洁、谦虚等都为帝王、将相以及普通百姓所共同称颂，人们从不同角度称赞诸葛亮，使诸葛亮成为帝王心目中理想的人臣、人臣治国理政的榜样和普通人日常生活中学习的楷模。

刘协：

在反抗挣扎中走向消亡

刘协履历表

姓名	刘协
谥号	孝献帝
家庭出身	父亲为汉灵帝刘宏，母亲为王美人，少帝刘辩的弟弟。
生卒年	181—234
生平履历	中平六年（189），父亲汉灵帝刘宏驾崩，哥哥刘辩继位，被封为渤海王，后改封陈留王，不久被董卓拥立为新帝。
	初平元年（190），在董卓挟持下迁都长安。
	兴平二年（195），凉州军内讧，辗转逃出长安。
	建安元年（196），曹操迎驾，先至洛阳，后迁往许县。
	建安五年（200），不满曹操大权独揽，暗下"衣带诏"，令董贵人的父亲车骑将军董承设法诛杀曹操，事情败露，董承等人被曹操诛杀。
	建安十八年（213），以曹操的女儿曹宪、曹节、曹华三人为夫人，后升她们为贵人。
	建安十九年（214），伏皇后要求其父伏完诛杀曹操，密谋败露，在曹操强逼下废黜伏皇后，以曹节为皇后。
	延康元年（220），禅位于曹丕，降为山阳公。
	青龙二年（234），驾崩于山阳国，以汉天子礼仪葬于禅陵。

汉献帝刘协虽然只是个傀儡皇帝，但他也是汉末三国时代的一个重要人物，他串起了许多重大历史事件。刘协因偶然的机缘当上皇帝，但这并没有给他带来任何快乐，也没有给他带来权力，终其一生，刘协都在悲苦中度过，历尽了失去亲人的痛苦和面临死亡的威胁。在很长时间里，刘协都只是曹操手中的一张牌，但刘协不能怨恨曹操，反而是曹操在乱世里保护了他。不过刘协并不这么看，为了实现梦想中的"汉室中兴"，刘协一直在苦苦挣扎，这种徒劳的努力造成了新的伤害，不仅伤害到刘协及其亲近的人，也伤害到对手曹操。刘协与曹操的关系成为一道无法破解的难题，成为衰弱的东汉帝国身躯上一道血淋淋的伤口，最终为这个伤口止血的是曹操的儿子曹丕，一番共同演出的禅让大戏结束了名义上的东汉帝国，也结束了刘协痛苦而纠结的日子。

一、凄惨的人生经历

刘协字伯和，汉灵帝刘宏的次子，母亲是王美人。刘宏虽然在皇宫里有无数佳丽，但子嗣并不繁盛，只有长子刘辩和次子刘协，本来刘协没有继位为皇帝的机会，但在汉末跌宕起伏的政治变局中，刘协意外地坐上了皇帝的宝座。不过，这对他来说没有丝毫的快慰，相反，刘协的少年时代充满了悲苦和凄凉。

1. 母亲死于非命

汉灵帝刘宏可以算得上是一位荒淫的皇帝，干过很多荒唐事，为后世所诟病。刘宏的后宫佳丽很多，他曾对南阳屠户出身的何皇后非常宠爱，然而刘宏又是一个见异思迁的人，时间长了产生审美疲劳，他更渴望新面孔，于是刘协的母亲王美人成为刘宏的新宠。王美人祖籍冀州刺史部赵国，祖父王苞曾在禁卫军中担任五官中郎将，与何皇后不同的是，王美人是标准的"良家子"。王美人长得很漂亮，而且特别聪明、懂事理，擅长书法，当初负责采选的术士看到她，觉得她面相富贵，因此入选宫中。几乎在何皇后被册立为皇后的同时，刘宏对王美人的喜欢程度已经后来居上了。

更要命的是王美人怀孕了，这是何皇后最担心的事，为了保证地位永固，何皇后深知儿子刘辩将来必须继承大统，而要使这件事万无一失，最简单的办法就是让皇帝没有别的儿子。在宦官们的帮助下，何皇后玩起了汉桓帝时梁皇后玩过的那一招，专门盯着后宫全体女人的肚子，有疑似怀上皇子的一般都会神秘流产，好不容易生下来的也会不明不白地夭折，《后汉书》说"灵帝数失子"。作为何皇后的第一号潜在对手，王美人也一直过着提心吊胆的日子，怀上孩子后王美人陷入深深的恐惧中，她甚至找来堕胎药，想把这个孩子打掉，但不知药性不足还是肚子里的孩子生命力太顽强，这个孩子仍然来到了人间。《后汉书》说王美人快生下这个孩子的那几天，总梦见自己背着太阳艰难地向前走，通常这意味着真命天子的降生。

就在何皇后被册封的次年，即光和四年（181），刘宏的第二个儿子出生了，刘宏大喜，给这个孩子起名叫刘协。但是，刘协的生母王美人却在几天后神秘地死了，据说死前一直是好好的，喝了一碗小米粥就很快断了气。刘宏大怒，下令彻查。调查的结果，这碗小米粥果然与何皇后有关，这其实也在刘宏意料之中。震怒之下刘宏决定再一次废后，之前他已废过一个宋皇后。张让等宦官一下子慌了，好不容易找了个屠户出身的人当皇后，又好不容易结成了儿女亲家和政治同盟，已经坐到了一条船上，不能说废就废，那样一来前面的努力岂不白费了？为保住何皇后，张让发动了一大帮子宦官到刘宏那里求情，这些人都是刘宏平时信任和离不开的人，大家在刘宏面前黑压压跪了一片，有哭的、有闹的，以阻止刘宏的废后行动。刘宏不为所动，仍然要废了何皇后。搁在一般人，遇到这种事就傻了，因为废与不废全在天子一句话，刘宏这个人，在宦官看来就是个蔫人，但蔫人出豹子，别看平时嘻嘻哈哈，任性起来也油盐不进，说翻脸就翻脸，说杀人就杀人。

不过这没有难住宦官，因为他们太熟悉刘宏了，知道要让他让步，必须找到并抓住其弱点。人性的弱点说起来也很简单，最大的弱点无外乎恐惧。如果能抓住一个人致命的把柄，或者掌握他最在意的东西，那就能让他合作，现在刘宏只有愤怒没有恐惧，靠吓唬是不行的。好在人性还有第二个弱点——诱惑。喜欢什么你就给他上什么，想要什么你就给他什么，用利益进行交换，只要找得准，不怕事不成。用人性的这两个基本弱点去对付对手就叫作威逼利诱，作为和刘宏玩得最近的一帮人，宦官当然知道用什么能诱惑这位天子，他们在叩头求饶的同时，表示将集资数千万钱为何皇后赎罪，刘宏果然不再追究这件事，何皇后的位子保住了。

2."史侯"与"董侯"

为进一步化解刘宏的怒气，宦官头目、鸿都门学的负责人任芝和乐松等还鼓动刘宏大修宫苑，为此制订了宏大的规划。消息传出，刘宏的老师杨赐怒火中烧，杨赐出身弘农郡杨氏，是汉末著名的世族之一，是一位正直、刚硬的大臣，他上书引先帝之制，认为皇家宫苑左有鸿池、右有上林，不算奢侈也不算节省，可以说十分恰当，现在要把京城近郊的大片土地辟为苑囿，牺牲肥沃的耕地，捣毁农宅、驱赶百姓，在那里畜养禽兽，这怎么都说不过去。京城周边的苑囿已多达五六处，够多了，想一想夏禹有意让宫殿简陋、汉文帝拒绝兴建高台这些事，还是应该体恤下民的辛劳。刘宏被杨老师教训了一通，打算停工，但任芝、乐松不甘心，继续鼓动刘宏，又引前朝先例，说修建几处宫苑并不算什么大事，刘宏又被他们说动，改变了主意，工程继续。刘宏这次修建了毕圭苑和灵琨苑两处皇家园林，其中毕圭苑又分东西两处，东毕圭苑周长一千五百步，中有鱼梁台，西毕圭苑周长三千三百步，都在洛阳城宣平门外。

然而，这些事仍然无法平息刘宏对王美人的思念，王美人死后，刘宏仍念念不忘，作为一名文艺青年，刘宏留给后世一些文学代表作，其中的《追德赋》《令仪颂》都是怀念王美人的。王美人的死让刘宏对何皇后也有了新看法，直接的后果就是对立太子一事从此绝口不谈。为防止刘协发生意外，刘宏想秘密把他送到一个安全的地方抚养，刘宏想了半天，觉得放在哪里都不安全，最后干脆交给自己的母亲董太后抚养。之前，为防止早夭，长子刘辩被送到一个史姓的道人那里抚养，称为"史侯"，次子刘协于是被称为"董侯"。

3. 黑夜里的逃亡

中平六年（189）刘宏病倒了，病得越来越重。此时刘宏对何皇后以及他的哥哥大将军何进越来越不满，加上对王美人的思念，所以决心把刘协立为接班人，但何氏的势力已经遍布朝野，虽然有立刘协为太子的想法，但刘宏仍十分犹豫。在刘宏临终之前，他还是坚持了自己的想法，把担任上军校尉的宦官蹇硕叫到病榻前，托付他照顾好爱子刘协，蹇硕流着泪答应了。

刘宏驾崩后蹇硕没有立即发丧，他想铲除何氏一族后扶持刘协登基，但计划被何进安排在宫里的内线泄露，何进提前采取了措施，蹇硕无奈，只得对外发布了汉灵帝刘宏驾崩的消息，何皇后的儿子刘辩顺利继位，由于他后来中途退位，没有庙号，所以史书称他为少帝。少帝下诏尊母亲何皇后为皇太后，由何太后临朝主政，封弟弟刘协为渤海王，后又改封为陈留王。不久，何进在袁绍等人策划下谋诛宦官，宦官们奋力一搏，反将何进杀死，袁绍、袁术等人指挥人马杀入后宫，形势一片大乱。

混乱中，宦官头目张让、段珪等挟持着刘辩、刘协向黄河岸边逃去，到了河边，却找不着船，后面的追兵马上就要到，宦官们彻底绝望了，张让、段珪等人给刘辩、刘协叩了个头，之后怀着一腔恐惧和怨恨投河自尽了。14岁的少帝刘辩跟前只有9岁的弟弟陈留王刘协，兄弟俩摸黑往前走。跌跌撞撞，深一脚浅一脚地走了几里地，才找到了一个农家。这家人有一辆干农活、没有篷子的车，就用这辆车拉着他们兄弟二人回洛阳，半路上遇到河南中部掾闵贡带着人在找他们，看到他们受到了惊吓，又饥饿又疲惫，闵贡决定先找个地方休息一下再说。附近有一处洛阳县管理的馆舍，闵贡便保护少帝和陈留王到那里休息，之后闵贡找来两匹马，刘辩年长一些，独自骑一匹，闵贡抱着刘协骑一匹，往洛阳进发。路上又遇到一支马队，是并州牧董卓亲自率领的"凉州军"，结果刘辩、刘协一行落入董卓手中。

在回洛阳的路上，董卓板起面孔教训起少帝刘辩，说宦官乱政都是他造成的，吓得刘辩直哭，董卓和刘辩说话，刘辩因为受到惊吓，所以有点儿前言不搭后语。董卓对刘协的印象却很好，董卓对刘协说："我董卓也，从我抱来。"董卓把刘协抱到了自己的马上，董卓问刘协昨天发生的事，刘协一一回答，思路非常清楚，情节也没有遗漏，这给董卓留下了很好的印象。

4. 一片哭声中登基

董卓进入洛阳后逼少帝罢免了司空刘弘，自己担任司空。少帝刘辩是何皇后的亲生儿子、大将军何进的外甥，董卓要独掌权力，就要肃清何氏的势力，少帝继续当皇帝就成为董卓巩固权力的障碍，于是董卓提出以刘协替换刘辩，一开始还有一些人反对，董卓均以强势手段予以回击。中平六年（189）九月二十八日，董卓让人通知在洛阳品秩六百石以上的文武百官到崇明殿集合，他特意让人把已晋升为皇太后的何氏也叫来，当着何太后和少帝刘辩的面，董卓再次提出废立之事："今太后宜如太甲，皇帝宜如昌邑。"董卓把少帝比作昌邑王，把太后比作太甲，等于暗示自己就是名臣霍光。董卓公开表示，只有陈留王刘协既仁又孝，应当尊为新天子。

尽管有不少大臣心中反对，但面对董卓的强暴，没有人再提不同意见。董卓专门问了问太傅袁隗："太傅以为如何？"侄子袁绍这时已逃出了洛阳，袁隗知道袁氏大祸已临头，只能活一天算一天了，于是答道："悉听尊驾之意。"董卓回过头来又问何太后："太后以为如何？"何太后的哥哥大将军何进不久前被宦官杀了,何太后深为后悔,当初她如果不固执己见,把宦官一网打尽,后面也就不用招外兵入京,那么就没有董卓什么事了,现在说什么都晚了,何太后不敢反对,颤颤巍巍地对董卓说没有意见。

于是董卓命令尚书当场撰写策书并宣读,策书写道:"孝灵皇帝不究高宗眉寿之祚,早弃臣子。皇帝承绍,海内侧望,而帝天姿轻佻,威仪不恪,在丧慢惰,衰如故焉;凶德既彰,淫秽发闻,损辱神器,忝污宗庙。皇太后教无母仪,统政荒乱。永乐太后暴崩,众论惑焉。三纲之道,天地之纪,而乃有阙,罪之大者。陈留王协,圣德伟茂,规矩邈然,丰下兑上,有尧图之表;居丧哀戚,言不及邪,岐嶷之性,有周成之懿。休声美称,天下所闻,宜承洪业,为万世统,可以承宗庙。废皇帝为弘农王。皇太后还政。"就这份策书本身来说,废黜少帝的理由相当不充分,不过这已经不重要了,董卓想做就是最充分的理由。策书只说皇太后还政,还给谁呢?当然不是9岁的刘协,而只能是董卓。

策书宣读完毕,现场仍然鸦雀无声。被罢免了三公之位的丁宫现在被降职为尚书,走这一套仪式是尚书干的活,见大家都不作声,丁宫宣布:"天祸汉室,丧乱弘多。昔祭仲废忽立突,春秋大其权。今大臣量宜为社稷计,诚合天人,请称万岁!"袁隗上前,把刘辩身上挂着的皇帝印玺摘下来交给刘协,之后流着泪搀扶刘辩下殿。刘协坐上皇帝宝座,何太后、弘农王以及众百官跪倒称万岁。再怎么说新帝登基也是一件喜事,可一直心事重重的何太后不知突然想到了什么,在殿上大哭起来,哭得特别伤心。何太后一哭,朝臣里也有不少人跟着哭了起来,《后汉书》说"太后鲠涕,群臣含悲",这让董卓很不高兴,登基的事刚办完,董卓立即清算何太后,把她迁出永安宫,两天后董卓派人给她送上毒酒,把她杀了。

5. 失去唯一亲人

被毒杀的不止何太后,还有被废的少帝刘辩。董卓专权后,袁绍等人组成"关东联军"对其进行讨伐，董卓不淡定了。虽然靠着流氓手段把洛阳的局面控制住了，但背后有关中的皇甫嵩和河东郡的"白波军"，眼前又有"关东联军"添堵，董卓头痛不已。董卓看到"关东联军"给自己所列的罪状中有一条是废黜天子、另立新帝，说他有篡逆之心，董卓认为袁绍这帮人还是对新立的汉献帝刘协不服，难道他们还做着重立刘辩的打算吗？想到这里，董卓决定把刘辩除掉。

刘辩刚被废为弘农王，董卓命郎中令李儒出面给刘辩献上毒药，逼其自杀。李儒见到刘辩，献上毒药，骗他说服下此药可以驱病。没生病有人突然给送药，刘辩当然不信，坚持不肯喝，对李儒说："是欲杀我耳！"李儒也不分辩，强迫刘辩非喝不可。刘辩知道死期已至，于是要求和心爱的妃子唐姬最后再饮一次酒。席间，刘辩悲伤地唱道："天道易兮我何艰，弃万乘兮退守藩。逆臣见迫兮命不延，逝将去汝兮适幽玄。"唐姬闻而起舞，边舞边唱："皇天崩兮后土颓，身为帝王兮命夭摧。死生毕路兮从此乖，悼我茕独兮心中哀。"周围的人听到无不流泪。刘辩最后对唐姬说："卿王者妃，势不复为吏民妻，幸自爱！从此长辞。"说罢饮鸩而死。刘辩死后来不及准备陵园，已故宦官头目赵忠在洛阳附近有一个现成的墓地，赵忠生前想必花了很多精力和财力进行准备，想等自己死后好好享用，但赵忠没有这个福气，这个墓地让刘辩用了。刘辩安葬时，朝廷给了个怀王的谥号。刘辩虽然是何太后所生，但与刘协毕竟是同父兄弟，也是刘协在世上的唯一亲人，如今也保不住性命，刘协为哥哥的死感到了伤悲。

以后刘协西迁长安，李傕等专权，他们想推荐李儒当侍中，刘协因为李儒毒杀了自己的哥哥，坚决不同意，还要治李儒的罪，李儒辩解说："董卓所为，非儒本意，不可罚无辜也。"少帝死后，唐姬没有死，她后来回到老家颍川郡，命运也十分曲折悲惨，《后汉书》记载："唐姬，颍川人也。王薨，归乡里。父会稽太守瑁欲嫁之，姬誓不许。及李傕破长安，遣兵钞关东，略得姬。傕因欲妻之，固不听，而终不自名。尚书贾诩知之，以状白献帝。帝闻感怆，乃下诏迎姬，置园中，使侍中持节拜为弘农王妃。"

二、血染东归路

刘协登基的次年改年号为初平，在"关东联军"强大压力下，董卓被迫将汉献帝刘协和朝廷迁往长安。董卓死后，刘协和朝廷继续被董卓旧部控制，后来董卓的旧部掀起内斗，刘协才得以逃出长安，但一路上历尽了凶险。

1. 天子成为人质

初平元年（190）三月，汉献帝刘协一行到达长安。长安城原有未央宫，是萧何主持下在秦朝章台的基础上扩建的，规模宏大壮丽，但王莽失败后汉军、赤眉军两次攻入长安，未央宫遭到焚毁。朝廷仓促西迁，后宫及朝廷各署衙纷纷涌来，只好因陋就简，未央宫还无法居住，刘协只能在京兆尹府临时下榻。董卓那时还在洛阳，长安方面由司徒王允全面负责，他协调内外，尽量保证各项迁都事宜有序进行。未央宫在加紧整修下勉强可以入住，刘协不久搬入未央宫。到了初平二年（191）四月，董卓带着从洛阳搜刮来的巨额财富，率领仍十分精锐的"凉州军"主力也来到长安，王允率三公、九卿等百官到郊外迎接，董卓所乘的车辆到达，众人一齐参拜在车前。从此长安就在董卓控制之下，董卓大肆封拜亲属，他的弟弟董旻担任左将军，侄子董璜担任侍中兼中军校尉，连董氏抱在怀里的婴儿也都封了侯。初平三年（192）王允、吕布等人谋刺董卓成功，刘协暂时摆脱了"凉州军"的控制，下诏以王允录尚书事，以吕布为奋威将军，让两人共同主持朝政，可好景不长，董卓旧部随后反攻长安，王允被杀，吕布逃亡，刘协又落入"凉州军"首领李傕、郭汜等人之手。

兴平元年（194）到兴平二年（195）间全国范围内发生了一场大饥荒，也波及关中地区，为了筹集军粮，"凉州军"在三辅一带又杀又抢，弄得民不聊生，人口急骤下降，物资严重匮乏。《献帝记》记载，刘协宫中的人以及文武百官就连穿衣都成了问题，刘协想从御库里调一些布来做衣服，李傕不同意，说宫人们已经有衣服了，干吗还要再做？刘协无奈，只好自力更生，他下令卖掉了一百多匹马，又让大司农想办法弄了些绢绸，准备给大家做新衣服。李傕听到消息，就把钱和绢绸都给截留了。

后来，李傕、郭汜闹起内讧，郭汜先动手，李傕迅速展开还击，刘协命侍中、尚书等分别前往二人的军营展开调解，但二人都表示不接受，非分出你高我低才肯罢休。李傕接到报告，说郭汜密谋把刘协及百官劫持到自己那边去，李傕于是先下手，命令侄子李暹率领数千人包围了皇宫，要把天子及百官转移到李傕的军营里。太尉杨彪想分辩，李暹不搭理，刘协无奈，只好跟着走。李暹只带来三辆车，刘协以及伏皇后、董贵人各乘一辆，其余宫人及百官只好徒步跟随。大家刚一离开，李暹的手下就蜂拥而入，在皇宫里抢夺御用物品以及尚未离开的宫女，之后将皇宫以及政府办事机构一把火烧成灰烬。李傕、李暹跟董卓烧洛阳皇宫的思路差不多：把皇宫烧了，让你想回都回不来。可惜，一座洛阳宫和一座长安宫，两汉约四百年的精华全毁于"凉州军"之手。

刘协派百官到郭汜那边调停，郭汜趁机把大家扣下来当人质，被扣的人包括太尉杨彪、司空张喜、尚书王隆、光禄勋邓泉、卫尉士孙瑞、太仆卿韩融、廷尉宣璠、大鸿胪卿荣郃、大司农卿朱俊、将作大匠梁邵、屯骑校尉姜宣，共有三公两个、九卿五个，可以组成一个"临时内阁"。大司农卿朱俊是员老将，也是朝廷的功臣，从来没有受过这样的窝囊气，被活活气死了。郭汜随后发起进攻，一路杀到李傕大营的门口，一阵乱箭射来，就连刘协御帐的帷帘都被射中了。李傕看到大营不安全，就把刘协一行转移到长安城北的另一处军营里，刘协与外界的联系完全隔绝。

这里条件极差，正常的饮食都供应不上，刘协本人还好一点，一天勉强吃两顿饭，其他人就有一顿没一顿了，饿得个个一脸菜色。刘协向李傕要五斗米、五碗牛肉，打算赏赐给身边的人，李傕不给，刘协反复催要，李傕就让人送来几根已经发臭的牛骨头。

2. 找机会逃出长安

李傕、郭汜二人在长安附近开战，几个月里死了上万人。鉴于长安城已经残破，粮食供应也极为困难，董卓的另一个旧部张济愿意把天子及百官接到他所控制的弘农郡去。激战数月，李傕和郭汜都有点打不动了，对张济的方案他们表示同意。这样，被扣压在郭汜军营里的百官们重新见到了天子，大家都觉得必须趁着李傕、郭汜没有反悔立即离开长安。

兴平二年（195）七月，刘协携文武百官在张济所部护卫下离开长安，前往弘农郡，其路线大约相当于出今陕西省西安市沿陇海铁路一直往东走，目的地弘农郡在洛阳以西。支持天子东迁的除张济外还有杨定、杨奉和董承等手握兵权的将领，其中董承是一个特殊人物，他是汉灵帝刘宏的母亲董太后的侄子，算是刘协的"表叔"，因为董卓一度跟董太后攀过亲戚，董承也就成了董卓的"本家"，因为这个缘故，董卓对董承给予特别关照，让他到自己的女婿牛辅军中带兵。对刘协来说，这层关系尽管绕得很远，但毕竟算"自己人"，且董承又能和"凉州军"搭上话，所以刘协对董承也很看重，刘协纳董承的女儿为贵人，董承又成为刘协的"岳父"。刘协下诏，擢升杨定为后将军、杨奉为兴义将军、董承为安集将军。为了让郭汜痛快放行，擢升郭汜为车骑将军。

但是，刘协一行刚离开长安郭汜就反悔了，他不想失去对天子的控制，想把天子弄到长安以北不远的高陵去，那里是他的地盘。但是，天子以及百官们实在不想在长安再待下去了，一致要求去弘农郡，张济等也表示支持。双方相持不下，刘协使出了最后一招——绝食。刘协一天没吃饭，郭汜听到报告，担心事态更加恶化，同意让天子的队伍一边往前走一边再商量。这样，刘协一行到达新丰，即今陕西省西安市临潼区。郭汜想了几天，还是想把天子留在关中，他提出定都郿坞的想法。郿坞在今陕西省眉县境内，是董卓以前修建的超级堡垒，董卓原打算在此退守。郭汜的计划被侍中种辑提前得知，他秘密通知杨定、杨奉、董承等人，这些人把所部人马都悄悄集结起来，准备跟郭汜硬拼。《后汉书》记载，郭汜的实力在新丰不占优势，他害怕出意外，于是离开军队仓皇逃入终南山中，后来回到李傕那里。《三国志》进一步补充说，刘协一开始被郭汜弄到了自己的军营里，杨奉率兵攻打，把刘协一行抢了回来，郭汜这才逃到终南山，后来又逃往李傕的军营。

天子一行在新丰住了两个月，到十月初才行进至华山脚下的华阴。杨奉、董承保护天子一行赶紧东进，张济不知何故与杨奉、董承又闹起矛盾，这时站在了李傕、郭汜一边。于是，杨奉、董承护卫天子一行往东跑，李傕、郭汜、张济带兵在后面追。追到弘农郡内的一个山涧，终于追上，双方激战，董承、杨奉大败，文武百官和士兵死了不计其数，天子的御用品、符节、皇家档案丢得满山涧都是。之后，天子一行逃到了附近的曹阳，此地在今河南省陕州区境内，大家只能在田野中露宿，董承、杨奉假装与李傕、郭汜、张济和解，以争取时间，暗地里派人渡过黄河向"白波军"首领李乐、韩暹、胡才以及南匈奴右贤王去卑求援。这是东汉历史上最不堪回首的一幕，堂堂一国之君，不得不向曾经被视为流寇、土匪的变民首领求救，但这也是无奈之举，舍此已没有更好的办法。这时李傕等整顿人马杀了上来，杨奉等人再次大败，死伤惨重，光禄勋邓泉、廷尉宣璠、少府田芬、大司农张义战死，司徒赵温、太常王绛、卫尉周忠、司隶校尉管郃被俘，李傕本来打算把他们全部处死，经过贾诩苦苦相劝才作罢。

天子一行狼狈不堪地逃到离黄河更近的陕县，追兵紧跟着也到了。此时，天子的虎贲、羽林卫士加起来不到一百人，李乐、董承的兵力损失也很大，"凉州军"日夜不停地在陕县城外鼓噪，城里的人胆战心惊，只想早点逃出去。商议如何逃时，大部分人主张顺黄河滩东下，到黄河上的著名渡口孟津，由那里登岸到达黄河以北的"白波军"控制区。从地图上看这倒是一条捷径，但实际上是一条死路，因为里面充满了危险。幸亏太尉杨彪就是这一带的人，对这里的地形很熟悉，他说从这里往东有一个地方叫"三十六滩"，那里十分险要，根本无法通过，侍中刘艾曾经在陕县当过县令，也说那里太危险，大家于是决定直接在陕县附近强渡黄河，命李乐先行探路，准备船只。

随后，刘协以及百官们悄悄出城，开始向黄河边徒步行进。大家形迹匆匆，都怕走晚了就没命了，所以什么多余的东西都没带，只有皇后伏寿的哥哥伏德例外，他一手搀扶着妹妹，一手夹着十几匹绸缎。大家都有点纳闷：这家伙真够贪财的，都什么时候了还舍不下这点布？可很快大家都将明白过来，这些绸缎如此重要，救了很多人的命。一行人向黄河边上奔命，一路上拥挤不堪，就连皇后的卫士们也只顾往前跑，众人把路都堵住了。符节令孙徽急了，在人群中挥着刀一通乱剁，皇后伏寿衣服上都溅满了血。不过，总算来到了黄河边。到了以后，众人都傻眼了：黄河大堤太高了，离下面足有十多丈，相当于现在的十层楼高，没法下去。这时候伏德把随身携带的绸缎拿了过来，董承又弄来几个马笼头，就用这些东西捆扎成一个简易的"坐辇"，行军校尉尚弘力气大，由他背着刘协，坐在辇上，由上面的人拉着往下吊。

刘协下到底下后，其他人用伏德剩余的绸缎结起来陆续往下滑，排不上号的索性跳了下去，有的人当场摔死，有的人摔伤。李乐负责打前站，但他弄来的船只很有限，装不了那么多人，大家一拥而上，都想往上挤，董承、李乐只好用暴力阻止，有人仍然不愿放弃，跳到水里死死抓住船帮不放，船上的人举刀乱剁，船舱里落下不少砍断的手指。只有少数人上了船，保住了一条命。停留在岸边的人遭到了随后赶来追兵的劫杀，侥幸没有被杀的，衣服也被乱兵扒了，此时是冬天，天气寒冷，有人便活活被冻死了。李傕亲自来到黄河岸边，看到天子已经渡河，就派出斥候乘船前去追赶，董承害怕敌人放箭，在船上找了条被褥当盾牌护着刘协。

3. 面临生存危机

经历了这样的惊心动魄后，刘协一行总算到达黄河的北岸，进驻到李乐在大阳的军营，此地在今山西省平陆县境内。虽然暂时稳定，但粮食成了问题，李乐本来就不富裕，要供应天子及百官的饮食，更一筹莫展。正在这时送粮的人来了，附近河内郡的郡太守张杨听说天子东归，就派了一支部队前来接应，张杨预测到天子一行面临的最大问题可能是没吃的，"使数千人负米贡饷"，这真是雪中送炭。大阳是河东郡的地盘，河东郡太守王邑随后也赶到，送来了一些布帛，给大家做衣服。刘协下诏奖赏有功人员，封王邑为列侯，拜韩暹为征东将军，李乐为征北将军，胡才为征西将军，张杨为安国将军。就这样，天子一行在董承、杨奉、李乐、胡才、韩暹、张杨、王邑等人护卫下暂时停驻在黄河北岸的河东郡，黄河对岸是李傕、郭汜和张济的联军，他们手里有在黄河岸边俘虏的官员和宫人，还有此前在弘农郡俘虏的司徒赵温等人，刘协特别惦记他们的安危，派出使者到对岸与李傕等人谈判，李傕接受和谈，把俘获的赵温等官员以及宫人们放了回来，并送还一部分缴获的御用器物。

张杨虽然送来不少粮食，但此时聚集在这一带的队伍越来越多，后勤供应很快又成为一大难题，大阳是个很小的地方，天子日常起居及办公只能因陋就简。《魏书》记载，刘协议事地方的外面只围着篱笆，刘协与大臣议事时士兵们都挤在外面看，这些士兵大部分前不久还是农民起义军，刚刚被收编，一点军纪都没有，一边看一边嘻嘻哈哈，司隶校尉管部长得有点儿怪，成为军民们取乐的对象，每次他进去向刘协汇报工作，门口的人都向他扔东西，逗他开心。司隶校尉号称"三独坐"，曾经何等威严，眼皮一抬就够老百姓心惊肉跳的，现在却沦落如此境地。

刘协一心想尽早回到洛阳，但眼前的这些人情况很复杂，各人的想法都不同，没有人关心天子的意志，只想如何伸手向天子要官，不仅自己要，而且帮手下人要，就连各位将领们的私人医生、警卫等一眨眼都成了朝廷校尉这样的高官，负责刻制公章的御史们忙得不可开交，官印供不应求。《三国志》记载："御史刻印不供，乃以锥画。"

4. 没人愿意来迎驾

河内郡太守张杨提出迅速护送天子一行到洛阳，但得不到其他人的响应，张杨一怒之下回到河内郡。对天子下一步的行动，大家其实都没有更好的办法。过了年，正月初七，刘协下诏改年号为建安。建安元年（196）春天，在大阳的众人终于爆发了矛盾，韩暹攻击董承，董承不敌，逃到河内郡找张杨搬救兵，"白波军"另外一个首领胡才联合杨奉欲攻击韩暹，被刘协劝阻。下一步该何去何从？众人面面相觑，不知如何是好。正在这时大阳迎来袁绍派来的特使郭图，袁绍此时正面临南北两线同时作战的艰难局面，郭图到大阳看了看就走了，距离天子最近、实力最强的袁绍集团暂时放弃了迎接天子的打算。

刘协一行在大阳一直待到了六月，天气已经很热了。在张杨建议下杨奉、韩暹重新和好，众人一块儿护送天子前往洛阳。七月一日，刘协一行终于进入洛阳，此时距上一次离开共五年四个月零十五天。然而，呈现在刘协眼中的洛阳已满目疮痍，这个当年世界上首屈一指的大城市到处是废墟，南、北二宫多成瓦砾，罕有人迹，城里只有已故宦官赵忠的私宅可住，刘协一行把这里作为临时行宫。赵忠好像特别热衷于投资房地产项目，当初韩馥让位于袁绍，搬离位于邺县的州政府后住的也是赵忠的住宅。刘协下诏大赦天下，张杨等人在南、北二宫里寻找相对完整的宫殿，最后在南宫找到一处，经过一番整修，刘协搬了进去。此时的洛阳城里，除天子、百官及守卫部队外已经没有什么百姓，也找不到吃的东西，刘协不得不下令尚书郎以下的官员到洛阳郊外挖野菜充饥。

刘协也想到向周围手握重兵的实力派们求助，但让他深感失望的是，他连下好几份诏书，接到诏书的人都没有什么实际行动。吕布在徐州，说自己实力不足，来不了。袁术此时正在寿春，天子一行在曹阳被追杀的事传遍了全国，很多人都认为天子已经遇难了，消息传到袁术那里，袁术的第一个反应是机会来了，因为他一直以来就想当皇帝，后来虽然知道天子没有遇难，但袁术的皇帝瘾一旦被勾出来就再压不回去了，在这个当口就是刘协本人亲自去求他，他也不会前来迎驾。还有刘表和刘璋，他们都没有把朝廷接过去的打算，他们都以路途遥远为由，所有被刘协寄予厚望的人要么来不了，要么不愿意来。

三、漫长的幽禁岁月

正在刘协和朝廷都面临生存危机的时候，兖州牧曹操率人马来到洛阳，曹操不仅有一定实力，而且手里有大量粮食，在危难关头救了朝廷。刘协任命曹操为司隶校尉，录尚书事，主持朝廷日常事务。在曹操的提议下，建安元年（196）八月朝廷迁往许县，刘协拜曹操为司空，代理车骑将军，曹操从此总揽朝政，刘协仍然是一名傀儡皇帝，他在许县度过了二十多年的幽禁岁月。

1. "挟天子"与"奉天子"

曹操将刘协和朝廷接到自己控制的地区，一般认为，这一举措给曹操带来了很多好处，有人甚至认为，曹操后来能战胜袁绍、统一北方，也与这项举措有关。那么，最先接触天子和朝廷的袁绍是不是太缺乏智慧了呢？其实倒也不能这么看，在是否迎驾的问题上袁绍确实把机会"让"给了曹操，不过袁绍也是有自己的考虑的。当初郭图到大阳看了看就走了，回去后袁绍便召集大家讨论要不要把天子接过来，郭图倒倾向于迎驾，在他看来天子和朝廷此时已走投无路，如果得不到妥善安置就有可能落入他人之手，比如，袁术或者刘表，甚至吕布和刘备，到那时将对袁绍集团非常不利，所以郭图向袁绍报告此行情况后建议把天子和朝廷都接过来，接到袁绍的大本营邺县。袁绍手下的重要谋士沮授也建议迎接汉献帝，《后汉书》记载，沮授的建议是"挟天子而令诸侯，蓄士马以讨不庭"，也就是把天子掌握在手里，谁不服就收拾谁，那样以来谁还能打败我们？所以，非常有名的"挟天子以令诸侯"这句话其实是沮授说的，与曹操及其阵营都没有关系。沮授的建议遭到不少人反对，理由是，汉室陵迟为日已久，现在要重新振兴，当然很困难，现在各路英雄据有州郡，个个人多势众，正所谓"秦失其鹿先得者为王"，如果把天子接到身边来，以后干什么事都要先请示报告，如果听天子的话就削弱了自身权力，不听天子的话就是违命，所以迎天子实在不是什么好主意。

一般认为，上述反对迎接天子的言论看起来有些目光短浅，只看到眼前的一点，没有着眼于长远，结果让袁绍错失了一次好机会。但是，这样的观点并非全无道理，"挟天子而令诸侯"固然风光，但也会带来严重副作用，大家都看到了天子奇货可居，掌握天子就拥有了发号施令的权力，谁反对自己形同于反对朝廷。可问题在于，当今天子不是三岁孩童，很快就将成年，到那时就应该亲政而不是当摆设。天子刘协聪明英智，经历了很多坎坷曲折，得到了历练，面对凶残的董卓和强悍的"凉州军"都能无所畏惧，有勇有谋，这样的天子不是能轻易玩弄于股掌之上的。遇到事情，你向天子汇报不汇报？不汇报，说你专权；汇报了，天子一高兴，来个指示什么的，执行不执行？执行，当然是不可能的；不执行，那就会跟天子发生冲突，奸臣的罪名就背定了。如果敢加以谋害，那就更惨了，不管你以前多么英名盖世，也不管你做过多少好事，你都将登上历史的恶人榜，子子孙孙都不能翻身。所以"挟天子"看似妙手却容易下成臭棋，把天子接来之前必须做好充分思想准备，要么真心实意拥戴天子，当一名汉室忠臣，要么横下心，甘背历史的骂名，否则天子这个烫手山芋还是不碰为好。

除此之外，还有两个原因让袁绍放弃了迎天子的打算。一个是客观困难，袁绍那段时间很忙，他与曹操联手灭掉了张邈，却惹恼了张邈的好朋友臧洪，臧洪原来是袁绍的手下，被袁绍任命为东郡太守，张邈被消灭后，臧洪在东武阳起兵反对袁绍，袁绍大怒，亲自去攻，但攻了一年多没能将东武阳攻下，袁绍的北边还有强敌公孙瓒，也牵制住他，袁绍的确抽不开身；另一个原因是，袁绍对汉献帝刘协的感情并不深，在汉灵帝的两个儿子中袁绍其实是支持刘辩的，刘协是在董卓支持下登的基，为此董卓与袁绍公开决裂，袁绍后来一再质疑刘协的血统，并且谋求另立一位天子，这些都不是秘密。

曹操的手下其实也有不少人反对迎接天子，理由跟袁绍手下所担心的情况差不多，但毛玠坚持主张迎接，理由是："今天下分崩，国主迁移，生民废业，饥馑流亡，公家无经岁之储，百姓无安固之志，难以持久。今袁绍、刘表，虽士民众强，皆无经远之虑，未有树基建本者也。夫兵义者胜，守位以财，宜奉天子以令不臣，修耕植，畜军资，如此则霸王之业可成也。"对毛玠的意见，荀彧坚决支持，荀彧认为："自天子播越，将军首唱义兵，徒以山东扰乱，未能远赴关右，然犹分遣将帅，蒙险通使，虽御难于外，乃心无不在王室，是将军匡天下之素志也。今车驾旋轸，义士有存本之思，百姓感旧而增哀。诚因此时，奉主上以从民望，大顺也；秉至公以服雄杰，大略也；扶弘义以致英俊，大德也。天下虽有逆节，必不能为累，明矣。"荀彧劝曹操早下决定，"若不时定，四方生心，后虽虑之无及"。毛玠、荀彧观点相同，出发点却有所侧重，荀彧对汉室和天子的感情更深一些，是站在大义的立场上说的。曹操接受二人的看法，决定迎接天子。"挟天子而令诸侯"是沮授说的，毛玠说的是"奉天子以令不臣"，"挟天子"与"奉天子"，一字之差体现了态度和情怀，区分的是水平高低。

无论是"挟天子"还是"奉天子"，曹操控制天子和朝廷后带来的好处立竿见影，他可以用天子的名义发号施令、任命官职，谁不听从就讨伐谁，占据了道义的高地，做到了"以令不臣"。同时，还有许多人才冲着朝廷和天子而来，这些人才都成了曹操的重要财富。然而也并非没有代价，某种程度上说代价还十分沉重。之前袁绍手下反对迎接天子的那些顾虑后来都切切实实发生了，汉献帝刘协并不是一个傀儡，或者说不甘心做一名傀儡，为此有过激烈的抗争，之后陆续发生了董贵人事件、伏皇后事件，就是双方斗争激烈化和表面化的结果。虽然这些抗争是徒劳的，但这些事对曹操在人们心目中的形象产生了很大杀伤力，让曹操留给人们"奸臣""奸雄"的印象。曹操在汉献帝和天子最困难的时候出手相助，挽救了天子和朝廷，最后却落下千载骂名，这大概就是"挟天子"的负面效应吧。

2. 诛杀曹操的唯一机会

刘协成了曹操手中的傀儡，虽有天子之名，但被曹操控制在许县，形同软禁。古代也有这样的例子：弱主为权臣挟持，大权旁落，但弱主不甘心做傀儡，抓住机会将权臣一举诛杀，夺回了权力，清朝康熙皇帝"关门擒鳌拜"就是这样的例子，刘协能不能像后来的康熙一样，也来一次"擒曹操"呢？

从政治层面说，应该难以做到。康熙皇帝之所以能扳倒鳌拜，关键在于清朝的那一套政治体制还发挥着作用，康熙作为皇帝还有一定分量和号召力，只要机会把握得好，奋起一击，除掉鳌拜本人就能夺回权力。而刘协面临的情况完全不同，汉朝已经没有力量了，失去了号召力，在一片乱世之中，曹操掌权反而对刘协更为有利，如果换个人控制朝廷，刘协的日子也许会更难过。不过，单纯就"技术层面"分析，刘协倒是有机会将曹操本人除掉，虽然那样一来他同样拿不回权力，结果只能是与曹操同归于尽，但这样的机会毕竟还是有过，这样的事在东汉末年其实发生过不止一回：皇帝看起来很弱势，但也能找到对手的漏洞一举将其拿下。

对刘协来说，这样的机会至少出现过一次。建安二年（197）新年刚过，曹操决定南征张绣，人马准备好，按惯例曹操要到宫里向天子报告并辞行。曹操进了宫，还没有见到汉献帝，却发生了一件事，让曹操吃惊不小。按照礼制，曹操作为司空又代理车骑将军，朝见天子应该遵循以下礼仪：快见到天子时要脱掉鞋子，解除佩带的武器，一路小跑着去见天子，天子身边会站着一个司仪官，在一旁高喊："费亭侯、司空、行车骑将军曹操，参见皇上！"曹操听到后就要跪下来高声说："吾皇万岁，万万岁！"这一次，曹操刚把鞋子脱掉，突然过来两个持戟的武士，手里操持的铁戟不是演戏的道具，而是真家伙，二话不说，咔嚓一下把戟就架在了曹操的脖子上，曹操没有防备，当时就傻了。两位武士就这样叉着曹操往前走，曹操没有选择，只好跟着，来到汉献帝面前，曹操跪下跟汉献帝说话。说了些什么曹操一定都记不得了，那一刻曹操的脑子里估计一片空白。从汉献帝跟前出来，曹操脊背上的汗都湿透了，是紧张的。

其实，这是一套规范的宫廷礼仪，不是汉献帝的发明。在汉代，为了防止权臣篡逆，规定了许多制衡措施，比如，"五大不在边"，就是外戚、三公等五类权臣不能到外面领兵，遇到特殊情况非领兵不可，就要执行刚才那一套程序，权臣出兵前要向天子辞行，届时由武士"交戟叉颈而前"，意思是试试你心里是否有鬼，能经受考验的可以放心给兵权，有异心的就得掂量掂量。曹操大概不知道还有这一项安排，或者没有想到汉献帝会跟他来真的，所以这一惊实在非同小可。如果汉献帝向曹操下手，这就是一个绝佳的机会。何进、窦武、梁冀当年都死于意外，别看你权倾天下，一个小小的细节疏忽就能让你灰飞烟灭，所以曹操越想越后怕，"自此不复朝见"。

这个时候的刘协大概还没有那么讨厌曹操，所以没打算杀他，如果要杀曹操，这的确是一次机会，但这样的机会也只有一次，曹操有了警惕后，就不会再给你创造这样的机会了。有人说，皇宫里不都是曹操的人吗？汉献帝还是没有机会啊！这是误解，汉献帝一开始是有自己的武装的，其中最重要的一支是董承所部，如前所述，董承是"凉州军"出身，跟贾诩等人过去都在董卓的女婿牛辅手下，后来护卫汉献帝东归，因功已升为卫将军，建安四年（199）刘协趁曹操在外征战的时机突然再拜董承为车骑将军，把曹操原来代理的车骑将军一职免了。董承虽然抓不到更大的兵权，但他有胆识，一开始汉献帝身边的人也多是他的部下，如果刘协和董承在那个时候就产生杀曹操的想法，倒是可以认真规划一下的，趁曹操麻痹大意一举将其杀了并非不可能，但他们浪费了这唯一一次机会。只不过，即便把曹操杀了，刘协的处境也不会改变，更不可能就此掌握大权，而只会被曹操的儿子以及支持者们杀了，与曹操"同归于尽"。

3. 令人无奈的纠结

刘协刚到许县时只有15岁，随着年龄的增长，很快到了可以亲政的岁数，但朝政仍一直由曹操掌控，刘协仍是傀儡，曹操只想利用汉献帝和朝廷来征伐对手，没有将权力交还刘协的打算。不过，曹操一直奉汉献帝为天子，也没有产生过取而代之的念头。刘协不甘心只做一名傀儡，他的内心逐渐产生了怨愤，也有过一些反抗。

建安五年（200）刘协暗下"衣带诏"，让董贵人的父亲车骑将军董承设法诛杀曹操，董承联络了左将军刘备、长水校尉种辑、将军吴子兰、偏将军王子服等人起事，结果事情提前泄露，董承、董贵人等被诛杀。这件事对伏皇后产生了很大刺激，她写信给自己的父亲伏完，希望父亲能像董承那样设法铲除权臣，但伏完一直没敢行动。到建安十九年（214），伏皇后写的密信被曹操得到，曹操代刘协写好废黜皇后的诏书，派御史大夫郗虑、尚书令华歆一起带兵包围皇宫。伏皇后藏到宫里的一处夹墙中，仍被华歆拖出，伏皇后披头散发向刘协哭救："不能复相活邪？"刘协悲伤地说："我亦不知命在何时！"刘协回头对郗虑说："郗公,天下宁有是邪?"伏皇后被关押在宫中的暴室,后来"以幽崩",伏皇后为刘协所生的两个皇子"皆鸩杀","兄弟及宗族死者百余人,母盈等十九人徙涿郡"。

曹操对待董贵人、伏皇后的手段都十分残忍,这是曹操对待对手一贯的态度所决定的,曹操不算是心胸狭窄的人,但对那些谋反、背叛的人向来很严厉。董贵人、伏皇后要谋杀曹操,这就变成了你死我活的斗争,曹操便以霹雳手段加以还击,以警告那些也有类似想法的人,同时也警告刘协。平心而论,汉朝衰微不是曹操的责任,汉献帝成为傀儡也不全是曹操造成的,在曹操之前汉献帝就已经是傀儡了,东汉末期外戚和宦官轮番执政,政治黑暗,民不聊生,社会矛盾异常尖锐,汉朝国运日薄西山,这是历史大势。在当时的情况下,对汉献帝真正有感情的是那些长期受儒学、礼教教育和影响的人,或者本人和家族几代为汉臣的人,他们之中还要剔除袁术那样的机会主义者和袁绍那样对汉献帝抱有成见的人,从当时各阵营的情况看,曹操手下这样的人相对最多,所以汉献帝来到曹操这里情况算是好的,曹操手下还有荀彧、孔融等服膺儒教的人,他们虽然不能帮汉献帝夺回权力,至少也能与汉献帝聊聊文学和经学。

《论语》在称颂周文王的功德时说:"三分天下有其二,以服事殷,周之德其可谓至德也已矣。"意思是说周文王已经拥有了天下的三分之二,还能奉殷商为天子,周文王堪称拥有天下最大的仁德。曹操生前也基本占有了三分之二的天下,他也尊奉汉室,却招来骂名,被称为"奸雄",这在很大程度上缘于汉献帝的激烈反抗,在双方的冲突中曹操一再杀人,一再暴露出凶残的一面,从而受到后世的诟病,这是曹操的悲剧,也是汉献帝的悲剧。刘协大概直到离开皇位都没能看透这一点,他心里装的只是对曹操的仇恨。其实,如果没有曹操,刘协和他的朝廷只能自生自灭,刘协一死,有称王称帝野心的人就会纷纷跳出来,天下将陷入大分裂局面,曹操在《让县自明本志令》中说的"设使国家无有孤,不知当几人称帝，几人称王"不是自夸，而是当时的真实写照。曹操的悲剧在于，他救了汉献帝，汉献帝却要他交出权力，周文王事殷，殷商恐怕也提不出这样的要求吧？无论是谁，在曹操的位置上都不可能在权力的问题上做到让汉献帝及其支持者满意，袁绍做不到，刘表做不到，即使换上人们印象中最同情和支持汉室的刘备，恐怕也做不到。

4. 带着遗憾离开皇位

建安二十五年（220）魏王曹操去世，王太子曹丕继位，这时鼓动曹丕称帝的声音四起，大臣们纷纷上劝进表，各地不断报告发现了所谓"祥瑞"，这些事件的发生通常象征着王朝的更替。面对此情此景，刘协知道再坚持下去已毫无意义，于是在许县召集群臣公卿讨论，刘协主动提出众望已归曹魏，愿意以禅让方式把皇位转交魏王曹丕。刘协说完，群臣没有任何人反对，刘协只得下诏："朕在位三十有二载，遭天下荡覆，幸赖祖宗之灵，危而复存。然仰瞻天文，俯察民心，炎精之数既终，行运在乎曹氏。是以前王既树神武之绩，今王又光曜明德以应其期，是历数昭明，信可知矣。夫大道之行，天下为公，选贤与能，故唐尧不私于厥子，而名播于无穷。朕羡而慕焉，今其追踵尧典，禅位于魏王。"之后，刘协来到高庙，先进行祭祀，再派御史大夫张音持节，奉皇帝的玉玺前往曹丕的驻地要求禅位。

但曹丕表示推辞，认为自己是薄德之人，难以承继大位。刘协再次派人前来提出禅让请求，曹丕再次推辞。前后去了三次，被曹丕推辞了三次。曹丕这样做，主要是想看看外面如何议论以及群臣的反应，群臣这时纷纷上书，劝说曹丕接受汉献帝禅让。上了一次，被曹丕推让一次，劝进表累计递进去了十九次，被曹丕驳回了十九次，最后一向足智多谋的贾诩建议，由汉献帝下令筑一座受禅台，准备好相应典仪，到时候"逼"魏王就范，大家认为这个办法好，刘协也同意。受禅台选在离许县不远的一个名叫繁阳的小镇，延康元年（220）十月的一天，受禅仪式在受禅台举行。这一次曹丕没有再拒绝，汉献帝刘协、魏王曹丕以及文武公卿四百多人齐集繁阳镇，见证这一历史时刻的还有匈奴、单于、东夷、西戎、南蛮、北狄等各国的使节以及十多万将士。仪式上，曹丕登台拜谢汉献帝，之后接受臣民及使节的朝贺，再祭天地、五岳、四渎，改国号为魏，更年号为黄初，曹丕成为新的皇帝，延续四百多年的大汉王朝终于结束了。

黄初元年（220）十一月，曹丕下诏分河内郡山阳县一万户作为食邑给刘协，封他为山阳公，刘协的四个儿子被封为列侯，汉室所有诸侯王一律降为曹魏的崇德侯，刘氏宗室原被封为列侯的一律降为关中侯。曹丕规定，山阳公刘协在封地内可使用汉朝正朔，也就是不必采用黄初的年号以及相应历法，所以"建安"作为年号并没有完全消失，刘协在山阳国又用了十四年。除此之外，山阳公刘协还享受其他特权，比如，上书言事可以不称"臣"，可以在封地内用天子的礼仪郊祭天地，京城举行重大祭祀仪式时可以分到祭肉。刘协死于曹魏青龙二年（234），时年54岁，去世后仍以汉朝天子的礼仪安葬，陵墓称禅陵，位于今河南省修武县七贤镇古汉村。东汉皇帝的陵墓都集中在洛阳附近，只有刘协的陵墓孤零零地坐落于河南省的北部。

孙权：

一生都冲不破那道铁幕

孙权履历表

姓名	孙权
谥号	大皇帝
家庭出身	汉乌程侯、长沙郡太守孙坚的儿子,汉讨逆将军孙策的弟弟。
生卒年	182—252
生平履历	建安元年(196),任阳羡县长。
	建安五年(200),兄孙策遇刺身亡,继承权力,被东汉朝廷任命为讨虏将军兼会稽郡太守。
	建安八年(203)至建安十三年(208),三次进攻江夏郡,最终消灭江夏郡太守黄祖。
	建安十三年(208),联合刘备在赤壁之战中打败曹操。
	建安十五年(210),遣步骘南征交州。
	建安十六年(211),将治所迁至秣陵,改名建业。
	建安二十四年(219),袭取刘备所占领的荆州。
	延康二年(221),被魏文帝曹丕册封为吴王。
	黄龙元年(229),在武昌登基为帝,建国号吴。
	赤乌十三年(250),废太子孙和,改立孙亮为太子。
	神凤元年(252),驾崩于建业。

孙权的一生可谓轰轰烈烈，18岁就接手父兄遗留的事业，在艰难困苦中干得风生水起，最终建立了孙吴政权，与曹魏和蜀汉鼎立三分。孙权有着过人的才能和气魄，周瑜称赞他"神武雄才"，鲁肃称赞他"神武命世"，陆逊称赞他有"神武之姿"，如果这些都是臣下们的赞美而有过誉之嫌的话，曹操一句"生子当如孙仲谋"，成为对孙权的最高褒扬。孙权很会带队伍，善于识人，对部下很爱护，能以情动人，将领们都对他忠心耿耿。孙权于71岁时去世，长达五十多年执掌汉末三国的江东集团，他的一生活跃在此间各个时期。

相对而言，孙权更值得书写的是三国后期，不仅因为曹操、刘备甚至曹丕、诸葛亮这些人物已纷纷逝去，孙权时代主角的地位更加突出，而且因为越到后期孙权面临着越复杂的局面，孙吴特殊的政治和军事体制，让孙权与江东大族之间的关系变得复杂微妙，孙权晚年一系列看似匪夷所思的举动，背后都有一条斗争的主线，而孙权面前的那些无形对手，成为他始终冲不破的铁幕。

一、不平坦的路

孙权字仲谋，汉末扬州刺史部吴郡富春县（今浙江省杭州市富阳区）人，是孙坚的儿子、孙策的弟弟。15岁前孙权一直在母亲吴夫人身边，主要任务是读书，先后辗转过很多地方。15岁时，正在开拓江东的哥哥孙策任命孙权担任阳羡县长。18岁时，孙策死于刺客之手，毫无心理准备的孙权仓促接下了哥哥交给自己的重担。

1. 个人军事能力有限

孙权担任县长的阳羡县即今江苏省宜兴市，当时归吴郡管辖，是孙策的势力范围。孙权在阳羡的时间不长，在此期间，孙权觉得钱不够用，就去与负责本郡财务工作的功曹周谷私下商量，孙策对财务工作一向管理很严,"辄为傅著簿书,使无谴问"。孙权年轻时是个花钱很大方的人,这大概与他喜欢结交朋友有关。在当县长之前孙权就经常感到钱不够花,那时候吕范替孙策管理财务,孙权偷偷跑去找吕范要钱,《三国志》记载吕范与周谷不同,每次都向孙策报告。孙权开始挺喜欢周谷,不喜欢吕范,到后来掌了权,才意识到吕范的忠诚,"厚见信任,以谷能欺更簿书,不用也"。

随着开拓江东步伐的加快,孙策任命孙权为奉义都尉,让他领兵随自己征战。孙权担任奉义都尉后打的第一仗是随孙策征讨祖郎和太史慈。《三国志》记载,孙策当时让孙权驻军于宣城,孙策手下有个别部司马名叫周泰,"服事恭敬,数战有功",孙权很喜欢他,就向孙策提出把周泰调到他的手下。孙权在宣城,手下不到一千人,由于警惕性不够,结果遭到山贼袭击,敌人多达数千人。孙权赶紧上马,这时"贼锋刃已交于左右",孙权的马鞍都被砍中,大家一片惊恐。周泰仍十分镇定,拼命来到孙权周围以身相护。周泰胆气过人,左右被他的英勇感染,并力奋战,把敌人打退。此战中周泰"身被十二创",抢救半天才苏醒过来,"是日无泰,权几危殆"。

孙权与曹操的部属陈登也打过仗,陈登志向很大,"甚得江、淮间欢心,于是有吞灭江南之志",成为孙策拓展事业的绊脚石。《先贤行状》记载,孙策命令孙权率一支人马进攻陈登控制下的匡琦,孙权当时手下的人马不少,是匡琦城内守军的十倍,城里的人感到很害怕,想弃城而走,陈登厉声喝阻,下令闭城自守,示弱不战。陈登悄悄到城上观察形势,找出孙权人马的漏洞,命将士做好准备,趁夜打开南门,直扑孙权的军营。孙权毫无防备,人数虽占优,但一下子乱了起来,陈登手执军鼓为将士鼓劲,孙权被打得大败,陈登又乘胜追奔,孙权所部损失惨重。出师不利,孙权不甘心,整顿人马再战,陈登不敌,一面派人向曹操求救,一面悄悄在城外十里的地方另立军营,命令大家多准备柴薪,十步一堆,纵横成行,下令夜里同时起火,然后陈登命人在城上称庆,好像援军到了。孙吴这边望火而惊,陈登指挥人马杀出来,孙权再次大败。《先贤行状》记载,上面两场战斗中,第一战孙权带来的人马被斩杀和俘虏一万多人,第二战又被斩首万人,这些数字虽然有些夸张,但孙权在优势兵力情况下连打败仗是确定的,显示出孙权个人的军事能力较为一般。

2. 不是理想的接班人

建安五年(200)孙策被许贡的门客刺伤,伤势严重,孙策自觉来日无多,不得不考虑后事。孙策有一个儿子叫孙绍,出生时间不详,但孙策此时仅26岁,想必孙绍还年幼,孙吴正在创业阶段,不能让一个小孩子接班,所以孙策没把自己的儿子放在接班人的考虑范围内。孙策有四个弟弟,除二弟孙权外还有孙翊、孙匡、孙朗,此时孙权18岁,孙匡、孙朗年龄尚小,但孙翊已经16岁了,也有资格接班。《典略》记载,孙翊"性似策",张昭等人甚至认为孙策"当以兵属之"。

然而,孙策临终前却把孙权叫到病床前,让孙权接班。《三国志》记载,孙策指着孙权对张昭、程普等人说:"中国方乱,夫以吴、越之众,三江之固,足以观成败,公等善相吾弟!"《吴历》记载,孙策还对张昭说:"若仲谋不任事者,君便自取之。正复不克捷,缓步西归,亦无所虑。"这大概是孙吴版的"白帝城托孤",比刘备托孤早了二十三年。孙策让人取来自己的印绶亲手交给孙权,对孙权说:"举江东之众,决机于两陈之间,与天下争衡,卿不如我;举贤任能,各尽其心,以保江东,我不如卿!"看到孙策指定的接班人不是孙翊而是孙权,张昭等人都感到有些吃惊。

孙策为什么改变主意了呢?原因恰恰在于孙翊"性似策",许贡评价说"孙策骁雄,与项籍相似",郭嘉一针见血地指出孙策"轻而无备,虽有百万之众,无异于独行中原也",这种"轻佻果躁""轻而无谋"的特点是孙策的软肋。孙策杀伐果绝,顺我者昌、逆我者亡,几年间横扫江东没有对手，但由于杀伐过盛，在江东也树敌过多，此次遇刺正是当年种下的苦果。受伤后的孙策一定进行过深刻反思，对自己之前的不足有了清醒认识，孙翊的性格太像自己，孙策不愿意让自己的悲剧在三弟孙翊身上重演。

相比而言，孙权的战绩虽然不突出，带兵后连打败仗，但孙权的优点是"性度弘朗，仁而多断"，能"亲贤贵士""善于任使"，如果他接班，更能以相对柔性的姿态协调江东内部，弥补之前的裂痕。孙策临终前说给孙权的那番话，体现的正是孙策对自己的反思，也有对孙权的期待，孙策希望，同时也相信孙权能做得比自己更好。孙策的这个选择是正确的，孙翊为人严厉暴躁，喜怒快意全写在脸上，后来果然由于处事不慎而死于手下人发动的叛乱，如果孙策当初让孙翊接班，孙坚、孙策的悲剧势必还会继续。

3. 面对威胁与恐吓

孙权接班时内外部都面临着严重挑战，曹操听说孙策死了，"欲因丧伐吴"，曹操就此征询张纮的意见，张纮劝曹操不要这么做，理由是"乘人之丧，既非古义，若其不克，成仇弃好"。张纮劝曹操不如厚待孙氏，曹操听从了张纮的意见，以天子名义任命孙权为讨虏将军兼会稽郡太守。曹操当时正准备与袁绍决战，当然无力进兵江东，他说给张纮的话其实是虚张声势，张纮来自广陵郡，与孙策关系深厚，后来又回到孙权身边，与张昭合称"二张"，曹操是想让张纮带话给孙权，让他小心些，不要与自己为敌。在朝廷颁给孙权的诏令里，曹操还特别强调孙权平时须驻扎在吴县，这也是提醒江东的新主人必须守规矩，没有命令不得随意到外面发展。

曹操在官渡之战中打败袁绍后，势力跃升至天下第一，对孙吴更强硬了。曹操向孙权提出，要他送质子到许县，也就是送儿子去当人质，孙权那时还没有儿子，曹操表示可以把兄弟送到许县。一旦送质子入朝，今后在战略决策上就受到了限制，遇到事情即使可以不管质子死活，但因此引起质子丧命也会让你背上不仁不义的名声，之后的马超就面临了这样的情况。质子不能送，然而孙吴的实力这时还不能与曹操抗衡，不送质子难过曹操这一关。孙权召集大家讨论，结果意见一边倒，除周瑜等少数人外，大部分人都主张送质子。

孙权虽然年轻，但他不甘心从此做曹操的一枚棋子，他不想送，但又怕因此引起内部分裂，于是想了个办法，孙权带着周瑜去见自己的母亲吴夫人，吴夫人是孙坚的妻子，在孙吴有着崇高威望，周瑜说服了吴夫人，最后由吴夫人拍板决定不送，这样大家也没有什么话可说，后来曹操还要忙北方的事，尚无力问罪孙权，这件事也就不了了之了。如果当时孙权顶不住压力，真的向曹操屈服了，那么孙吴就会陷入很大的战略被动。

4. 来自家族内部的挑战

相对于外部形势，江东内部的情况更严峻。除了有三个弟弟，孙权所在的孙氏家族还有很多其他成员，人数最多的是孙静一支。孙静是孙权的父亲孙坚最小的弟弟，孙坚起事时，孙静也集合乡里、宗族数百人参加，追随孙坚征战。孙策与朝廷建立联系后，表拜孙静为奋武校尉，打算授他以重任，但孙静却做出了一个让人觉得有点意外的选择，他想回家养老。《三国志》说孙静很恋家，"不乐出仕"，孙策也不勉强，同意了叔父的请求，孙权掌权后，以昭义中郎将的头衔让孙静继续在家乡养老，孙静后来老死于家中。孙静虽然淡泊权力，但他的长子孙暠却完全相反。《吴书》记载，孙暠担任定武中郎将，孙策死时屯扎在孙坚的封地乌程，他听说接班人是孙权，有点不服气，打算拥兵自立，已经下达了命令，"整帅吏士，欲取会稽"。《会稽典录》记载，前会稽郡功曹虞翻此时任富春县长，听说孙暠的举动后很着急，跑去劝说孙暠，一番形势分析后，虞翻让孙暠明白自己还真没有多大把握，于是退回。这是孙权掌权后发生的一次未遂叛乱，孙暠敢叫板孙权，可能看到孙权没有根基，而自己尚有一定实力，而且自家兄弟又多，这才想乱中取胜。这件事情发生后，史书上对孙暠的事情再无记载，想必孙权后来对他采取了措施，剥夺了他的兵权。不过，也许看在叔父的面子上，孙权对孙暠也没有深究，孙暠有两个孙子，一个叫孙綝，一个叫孙峻，是孙吴后期的两位权臣。

在孙氏家族中，影响力比较大的还有孙贲。孙贲是孙坚同母兄长之子，跟孙权是堂兄弟关系。孙贲有个弟弟叫孙辅，论才干和影响力比哥哥还突出。孙辅以扬武校尉的身份追随孙策征战，在平定丹阳之战、皖城之战以及讨伐袁术等战斗中立下战功，《三国志》说他经常身先士卒，很能打。孙策占有豫章郡后，看到这个郡太大，便从中分出一个庐陵郡，大体位置在今江西省南部，孙辅担任了第一任庐陵郡太守，《三国志》说孙辅在庐陵郡干得挺出色，不久"迁平南将军，假节领交州刺史"，初看这个记载感觉是写错了，因为平南将军地位很高，平东将军、平南将军、平西将军、平北将军是所谓"四平将军"，高于普通的杂号将军，如果杂号将军是军长，平南将军就是大军区的司令。孙权现在只不过是个讨虏将军，也就是所谓杂号将军，相当于军长，而他手下的孙辅却已经是平南将军了，这是不可能的。况且，孙辅还兼任交州刺史，还假节，更不可能。

然而，孙辅有这样的头衔并不奇怪。推测起来，孙辅的年龄比孙策大，比孙权更大得多。孙辅从小跟着哥哥孙贲作战，在孙策开拓江东过程中孙辅和孙贲都坚定地支持孙策。孙辅的心思跟孙暠差不多，那就是对孙权有点儿不服气。孙辅决定与孙权分庭抗礼，为了增加成功把握，他要拉个外援来做后盾，这个外援居然是曹操。《魏略》记载，孙辅趁孙权在东面用兵之际，偷偷给曹操写了封信，这封信的内容不详，只说他"赍书呼曹公"，意思是向曹操请求援兵，一旦自己跟孙权翻脸，让曹操站在自己一边。孙辅认为曹操一定会答应，因为对曹操来说这是一个千载难逢的好机会，可以分化瓦解孙氏集团。但曹操最终却没能看到这封信，原因是"行人以告，权乃还"。"行人"不是行路之人，也不是随便一个什么人，而是使者的别称。孙辅派去给曹操送信的人反水，把信交给了孙权，孙权赶紧从前线回来。孙权与张昭商议对策，布局停当后，先佯装不知，把孙辅召来，跟张昭一块儿见孙辅。兄弟俩说了些无关紧要的话，谈论间，孙权突然发问："兄厌乐邪，何为呼他人？"孙辅知道事情败露，无言以对。为了维护孙氏集团的团结，孙权没有处死孙辅，但把他身边的幕僚亲信全部杀了，把孙辅所部重新整编，分散到其他队伍中，之后将孙辅软禁起来。

从上面的记载看，曹操似乎没有看到孙辅的信，对整个事件毫不知情。其实也未必，孙辅暗中勾结曹操是件大事，不会只写过一封信，暗中或许进行过多次沟通，孙辅突然得到了平南将军、交州刺史的高位，也许是曹操拉拢孙辅的手段，或者是交易的条件。表奏和遥拜泛滥后，大家可以替朝廷随意任命官职，不过一般来说所任命的官职不能超过你的本职，你是个郡太守，就不适合再任命别人当刺史；你只是个县长，也不大可能表奏别人当郡太守，那只会引起世人的嘲笑；孙权的军职是杂号将军，行政职务是郡太守，他不会，也没有必要表奏孙辅为平南将军、交州刺史，所以孙辅的职务只能是曹操授予的。还有一个依据是，孙辅不仅得到了头衔，还得到了一项特权，就是假节。节是皇帝的信物，假节就是皇帝的特别授权，拥有此节就相当于天子本人亲临，根据持节、假节等不同等级，其授权的具体内容也有不同，获得此授权的不仅是重臣，往往还要执行某种重要使命，孙权不可能让孙辅假节，因为职务或许可以空口一说，而节则是个实实在在的东西，孙权是拿不出来的。孙辅谋叛的整个事件背后都有曹操的影子，孙辅没有成功，缘于他的实力不够，同时他所在的庐陵郡位置偏南，要到达长江以北的曹操势力范围必须经过孙权控制的豫章郡。

从孙暠再到孙辅，孙权刚刚掌权就一再遇到来自家族内部的挑战，不过这些都被他依靠智谋和霹雳手段一一化解了，显示出与他年龄不相符的沉着和老练。孙权能处理好这些危机，也有赖于张昭、周瑜、程普等人的坚定支持，张昭虽然一开始并不看好孙权，但孙策临终相托，让张昭迅速调整了方向，对孙权全力辅佐。经过这几次危机，孙权的威望迅速提升，到孙辅事件为止，本集团内部已经没有人再敢向孙权叫板了。

二、开创孙吴基业

在汉末群雄争霸战中孙吴属于后来者，在袁绍、袁术、曹操、刘表、公孙瓒等人已经羽翼丰满的时候，孙氏还长期屈居于袁术之下，但孙吴后来发展的速度很快，孙策用几年时间就平定了江东，孙权接手后进一步扩大了势力范围，之后又三征黄祖，向西不断拓展地盘。建安十三年（208）孙权消灭了江夏郡太守黄祖，占领了荆州刺史部东部的一些地区，由于势头过猛，引起了曹操的不安，曹操担心孙权趁势占据整个荆州。这时曹操北征乌桓刚刚回师，在没有做好充足准备的情况下，曹操仍然率大军南下荆州，对孙权来说这是一个重大挑战，同时也是一次机遇，而孙权把握住了这个机遇。

1. 不愿意屈居人下

官渡之战后曹操仍将战略重心放在北方，先是消灭袁绍集团的残余力量，之后又远征乌桓，这给荆州的刘表以喘息之机，给孙权的则是快速发展的宝贵时间，孙权抓住这个战略机遇，迅速向西、向北扩张实力，于建安十三年（208）消灭了荆州东部江夏郡的黄祖，将势力推进到柴桑即今江西省九江市一带。这时曹操北征乌桓回来了，吃惊地发现孙权的势力扩张得太快了，本来曹操应好好休整一下再发动下一场大战，但曹操不敢等了，于当年就率兵南下荆州。曹操的想法是要跟孙权抢时间，害怕再晚孙权就把荆州全部夺去了，这一仗对曹操来说确实有些太仓促了，曹操后来赤壁兵败，与准备工作不足有很大关系。

曹操率大军南下，荆州牧刘表忧惧而死，刘表的儿子刘琮投降，曹操占有了荆州。《江表传》记载，曹操写信给孙权，信中写道："近者奉辞伐罪，旄麾南指，刘琮束手。今治水军八十万众，方与将军会猎于吴。"会猎不是打猎，而是"找地方练练"的意思，这封信可以理解为挑战书。对孙权来说，要么与当时也在荆州的刘备结盟共同对付曹操，要么投降，何去何从，事关重大。孙权为此在柴桑召开紧急会议研究对策，让孙权再一次感到意外的是，大家在会上的意见又呈一边倒——投降。张昭最积极，他提出："曹公，豺虎也，然托名汉相，挟天子以征四方，动以朝廷为辞；今日拒之，事更不顺。且将军大势可以拒操者，长江也；今操得荆州，奄有其地，刘表治水军，蒙冲斗舰乃以千数，操悉浮以沿江，兼有步兵，水陆俱下，此为长江之险已与我共之矣，而势力众寡又不可论。愚谓大计不如迎之。"张昭话一说完，不少人随之附和，都主张投降。

倒不是张昭对孙权不忠诚，而是大家觉得投降也没什么了不起，日子仍然照过，甚至官也仍然照当。一个单位、一家企业如果没搞好，面临破产的危险，对员工来说这其实真的无所谓，甚至还会盼着赶紧破产，如果有人接手，破产重组，让企业继续发展下去，当然比苦熬着强了，从管理层到一般员工在这个问题上的看法是一致的，张昭等人就是这样的想法。但是，作为企业的股东和所有人，是不愿意被兼并的，被兼并以后别人照样打工领薪水，而原来的老板就得走人。群雄争霸中的竞争激烈且残酷，对那些手握兵权的人来说，看着虽然风光，但风险也极大，一旦臣服于外人，走人算是最好的结局了，没准还有更大的灾难在后面等着，这点孙权肯定看得很明白。孙权不是一个肯屈居人之下的人，当初让他送质子都不愿意，投降就更不肯了。

孙权没有吱声，也没有立即发作，会议中途离席"更衣"，鲁肃见状紧跟了出来，刚才张昭说那番话的时候只有鲁肃没有应和。孙权紧紧握住了鲁肃的手："卿欲何言？"鲁肃说："向察众人之议，专欲误将军，不足与图大事。今肃可迎操耳，如将军，不可也。何以言之？今肃迎操，操当以肃还付乡党，品其名位，犹不失下曹从事，乘犊车，从吏卒，交游士林，累官故不失州郡也。将军迎操，欲安所归？愿早定大计，莫用众人之议也。"鲁肃的意思很明白：我鲁肃要是投降曹操，曹操一定会给我官做，我继续吃香的、喝辣的，最少也得弄个郡太守、州刺史当当，但将军您投降曹操，曹操会怎么对您？所以得早定大计，而不要听大家在那里瞎议论。

鲁肃的这番话都说到了孙权的心坎里，孙权叹息道："此诸人持议，甚失孤望；今卿廓开大计，正与孤同，此天以卿赐我也。"孙权此时与刘表的儿子刘琮面临了同样的处境，面对强敌是降是战都不好决策，刘琮手下的一帮人坚决主张投降，结果他们都捞到了好处，被曹操封了侯爵的就有十多个，至少任命了三位朝廷九卿，其他人也是该提拔的提拔，该加薪水的加薪水，但刘琮就不一样了，曹操不得不提防他，即使刘琮自己不多事，也难保有人不把他抬出来当大旗，所以曹操只随便给了刘琮一个虚衔，把刘琮弄到了别处，其实是软禁终生，稍有风吹草动脑袋随时得搬家。

鲁肃还建议立即召回周瑜就如何用兵进行商议，孙权于是将正在鄱阳湖训练水军的周瑜召到柴桑，周瑜也主张迎战，他对敌我形势进行了详细分析，坚定了孙权抗曹的决心。之后，孙权再次召集会议，不再征求大家的意见，而是直接宣布自己抗击曹操的决定，为表达决心，也为防止有人再反对，孙权拔出佩刀砍向桌案，大声宣布："诸将吏敢复有言当迎操者，与此案同！"孙权任命周瑜为左都督，相当于前敌总指挥，全面负责迎战曹操之事。周瑜提出需要五万人马，孙权先给了三万，表示随后将再集结人马、准备物资，陆续发往前线。送行时，孙权还说了一句话让周瑜很感动："卿能办之者诚决，邂逅不如意，便还就孤，孤当与孟德决之！"君王送主帅出征，一般会说我就这点家当，全交给你了，你可得努力杀敌呀，打了败仗提头来见，孙权没有说这些，他信任周瑜，也想尽量为周瑜减轻压力。

2. 赤壁之战赢在"时间差"

孙权决心与曹操一战，但客观地说这个决定有点儿赌的意思，因为从当时实力对比来看孙权胜算确实不大，曹操能投入荆州战场的兵力接近二十万，而孙权这边连五万都凑不齐，相差太悬殊。但这一仗让孙权打赢了，建安十三年（208）年底，孙权联合刘备在赤壁将曹操打败，不仅扭转了荆州战局，而且成为天下形势走向的分水岭，曹魏之前一路势如破竹的局面被打破，天下形势向三足鼎立格局发展。

赤壁之战孙刘联军为什么能取胜？从不同的角度可以分析出不同的答案，喜欢诸葛亮的人会说这是因为"借东风""草船借箭"，喜欢庞统的人会说因为曹操中了"连环计"，喜欢周瑜的人会说周瑜会用计，"周瑜打黄盖""蒋干盗书"，但是站在严肃的历史角度却不能这样回答，因为上面说的这些故事在史书中通通都没有记载，它们是文艺作品虚构出来的，而即使有这样的事情存在，它们也不足以左右如此重要的一场战役的胜负。那么真正的原因是什么呢？当然，作为联军总指挥的周瑜指挥得好，孙刘联军打得好，还有曹军不习水战等，这些都是原因，不过最根本的原因，恐怕是曹操由于大意而造成的用兵失误。

曹操南下荆州后，本来想打一场比北征乌桓还艰苦的战役，但没想到开局出人意料地顺利，刘表的儿子刘琮主动投降，曹操不费力气就占领了襄阳、江陵等荆州要地，只剩下夏口即今湖北省武汉市一带被刘备、刘琦占领着，曹操这时应冷静下来，把自己的人马部署到位，然后再发动夏口之战，但曹操有点儿着急，几乎没做任何休整，于当年冬天就部署了这场战役。按照曹操的部署，曹军分两路进攻夏口，一路沿长江由江陵也就是今湖北省荆州市东进，一路沿汉水由襄阳南下，前一路人马不多，只有5万—7万人，由曹操亲自率领；后一路人马较多，约十万上下。两路人马从不同方向奔夏口而来，周瑜的巧妙在于，他率孙刘联军越过夏口主动西进，在长江上迎击曹操，这样就打了一个"时间差"，让汉水的那一路曹军发挥不上用场。如果双方兵力全部集结就位，这一仗就是三万对十五万，现在变成了三万对五万，再加上刘备、刘琦的力量，孙刘联军的实力与曹操亲自率领的这一路其实不差上下了，而孙刘联军抢先到达预定战场，又有以逸待劳的优势，所以取胜就是必然的了。所以，不能简单地说赤壁之战是以弱胜强的一仗，如果从整体形势上看，在整个荆州战场上曹军确实远远强于孙刘联军，但在赤壁这个具体战场上孙刘联军并不弱，曹军也并不强，孙刘联军的打法符合集中优势兵力歼敌的原则，而曹操之败，败在了轻敌急进和错误的军事部署上。

3. "生子当如孙仲谋"

孙刘联军在赤壁将曹操打败，曹操退回北方，仅保留了荆州北部的一些地方，荆州大部被孙权、刘备分别占有。这时袁绍、袁术、公孙瓒、吕布、刘表等人已先后退出历史的舞台，天下的焦点集中在曹操、孙权、刘备的身上，形势逐渐向三分鼎立态势发展。具体到战场形势，赤壁之战后孙权由对曹操的守势转为互攻，双方你来我往，频频交手，曹操虽然仍占有优势，但孙权毫不畏缩，多次主动发起进攻，曹操在荆州的势力范围始终局限于荆州北部的南阳、襄阳和樊城一带。

建安十七年（212）曹操给孙权写了一封信，这封信由"建安七子"之一的阮瑀代笔，保存在《文选》中。信的开头先叙旧，曹操说自己"无一日而忘前好，亦犹姻媾之义"，表明自己是重情重义之人。接着，曹操为自己的赤壁之败辩护，说"昔赤壁之役，遭离疫气，烧舡自还，以避恶地，非周瑜水军所能抑挫也"。曹操向孙权表示他无意夺取荆州，愿意把那里让给孙权，表面上看曹操挺大方，但现在占有荆州最多的是刘备，曹操这么说等于是让孙权打刘备。当然这些话都是虚的，曹操紧接着话题一转，不加掩饰地表明自己现在实力很强大，孙权割江表于一域，势力无法远伸，长江虽险，也挡不住王师，从历史经验看，像江东这样以一地对抗王师的都没有好下场，前面的刘安、隗嚣、彭宠等人都是例证。曹操给孙权指出了两条路："内取子布，外击刘备，以效赤心，用复前好，则江表之任，长以相付，高位重爵，坦然可观……若怜子布，愿言俱存，亦能倾心去恨，顺君之情，更与从事，取其后善，但禽刘备，亦足为效。"曹操恨刘备可以理解，但也深恨张昭就不好理解了，也许曹操知道张昭在江东德高望重，是孙权手下最重要的人物，所以才那么说，总之一句话，要打你是打不过的，要投降，你得拿出点儿实际行动来。孙权根本不吃曹操的恐吓，赤壁之战前形势更险恶，孙权尚能奋力一搏，现在江东地广兵众，士气正足，怎能听由曹操摆布？

孙权置之不理，曹操决定出兵。建安十七年（212）十月，曹操率人马从合肥方向打到了长江边上，"号步骑四十万，临江饮马"，对孙吴来说这一仗的重要性不亚于赤壁之战，所以孙权亲自率兵迎战。到达战场后孙权发现形势确实严峻，为鼓舞士气，孙权决定马上发起一次攻击，打曹军一个措手不及。孙权让折冲将军甘宁挑选了一百多名敢死之士，孙权亲自接见他们，赐给他们米酒，为他们壮行，之后这些勇士杀往敌营，曹军大乱，损失了不少人马，这一战挫了曹军的锐气，曹操想一鼓作气打败孙权变得不现实。《吴历》记载，有一次孙权亲自挑战，乘轻舟前往曹军营寨，曹军发现了，要发起攻击，曹操认为这是孙权前来观阵，后面没准有阴谋，曹操下令整肃军容，严阵以待，弓弩不得妄发，孙权又向前行进了数里才回去，在船上吹吹打打，故意气曹军。《魏略》记载，还有一次孙权又来挑战，这次乘的是大船，曹操下令射箭，弓弩乱发，箭支射到船身上，射中得太多把船都压偏了，孙权下令掉转船头，让另一面受箭，等船只保持平衡后才下令回去，人们所熟知的诸葛亮"草船借箭"的故事历史上并未发生过，说起历史上真实的"草船借箭"，孙权的这一次在情节上最为接近。

曹操的人马虽然占优势，但战场态势始终处于被动，曹操在长江上看到孙吴舟船整齐，军伍整肃，不禁感叹："生子当如孙仲谋，刘景升儿子豚犬耳！"曹操比孙权大二十七岁，与孙权的父亲孙坚同岁，曹操喜欢孙权是发自肺腑的，有志气、有本事的人才能换来对手的尊重。这时孙权给曹操写来一封信，信中说："春水方生，公宜速去。"在这封信里孙权还另外夹了一张字条，上面写了八个字："足下不死，孤不得安。"曹操看完孙权的信，对将领们说："孙权不欺孤！"于是，曹操下令撤退。经过赤壁之战和此次濡须口之战，孙权已能与曹操直接过招且不吃亏，显示出孙权的胆略、能力已经十分成熟。

4. 袭杀关羽夺荆州

建安二十四年（219）下半年，奉刘备之命镇守荆州的关羽突然率兵北伐，打了曹魏一个措手不及，曹操很被动，一度想迁都以避锋芒。经过一段时间的慌乱后，曹操总算稳住了形势，首批由徐晃率领的援军赶到了襄阳前线，双方陷入胶着状态。徐晃虽然打退了关羽的进攻，但关羽的实力仍然很强大，尤其关羽的水军力量仍然完整，曹军在这方面不占优势。关羽的水军控制着汉水，曹军被分割在汉水两岸的襄阳、樊城，互相不通，曹操调集的各路大军还在路上。

正在曹操焦急万分的时候，突然接到孙权派人送来的一封信。在信中，孙权通报曹操自己将讨伐关羽，但同时请求曹操不要泄露这个机密，"及乞不漏，令羽有备"。曹操征询众人意见，大家都觉得孙权如果从关羽的背后动手是一件大好事，为保证孙权顺利得手，应该替孙权保密，只有董昭看法不同，他认为用兵在于谋变，以追求最大利益为目标，可以许诺孙权替他保密，但不妨把这个情报透露出去，有意让关羽知道，关羽如果退兵自卫，樊城之围顿解，之后让孙权、关羽二贼相斗，可收渔利。曹操认为董昭的分析有道理，命令徐晃把孙权的信抄了若干份，故意射落到关羽营里，同时也射到樊城内。樊城的守军看到后士气顿增百倍，而关羽看到信后犹豫不决，想相信，又怕是曹操的挑拨离间之计；

不相信，又怕是真的。

正在关羽迟疑之际，在这一年的十月底至十一月初间，奉孙权之命，吕蒙悄悄抵达柴桑以西的寻阳，在此组织精兵和船只，把士兵藏在船舱里，让老百姓划船，外面的人扮作商人，昼夜不停逆流而上。长江沿岸有关羽布置的不少屯候，也就是哨兵，吕蒙把他们全都抓起来，所以关羽不知道背后发生的情况。《三国志》记载："蒙至寻阳，尽伏其精兵舳舻中，使白衣摇橹，作商贾人服，昼夜兼行，至羽所置江边屯候，尽收缚之，是故羽不闻知。"此处的"白衣"并非白色的衣服，虽然古人与今人生活习俗不太一样，但白色的衣服通常都较少穿着，尤其在作战时，因为它比较醒目，又不耐脏，更何况那时是寒冬天气，穿白颜色的衣服不符合季节特点。"白衣"是什么呢？这里的"白衣"指的是普通百姓的衣服，既不是官服，也不是军装，古人习惯以"白衣""白身"指代无功名、无官位的老百姓，在这里就是"商贾人服"，当时吴蜀之间表面上还是同盟关系，双方有正常往来，长江一线保持着通商，商人划船在江上行走并不容易引起怀疑。一些小说、影视等文艺作品对此的理解似乎有点儿问题，认为"白衣"就是白色的衣服，这是没有弄清它的真实含义。

接下来，吴军秘密进入南郡境内，而蜀军还毫无察觉。关羽留在后方负责军政事务的是南郡太守糜芳和将军傅士仁，关羽向来心高气傲，一直瞧不起这两个人。此次出兵，糜芳、傅士仁负责后勤保障，中间难免有供应不及时的地方，关羽很生气，威胁说回去后要收拾他们。吕蒙了解到其中的情况，到达公安后没有马上攻城，而是派"三国第一口才"虞翻前去劝说傅士仁投降。虞翻曾说服王朗和华歆投降，这一次傅士仁也被他说降了。虞翻建议把傅士仁一块儿带往江陵，南郡太守糜芳看到傅士仁投降了，于是也开城出降，吕蒙率领的吴军不费劲就得到了南郡，关羽瞬间崩溃。

孙权作为刘备的盟友，为什么突然在背后下手袭杀关羽呢？这是因为,对孙权来说关羽的北伐让他既面临着挑战,也面临着机遇。挑战是,关羽势头很猛,照这样发展下去,曹操在荆州的势力将被关羽全部驱逐,关羽腾出手来就会对付孙吴,当年湘水分界中关羽吃过哑巴亏,以关羽的性格肯定会回头算账;机遇是,关羽北伐曹魏,其实是在以小博大,是一种"野蛮打法",不按常理出牌,表面上看关羽势如破竹,但基础不牢,最大的问题是战线拉得太长而人马有限,双方陷入胶着后,关羽就已经露出了破绽,如果这个时候在关羽的后方搞点儿事,关羽就会首尾难顾。孙权经过慎重思考,决定"抓住机遇,迎接挑战",孙权实在不想浪费这个大好的机会。孙权一定分析了利弊,发现如果不干损失很大,而干成功的可能也很大。孙权这时如果不动手的话,那边打成什么样结果其实都是一样的:如果关羽得手,曹魏被迫后退,关羽在荆州的势力更大;如果关羽失败,曹魏将乘胜重占荆州,荆州与孙吴无缘。如果后一种情况出现,孙权更无法接受,因为家门口走了一只狼,又来了一只虎,曹操如果将荆州占领,对孙权而言形势将更糟糕。

孙权决定提前动手去填补关羽失败后荆州出现的权力空白,而从战场形势看,孙权也一定能看出关羽虽然势头很猛,但综合实力远不如曹魏,魏军一旦安定下来,又过了汉水的汛期,关羽败退是迟早的事。经过形势推演,孙权肯定会意识到关羽欲败未败之时正是自己千载难逢的进兵机会,太早不行,太晚也不行,必须看准时机果断出击。孙权让陆逊在前台、吕蒙在后台,二人联合指挥,先麻痹关羽,让关羽不再担心后方的安全,把留守在后方的部队大部分抽调到前线去,之后神不知、鬼不觉,通过"白衣渡江"把吴军的大队人马运到了关羽的后方,关羽留守在后方的主要将领这才不战而降。

刘备留关羽守荆州,其实并不是一个最合适人选。关羽性格刚烈,他不擅长处理敏感和复杂的事务,关羽打仗是一把好手,但他既缺乏政治眼光,也没有政治手腕,关羽镇守荆州期间跟孙权的关系就处理得很不好,孙权一再跟关羽耍心眼,正是利用了关羽性格上的缺陷。《三国志》

记载:"先是,权遣使为子索羽女,羽骂辱其使,不许婚,权大怒。"这件事不知具体发生在哪一年,但从关羽"骂辱""大怒"这种反常举止来看,这件事大概发生在益阳城外的"单刀会"之后,关羽镇守荆州期间,孙权一再催要荆州,关羽已经很不高兴了,益阳城外"单刀会"虽以和平方式解决,但蜀汉吃了大亏,白白把三个郡让给了孙权,关羽作为荆州的主要负责人,一定会觉得很没面子,所以看到孙权的使者才会气不打一处来。关羽的这种性格,放在一般老百姓身上没有问题,敢爱敢恨,有血性有个性,但放在军事家、政治家身上就是大忌。

5. 不断开疆拓土

在整个汉末三国时期,孙权所拥有的势力范围主要在长江以南,核心地区是扬州刺史部和荆州刺史部在江南的部分,除此之外,孙权还积极向更南方的交州刺史部拓展势力。交州是东汉的十三个州之一,范围包括今越南的北部和中部,中国的广西、广东一部,治所在当时的番禺,即今广东省广州市番禺区。汉末天下大乱,交州偏安一隅,本地势力最大的是士氏家族。董卓之乱前士燮被任命为交阯郡太守,当时的交州刺史名叫朱符。董卓之乱中交州也陷入混乱状态,朱符被夷人所杀,交州各郡中势力最大的就是士燮,士燮逐步控制了交州,他表奏几个弟弟担任郡太守,其中士壹任合浦郡太守、士䵋任九真郡太守、士武任南海郡太守。士氏兄弟雄霸一州,该地距京师较远,士燮成为"土皇帝",威尊无上,出入鸣钟磬,笳箫鼓吹,车骑满道,每次出行都有数十名胡人在他的座驾两旁焚香致敬,妻妾乘辎軿,子弟骑马相从,威仪十足。

建安十五年(210)孙权派步骘率兵进入交州,任命步骘为交州刺史,士燮兄弟迫于压力不得不归服孙权,而苍梧郡太守吴巨不服,步骘于是进兵将其斩杀。孙权后来把步骘调回,另派吕岱接替步骘,同时从交州刺史部再分出一个广州刺史部,任命吕岱为广州刺史,任命戴良为交州刺史。这个安排激起士氏家族的不满,士燮的儿子士徽宣布自任交阯郡太守，调发军队拒绝戴良入境，戴良只得退入合浦郡。孙权命令吕岱率兵征讨，诛杀了士徽，将士氏家族的重要成员遣送出交州，统治岭南数十年的士氏家族彻底瓦解，交州、广州纳入孙吴的势力范围。

这进一步激发了孙权拓展领土的欲望，他决定出兵夷州和亶州，这两个地方那时也称作州，但并非东汉十三个州之一，只是地名。夷州就是台湾，自古以来就是中国的领土，亶州在哪里历来有争论，有的说是吕宋，有的说是琉球。黄龙二年（230）孙权派将军卫温、诸葛直率一万人乘船赴夷州和亶州，大军虽然到了夷州，却遇到了瘟疫，一年时间有数千人染病而死。目的没有达到，但这次行动客观上加深了祖国的宝岛台湾与大陆的联系，台湾岛有数千人后来迁至大陆，加深了两岸的交流和往来。

三、晚年争议不断

黄武六年（227）四月，有人报告在夏口、武昌等地见到了黄龙、凤凰，这些祥瑞的出现通常预示着新纪元的开始，孙权于是在武昌称帝，此地即今湖北省鄂州市。称帝后，孙吴方面虽然也与曹魏有过多场交战，著名的有石亭之山、洞口之战等，但总体说来天下的主战场转到了西线的关中、汉中和陇右方向。孙权称帝后内部事务占据了更多的精力，先后发生了"暨艳事件""校事事件"和"南鲁之争"等，这些事件背后，有孙权与江东大族们暗中博弈的影子，而每一次事件都掀起了不小的波澜，对孙吴政权都是不小的打击。

1. 暗推暨艳改革

黄武三年（224）孙吴发生了暨艳事件，震动了孙吴政坛。《三国志》没有暨艳传，关于他的出身记录在一部名叫"名贤氏族言行类稿"的书中，这部书收录在《四库全书》中，是宋人章定所撰，以姓氏分韵排纂，序各姓氏源流于前，而以历代名人言行依姓分记。在这部书看来，暨姓的历代名人中暨艳算是一位，据它记载，暨艳"性狷厉，好为清议"，深受同郡人张温的欣赏和器重，暨艳在张温引荐下进入尚书台，不久担任选曹尚书，这个职位品秩不高，只有六百石，与县长、县令相当，但其掌管官员选拔和考核，权力很大，相当于"人事部长"。

暨艳主管人事工作，责任重大，他上任不久就发现人事工作方面存在着一些严重问题。孙权靠江东豪门世族打天下，他一向重情义，忘过记恩，对世族子弟广加沿用，每每给予高官重位，一些世族子弟能力平平，靠着父祖辈的影响力而青云直上，从而堵塞了有能力但没有背景的寒门子弟进身之阶。汉末两晋门阀制度盛行，孙吴人事方面存在的这些问题只是门阀制度的一个缩影，这是政治体制使然，要打破它需要相当长时间。但暨艳不想等，他既然身为人事部门的负责人，改革人事制度、完善官员考核是他的职责，为此他大刀阔斧地干了起来。改革的重点是郎官的选拔和考核，郎官是朝廷中下级官员的骨干，汉朝最多时达五千人，分为议郎、中郎、侍郎、郎中等不同等级，由五官中郎将署、左中郎将署、右中郎将署等三个部门统管，故也称为"三署郎"，他们以在天子身边守卫门户、出充车骑为主责，除议郎外均须执戟宿卫殿门，轮流当值。郎官品秩不高，但在天子身边工作，号称"天子门生"，经常有出任地方长官的机会，被人视为出仕的重要途径。又因为朝廷各要害部门的往来流转实际上由他们把持，为办事方便，人们不得不贿以行货，《汉书》中称这些郎官为"山郎"。放眼孙吴朝廷上下，庸庸碌碌的郎官比比皆是，"郎署混浊淆杂，多非其人"。暨艳在副手选曹郎徐彪等人支持下，开始了大规模的官员考核，根据考核结果重新确定郎官人选。考核结果出来了，"其守故者十未能一"，不合格率达到90%。对考核不合格的官员，暨艳一律给予降职，有的"贬高就下，降损数等"。至于在考核中发现有问题的人，则全部贬为军吏，很多人遭到了这样的处分，以至于朝廷"置营府以处之"，也就是设置专门的机构来管理这部分人。

暨艳倡导的人事制度改革力度空前，措施相当严厉，自然触动了不少人的切身利益，推出这种改革，显然不是六百石官员所能决定的。有人认为张温是暨艳等人的后台，这其实不可能，张温不是尚书令，他由太子太傅改任中郎将后职务再未明确，虽然张温在江东有一定影响力，但种种迹象显示孙权对张温相当不满意。这是一场涉及成百上千人仕途命运的改革，就是丞相恐怕也难以有如此大的魄力，如果说暨艳、徐彪等人有后台的话，这个后台只能是孙权本人。

这种推测是合理的，孙权虽然重用世族子弟，但他也知道什么人能用，什么人不能用，他不希望朝堂上下充斥着碌碌庸人，来一场改革肃清朝堂、整顿吏治正是孙权所需要的。但孙权是一个重情义的人，让他直接出面与世族们交锋，他也拉不下脸来，这些人大都随他们父子兄弟征战多年，一辈接一辈出生入死，用血汗换来了今日的荣耀，把他们的子弟扫地出门，孙权张不开这个嘴。但是，在江山社稷和人情面前孙权最终还是选择了前者，他暗中支持暨艳等人搞改革，希望自己不出面也能达到目的，大家要埋怨只能怨暨艳等人。

但接下来发生的事让孙权很吃惊，随着大批官员被贬斥，世族们开始反击，他们争相指责暨艳、徐彪等人主持考核"专用私情，爱憎不由公理"。客观地说，任何一场有实质内容的改革都会触及一些人的利益，而改革过程中因为改革者自身的不足也会出现一些问题，《三国志》记载暨艳等人在对官员考核中"颇扬人暗昧之失，以显其谪"，也就是抓住问题无限夸大，让问题"上纲上线"，陆逊的弟弟陆瑁曾给暨艳写信让他不要这么做，但暨艳不听。

对暨艳改革的反对之声一浪高过一浪，"怨愤之声积，浸润之谮行矣"，远远超出了暨艳、徐彪等人的掌控能力，连后台老板孙权也大吃一惊。为安抚众人，孙权下令对暨艳、徐彪进行审查，二人在狱中自杀。仅就史书的记载而言，二人自杀一事属历史悬案，其真实背景至今仍扑朔迷离，暨艳、徐彪也许因激起众怒而恐惧，在绝望中自杀，但也许另有隐情。如果孙权真是暨艳等人的幕后指使，在民怨已起的情况下，他们被罢官、审查显然不能解决全部问题，在审查中如果暨艳等人交代了一切，说了一些不该说的话，那孙权就太尴尬了，所以暨艳、徐彪必须死，如果这样的推理成立，就间接证明了孙权才是这场改革的真正主角。

2. 纵容校事弄权

暨艳推行的改革在一片反对声中失败了，孙权并不甘心，其后他又推动了一轮改革，这一次手段更为严厉，改革的主角是吕壹。《三国志》也没有吕壹的传记，在孙吴政坛吕壹本来也只是一个小人物，他的职务不高，是中书郎。汉以前大权集中于尚书台，相当于朝廷的秘书局，尚书台之外还有一个中书台并存，设中书令，与尚书令品秩相当，但权力小得多，只负责一些来往文书。曹丕在位时提高了中书台的职权，设中书监，逐渐取代尚书台成为朝廷新的秘书局，是新的权力核心。中书监下面有一个部门叫通事部，负责人就是中书郎，相当于朝廷秘书局下面的秘书处处长。孙吴建国后没有设中书监，却设了中书郎，任用的就是吕壹。中书郎的全称是中书典校郎，又称典校事、校郎、校事，在这些名称中"校事"的名气最大，提起它，大家想到的往往是特务，吕壹就是孙权身边的高级秘书，也是孙吴的"特务头子"。

暨艳失败后孙权开始重用吕壹，给了他非常大的特权。中书郎本来的职责是典校各官府以及州郡的文书，孙权还让他刺探臣民的言行，举罪纠奸，这一下吕壹手中的权力大了。要对文武百官和臣民进行监视，人手少了不行，吕壹手下一下子增加了很多人，孙权视吕壹等人为心腹爪牙，对他们有求必应，要人给人，要钱给钱。吕壹等人也很卖力，通过监视百官士民发现了不少线索，尤其是大臣们的把柄，问题一经落实，有人就会被治罪。暨艳事件后，世族们自以为取得了胜利，这时才发现高兴得实在太早了，孙权任用校事这一招更厉害，把大家治得服服帖帖。

可问题随之而来，一开始吕壹等人还比较小心谨慎，时间一长，手中的特权不断增加，孙权又越来越信任，这些人便骄纵起来，不再约束自己的行为。为了多出成绩，以便到孙权那里邀功，吕壹等人抓住小问题不放，"摘抉细微，吹毛求瑕，重案深诬"，为取得案件突破，他们还经常搞刑讯逼供，不管地位高低，一到他们手里就大刑伺候。这激起了大臣们的反感，太子孙登带头反对，他向孙权进谏，认为吕壹等人"性苛惨，用法深刻"，要求废止校事。孙登连谏多次，孙权不接受。丞相有匡扶天子过失的职责，丞相顾雍不敢沉默，也向孙权进谏，孙权仍然不听。不仅如此，顾雍还受到了孙权的"用被谴让"。太子和丞相都碰了钉子，"大臣由是莫敢言"。大家这才看明白，吕壹的后台老板是皇上，反对吕壹就是跟皇上过不去，暨艳搞的人事制度改革虽然失败了，但皇上一直耿耿于怀。

没有人敢公开反对，吕壹等人更加嚣张，他们的手越伸越长，"毁短大臣，排陷无辜"，看谁不顺眼就收拾谁。吕壹指控前江夏郡太守刁嘉诽谤朝廷，孙权大怒，把刁嘉逮捕审讯，被传讯作证的人迫于校事的淫威，都说刁嘉确实说过那些话，只有侍中是仪坚持正义，说没有听到。是仪长期在孙权身边从事机要工作，深得孙权信任，侍中品秩两千石，与朝廷九卿相当，但在吕壹眼里是仪只不过是小菜一碟，案子由审刁嘉变成了审是仪，吕壹主持审问，结果可想而知，对是仪不利的信息不断传向孙权，孙权多次下诏责问，"诏旨转厉，群臣为之屏息"。吕壹等人不仅把手伸向郡太守、侍中这些"省部级"高官，孙权的女婿、身居左将军高位的朱据也不能幸免。朱据手下有个叫王遂的人，冒领了三万钱公款，吕壹怀疑朱据是背后指使，钱最终到了朱据那里，于是逮捕朱据手下一名主管严刑逼供，这个主管禁不住酷刑，被打死了。朱据哀怜他死得冤，找了一口好棺材将他安葬，这进一步引起了吕壹等人的怀疑，他们认为这正是朱据贪污公款的铁证，于是上报孙权，孙权多次当面严厉质问朱据，朱据无法证明自己的清白，只得"藉草待罪"，也就是从家里搬出来，睡到草垫上等候处罚。甚至丞相顾雍也被吕壹盯上了，他曾告过吕壹的状，吕壹当然怀恨在心，吕壹秘密检举顾雍的过失，孙权大怒，当面严厉质问顾雍。

被吕壹诬告过的重臣除是仪、顾雍、朱据外还有陆逊、诸葛瑾等人，看到这些重臣们被校事打压，群臣不敢出声，这激怒了骠骑将军步骘。经过深入思考，步骘向孙权上了一篇长疏，痛陈校事四宗罪：一是轻忽人命，已招来举国称怨；二是政令有失，导致阴阳失和，近期连续发生两次地震，天地示变，人主当警醒；三是离间股肱之臣，有损社稷；四是校事之设，造成吏多民烦，成为弊政。步骘的上疏系统而有说服力，这才让孙权冷静了不少，孙吴的武将以陆逊为首、诸葛瑾为次，以下就是步骘、朱据，这些人如果都陷于校事之争，将来谁为自己打仗？朱据的案子这时还没有结论，每天还睡在草垫上待罪。典军吏刘助发现案情的真相，把吕壹陷害朱据的过程秘密报告了孙权，自己的女婿落得如此下场，孙权震惊之余陷入深刻反思："朱据见枉，况吏民乎？"孙权下令赏赐刘助一百万钱，逮捕吕壹，严加审问。案件审结，有关部门报告拟对吕壹执行焚如、车裂之刑，焚如是王莽首创的酷刑，用火把人活活烧死，车裂是传统酷刑，用车驾从不同方向把人撕成碎片，看来吕壹这些年真把大家祸害不浅，众人觉得不用这些酷刑不足以解气。可能孙权觉得这些刑罚太血腥了，毕竟吕壹是在为自己卖命，没有批准这么做，而将吕壹处斩。

吕壹死后接任中书郎的是袁礼，孙权派他向受吕壹诬陷的文武大臣们道歉，并询问对时局革新的意见。袁礼跑了一大圈，先后赴各地拜见了陆逊、诸葛瑾、步骘、朱然、吕岱、潘濬等人。吕壹虽然倒了台，但这个袁礼会不会是下一个吕壹？大家心有忌惮，不肯多说。袁礼向诸葛瑾、朱然、吕岱征求对时局和政治的意见，他们都"各自以不掌民事，不肯便有所陈"。袁礼去见陆逊、潘濬，这两位"泣涕恳恻"，什么都不愿意说。袁礼如实禀报，孙权大为惊虑，他知道陆逊等人内心里仍有恐惧，对自己无法完全信任，这让孙权感到惊惧。

孙权于是写了一封长信，分别派人送给以上重臣。《三国志》记载，在信中孙权一一以诸人的表字相称，口气十分亲切，孙权说"夫惟圣人能无过行，明者能自见耳"，圣人都无法避免过失，一般人哪能做到那么周全呢，前面一定有什么地方伤害了大家，所以大家才有顾忌。孙权接着说，自己随先父起兵以来已经五十年了，和诸君相处，从年轻到年长，头发已经白了一半，已经做到了君臣间的完全了解，做到了推诚相见，于公于私都结为一体，那些穿布衣、系韦带的平民百姓结成友谊，尚能经历磨难不变心，而与诸君共事，大义上是君臣，私情上其实说是骨肉都不为过。孙权说，荣华富贵、欢喜忧愁愿意和大家一起分享，希望大家能竭尽忠诚不隐瞒，贡献智慧不保留，船开到河的中间还能在河里把谁换下去吗？齐桓公是霸主，做得好管仲就赞扬，有过失管仲就指出来，意见没被接受劝谏就不停止，希望也听到大家的意见，以使自己改正不周之处。《江表传》补充说，孙权在信里还说"天下无粹白之狐，而有粹白之裘，众之所积也"，天下没有纯白色的狐狸，却能用不同的狐皮集合起来缝制一件纯色的皮衣，所以只要能调动起众人的力量就能无敌于天下，只要能利用众人的智慧就不怕比不上圣人。这封信写得言辞恳切，可以说发自肺腑，可以看作经历吕壹事件后孙权向大家做出的"书面检讨"。

3. 挑起南鲁之争

孙权的晚年，立储和托孤的问题也没有处理好。孙权的长子名叫孙登，孙权称帝后立他为太子，本来一切按部就班，但孙吴赤乌四年（241）年仅33岁的孙登患病去世了。孙权有七个儿子，次子孙虑早于孙登而死，孙登临终前向孙权上疏，希望立三弟孙和为太子，孙权答应了，于孙登死后的次年下诏立孙和为太子，为了纪念这次立储事件，孙权还专门下令把吴郡的禾兴县改名为嘉兴县，即今浙江省嘉兴市。

本来挺好，孙和是孙权当时在世儿子中年龄最长的，没有犯"废长立幼"的大忌，但孙权又动摇起来。孙权发现孙和身上有许多普通人的优点，比如，善良、好学、待人诚恳、能体谅别人等，但作为孙吴未来的皇帝，又缺少帝王的霸气，驾驭不了群臣。更为重要的是，孙权发现孙和与江东的大族们关系密切，这又触动了孙权心中那股隐秘的神经，基于这些考虑，孙和被立为太子后不久，孙权突然下诏册封孙和的弟弟孙霸为鲁王，并对他"宠爱崇特"，这向外界释放出一个信号：孙权可能改立孙霸为太子。

与袁绍集团当年面临的情况一样，孙吴的大臣们很快分成两个阵营，一方支持太子孙和，一方支持鲁王孙霸。太子一般居东宫，不过孙吴的东宫又称南宫，所以这场斗争被称为"南鲁之争"。在孙权暗中支持下，经过鲁王一党的不懈努力，孙和最终失宠，孙霸胜出，支持孙和的陆逊等人被孙权以其他事由而责问，孙霸眼看就会成为新的太子。但这时孙权丝毫没有感到轻松，反而更忧虑了，孙权曾对侄孙孙峻说，子弟不和、臣下分成两派将导致袁氏之败，被天下人耻笑。犹豫了一年多，孙权最后下令将太子孙和软禁于宫中，后将其废黜，但也没有立鲁王孙霸为太子。赤乌十三年（250），孙权下诏立年龄最小的儿子年仅7岁的孙亮为太子，将原太子孙和贬为平民，将鲁王孙霸赐死，孙霸身边最亲近的人全被诛杀。

这时孙权已经六十多岁了，身体、精力都衰老得很快，得考虑后事了。新太子年幼，只能像曹魏和蜀汉那样来一次托孤。孙权跟大家商议可向谁托付后事，朝中文武一致认为非诸葛瑾的儿子诸葛恪莫属。孙权虽然从小就喜欢诸葛恪，也对他进行了刻意栽培，但孙权认为诸葛恪有刚愎自用的毛病，心中犹豫。不过，孙权也没有其他更合适的人选，犹豫一年多，孙权还是托孤给了诸葛恪，正如孙权所担心的那样，诸葛恪的才能远不及他的叔父诸葛亮，这是一次失败的托孤。

神凤元年（252）孙权驾崩，时年71岁。孙权死后太子孙亮继位，谥孙权为大皇帝，即史书所称吴大帝，在古代三百多位帝王中，获得大皇帝、大帝这样谥号的仅孙权一人。孙亮在位期间诸葛恪、孙弘、孙峻等人辅政。诸葛恪与孙弘素有矛盾，孙弘想杀掉诸葛恪，但事情败露，反被诸葛恪所杀。次年，诸葛恪又死于孙峻之手。又过了三年，孙峻病死，实权落入从弟孙綝手中，孙綝废孙亮为会稽王，改立孙权的第六子孙休为帝，不久孙綝又被孙休所杀。孙权死后孙吴内部接连发生数起严重内斗，一再挫伤孙吴的元气，孙吴后期其实只能勉强自保，根本谈不上进取中原、统一天下了。

4. 知人善任成大业

尽管有严重的失误，但孙权仍然可以算得上一位有雄才大略的帝王，他身上的优点多于缺点，是可以与曹操、刘备并列的一代英豪。《三国志》评价孙权是勾践那样的奇才，是"人之杰矣"，但同时指出他性格好忌，喜杀戮，"暨臻末年，弥以滋甚"。裴松之认为孙权废弃毫无过失的太子，为国家大乱埋下了祸根。客观地说，孙吴最终灭亡还是实力所决定的，由于与北方政权实力相差悬殊，在对方不犯大错的情况下孙吴被消灭是迟早的事。

孙权身上最突出的特点是善于用人，能做到知人善任。周瑜称赞自己的这位领导"亲贤贵士，纳奇录异"，既能与下属亲近，打成一片，又能发现和任用各种各样的人才。《三国志》评论孙权有"识士之明"，这方面的例子有很多。曹操说"生子当如孙仲谋"的那一次濡须口之战中，曹操最后撤兵，孙权决定留一部分人马在濡须口驻扎，周泰、朱然、徐盛所部被留下，但他们几位将领论年龄和资历不相上下，让谁在这里总负责成为一个问题。孙权最后决定提拔周泰为平虏将军，留督濡须口，考虑到朱然和徐盛不一定服气，孙权临走前专门做了特殊安排。孙权在濡须坞设宴，大会诸将，席间孙权突然走到周泰面前，让周泰解开衣服，周泰及众人都不知何意。待周泰把衣服解开，身上露出累累伤痕，孙权指着每一道伤痕，分别问它们的来历，周泰就按照过去战斗负伤的经过一一报告，孙权听着听着泪如雨下。孙权拉着周泰的胳膊说："卿为孤兄弟战如熊虎，不惜躯命，被创数十，肤如刻画，孤亦何心不待卿以骨肉之恩，委卿以兵马之重乎！卿吴之功臣，孤当与卿同荣辱，等休戚！"孙权当即把自己经常使用的车盖送给周泰，宴会结束后孙权不坐自己的车，而让周泰和自己一起在士卒的引导下共同走出军营，鸣鼓吹角以为仪仗。孙权亲自为周泰树威，徐盛、朱然也就心服了。

孙权杀关羽夺取荆州后，考虑到需要有能力的人才去治理荆州，荆州本地人潘濬就是这样的人才，他不仅能力很强，而且有很大影响力，关羽在时他就是关羽的重要助手。孙权占有荆州，关羽的手下纷纷归附，唯独潘濬称病不见。孙权派人送去一张床，并且派车去接他，潘濬趴在席上不肯起身，涕泣交横，哀不能胜。孙权亲自去看望，劝他为自己效力，孙权一边说一边"以手巾拭其面"，帮潘濬擦眼泪，潘濬大为感动，起身下拜。这是刘备任其为治中从事，凡是荆州事务都跟他商议，潘濬也不辜负孙权信任，为稳定和治理荆州做出了突出贡献，成为孙吴后期的重臣之一。

黄武七年（228）孙权安排部将周鲂诈降曹魏，曹魏负责东南军务的曹休上当，准备领重兵前往孙吴控制下的皖城。看到曹休上当，孙权带着陆逊秘密前往皖城，孙权任命陆逊为大都督，之后亲手将诛杀部属用的黄钺交给陆逊，命陆逊代行王事，孙权下令自己的禁卫部队也归陆逊指挥，孙权亲自为陆逊牵马执鞭，命众将领全部来参拜陆逊。这一仗陆逊打得很漂亮，将曹休率领的主力诱至伏击圈，曹休大败，魏军损失惨重，曹休回去后羞愧而死。

孙权夺取荆州后任命诸葛亮的大哥诸葛瑾为绥南将军兼南郡太守，这时有人向孙权告密，说诸葛瑾有问题，陆逊知道后立即向孙权报告，力保诸葛瑾没问题，同时请求采取某种方式给予辟谣。孙权回复陆逊，不用你说，我跟诸葛瑾已共事很多年，亲如骨肉，对他了解很深，不是几句话就能离间得了的。孙权把前面的那些告状信封好，让人送给诸葛瑾，亲笔给诸葛瑾写信安慰，同时也把陆逊的来信一并转给诸葛瑾，让他知道陆逊的心意。

陆逊后来以上大将军的身份驻守荆州，当时吴蜀来往频繁，有些重要文书传递要经过荆州，孙权便让陆逊把关，看过没意见后再送往蜀汉，有时发现了问题，需要送回建业重新修改盖章，比较费时费力，孙权就刻了一个自己的印章放在陆逊那里，凡陆逊认为不妥的地方就地修改，改完不必报自己再审阅，直接盖章发送就行。

从上面这几件事可以看出孙权是个很重情义的人，对待臣下能做到以情动人、以情感人，对他们充分放权、充分信任，这是孙权用人上的特长，是他受到部下拥戴的原因，也是孙吴事业快速发展的重要原因。

司马懿：

口水淹没不了历史功绩

司马懿履历表

姓名	司马懿
谥号	宣皇帝
家庭出身	高祖父司马钧为汉安帝时征西将军，曾祖父司马量为豫章郡太守，祖父司马儁为颍川郡太守，父亲司马防为京兆尹。
生卒年	179—251
生平履历	建安六年（201），任家乡河内郡上计掾。
	建安十三年（208），任曹操丞相府文学掾。
	建安二十年（215），随曹操征讨汉中张鲁。
	建安二十四年（219），任太子中庶子，佐助魏太子曹丕。
	延康元年（220），受封河津亭侯，转丞相长史，曹丕称帝后任尚书，不久转任督军、御史中丞，封安国乡侯。
	黄初二年（221），任侍中、尚书右仆射。
	黄初五年（224），镇守许昌，改封向乡侯，任抚军大将军、假节，加给事中、录尚书事。
	黄初七年（226），魏文帝曹丕驾崩，与曹真等为辅政大臣。
	太和元年（227），率兵赴新城，平孟达之叛。
	太和五年（231），诸葛亮第四次北伐，赴陇右拒诸葛亮。
	青龙三年（235），升任太尉。
	景初二年（238），率军赴辽东平叛。
	景初三年（239），齐王曹芳继位，与曹爽共同辅佐少主。
	嘉平元年（249），发动高平陵政变，夺取权力。
	嘉平三年（251），于洛阳去世。

司马懿是汉末三国一位经历与个性都很复杂的人物,他二十多岁来到曹操手下做事,43岁被封侯爵、担任尚书仆射,最辉煌的时期在47岁到60岁之间,两次被托孤,平孟达、抗诸葛亮、伐公孙渊、拒孙权,建立卓越功勋,获得了巨大的个人威望。不过,在人们的印象中司马懿又是一个无法轻易看透的人:拥有智慧,但也经常运用权谋;在政治和军事上取得节节胜利,但在对手面前也表现得无比冷酷;"伏膺儒教",但也落下篡位的骂名。

司马懿在汉末三国争霸赛中赢到了最后,有人将其归结为心机、权谋与忍耐的胜利,这其实是把历史的天空窄化了。司马懿事奉曹操、曹丕、曹叡祖孙三代,至少在此期间没有任何反叛之心,相反,为赢得曹氏祖孙的信任,司马懿做了能做到的一切。魏明帝驾崩后,汉末三国重量级英雄几乎全部谢幕,司马懿成为"硕果仅存"的一个,同时他也受到了政敌越来越严苛的打压,为了生存与自保,司马懿父子被迫绝地反击,结果开创了一个新的王朝,就历史贡献而言,司马氏父子结束了一个混乱而羸弱的政权,从而缩短了天下统一的进程,这一点值得给予充分肯定。

一、由文吏到智囊

司马懿字仲达,汉末司隶校尉部河内郡温县(今河南省温县)人,他的父亲司马防曾任河南尹。司马防八个儿子,个个都很出色,因名字中都有"达"字,时人称为"八达",意思是八位"达人"。《左传》说:"圣人有明德者,若不当世,其后必有达人。"据孔颖达的解释,"达人"的意思为"智能通达之人",司马懿在"八达"中排行第二。

1. 郡政府任职

温县的司马氏家族是一个名门望族,自楚汉相争时的名将司马印开始，历经八世，到东汉安帝时家族出了个征西将军司马钧，司马钧有个儿子叫司马量，做过豫章郡太守；司马量有个儿子叫司马儁，做过颍川郡太守；司马儁就是司马防的父亲。司马懿从小有奇志，聪明过人，有雄心大略，同时博闻强识，对儒学有很深造诣，《晋书》说司马懿"少有奇节，聪明多大略，博学洽闻"，面对乱世司马懿常常心怀感叹，以天下为忧。本地有一位善于识人的名士名叫杨俊，早年见过司马懿，那时司马懿的哥哥司马朗已经小有名气，而司马懿还无人知晓，但杨俊对司马懿评价很高，认为他远远超过司马朗。冀州名士崔琰跟司马朗关系很好，他也有相同看法，曾对司马朗说司马懿"聪亮明允，刚断英特，非子所及也"。

　　但是，司马懿出仕比较晚，直到22岁才担任了本郡的上计掾。"上计"是一种制度，根据该制度地方行政长官须定期向上级呈报文书，报告地方治理状况。"掾"指的是某一方面或某一部门人的负责人，"上计掾"就是上计工作的负责人。上计制度的雏形早在先秦就有，但真正重视起来形成严格制度始于两汉。秦统一天下后实行郡县制，国家幅员辽阔，在交通不便的情况下中央如何有效地管理地方是一道难题，秦始皇为此也想了一些办法，比如，征调大量人力物力修建四通八达的驰道，但陈胜、吴广振臂一呼天下云集响应，秦朝所建立的郡县制随即失灵。汉朝建立后，意识到这是一个重要问题，所以有针对性地采取一些措施加强中央对地方的管理和控制，上计制度就是其中最重要的一项。按照这项制度，乡一级的主管官吏根据有关要求将本乡的事项核实上报到县里，县里审核、汇总后上报到郡国，郡国据各县上报的内容编制本郡国的"计簿"，之后派专人直接呈报到朝廷，接受朝廷的考核。上计原则上一年一次，"计簿"中的内容也是以一年为期，不过不是从一月到十二月，而是"计断九月"，即起于上一年十月初截止于本年九月底，一方面汉承秦制，以每年十月为岁首，另一方面各地把"计簿"上报到朝廷也需要不少时间，尤其路途较为遥远的郡国，要给他们留出一定路途时间，保证他们能在年底之前把工作总结报到朝廷来。

到了每年的正月初一,天子要亲自主持百官朝贺大典,届时各郡国的上计官员也要参加。除了这次活动,在此前后举行的祀典以及会陵等重要仪式也都要求上计官员参加,有时还要让他们依次上前在神位前简要汇报各郡国的情况,以此显示中央集权。这样一来,上计吏一年之中有很多时间停留在京城。

2. 拒绝出仕之谜

担任上计掾,司马懿有机会来到朝廷所在的许县,也因此有机会接触到一些上层人物,由于出身于望族,又很有才干,所以很多人都知道了司马懿,曹操也听说了,于是征召司马懿到司空府任职。由一名地方基层官员抽调到中央,而且是在司空曹操的直接领导下工作,别人肯定欣喜若狂,但司马懿拒绝了。《晋书》记载,司马懿以自己患有风痹之症、生活不能自理为由拒绝了曹操,曹操不太相信,曾派人夜里到司马懿家查看,发现司马懿果然躺在那里一动不动,于是信以为真,不再强迫了。风痹就是风湿病,可轻也可重,既包括普通的关节痛、关节炎,也包括强直性脊柱炎、骨性关节炎、风湿热、类风湿性关节炎、红斑狼疮、风湿性心脏病等。司马懿自称生活不能自理,那就是严重的风痹了,不是一两年就能治好的,必须长期装下去。《晋书》还记载了一个故事:"宣帝初辞魏武之命,托以风痹,尝暴书,遇暴雨,不觉自起收之。家惟有一婢见之,后乃恐事泄致祸,遂手杀之以灭口,而亲自执爨。"这里的"后"指晋宣皇后,也就是司马懿的夫人张春华,为掩盖司马懿装病的事,她不仅亲手杀了家中一个婢女,而且"亲自执爨"。"爨"指烧火做饭,可以理解为婢女被杀,家里没人做饭,张夫人亲自下厨做饭,但也可以作另解,比如,以残忍的手段毁尸灭迹。

司马懿为何拒绝曹操呢?《晋书》给出的理由是司马懿"知汉运方微,不欲屈节曹氏",但这种思想在当时并非主流,荀彧、孔融更心向汉室,他们不也在许县为官吗?司马懿的大哥司马朗、三弟司马孚也都在曹营做事。所以,《晋书》的说法没有说服力。有人认为司马懿看不惯曹操的一些做法,担心在曹操身边做事危险,为保全自己和家庭而拒绝出仕,但这个说法也较为勉强,司马懿拒绝曹操可能另有隐情。推测起来,也许是司马懿还没有想好该跟谁,当时官渡之战刚刚打完,袁氏集团在北方的势力仍然很大,局势并不明朗。当然,还有一个解释是司马懿故意在作秀,通过"拒曹"抬高身价,增加知名度,目的是更好地"事曹",从司马懿之后的表现看,这种可能性很大。《晋书》有意把司马懿塑造成"反曹斗士",这里面有一定的历史背景。《晋书》是唐代名臣房玄龄主编的,唐人最推崇晋朝,唐太宗"以史为用",重视通过回顾反思历史来总结经验,今存"二十四史"中有6部是唐太宗下令编修的,其中尤以《晋书》最为唐太宗所重视。在唐太宗眼中西晋是个统一的王朝,在它之前是上百年的分裂局面,在开创统一基业上唐王朝与西晋相似,但在如何守住社稷江山、治乱兴亡方面,又要引西晋为戒。因此,《晋书》对司马懿和司马炎二人有着不同的评价,对司马懿评价很高,而对司马炎的评价却很差,认为司马炎"居治而忘危""不知处广以思狭"。《晋书》为拔高司马懿,在叙述其早年经历时采取了许多回护的手法,对司马懿早年事曹的经历,编出了一大堆故事,目的都是为司马懿开脱,为他日后夺取曹魏江山的行为辩护。

3. "狼顾相"与"三马同槽"

司马懿到曹操身边后,所担任的职务多次发生变动,开始担任文学掾,相当于司空府里下设部门的负责人,当时的司空府相当于丞相府,管理全国的行政事务,"文学"不是文学创作,指的是文化教育事业。之后,司马懿改任黄门侍郎、议郎、丞相东曹属等职,黄门侍郎、议郎属汉室朝廷的官职,是直接为汉献帝服务的,属于闲散官职,显示出司马懿未受重用。丞相东曹是丞相府里管理人事的部门,权力较大,但东曹属是东曹掾的副手,如果从"级别"上看文学掾与东曹掾是平级,而东曹属低于文学掾,司马懿在曹操身边任职多年,职务不升反降。

对造成这种现象的原因史书中也有解释,《晋书》记载:"魏武察帝有雄豪志,闻有狼顾相。欲验之。乃召使前行,令反顾,面正向后而身不动。又尝梦三马同食一槽,甚恶焉。因谓太子丕曰:'司马懿非人臣也,必预汝家事。'"这里说了两件事:一是司马懿有所谓"狼顾相",就是能像狼一样在不转动身体的情况下把头拧到后面来,这样的动作除非天生特异功能,一般人是做不到的,司马懿就有这种本事,一般说来凡有这个功能的人都属于天生"反骨"的那一类,曹操不仅听说司马懿有"狼顾相"而且亲自验证过;二是"三马同槽"的故事,说司马氏是曹氏的克星,这里的"三马",指的是司马懿、司马师、司马昭,"槽"指的是曹氏。曹操据上面两件事对司马懿得出一个结论,认为他"非人臣",对曹氏的天下必然构成威胁。

这两件事虽然都记录在"二十四史"之一的《晋书》里,但其真实性同样值得怀疑。曹操阅人无数,识人甚准。有一本流传很广的书,书名叫《面经》,是说如何从面相识人的,尽管里面有许多东拉西扯的地方,但也有一些较为实用的东西,这部书不知作于何时、作者何人,但后来大家多将这部书的作者署名为曹操,即便该书非曹操所写,但也说明曹操善于识人是有些名声的。对潜在的对手,一经确认,无论来自内部还是外部,曹操都会迅速果断地给予打击,彻底击垮对手才能保证自身的安全,这是曹操的安全观,如果曹操真的认为司马懿"非人臣",怎么会放过他呢?《晋书》里讲的这两件事近乎八卦,目的是宣扬"曹马之争"早已有之,宣扬司马懿其实一直受到迫害和打击,也是在为他日后背叛曹魏寻找借口,这样的故事写进《世说新语》里合适,写进正史却有点儿不严肃。

曹操也许真的不太喜欢司马懿,但不太喜欢不意味着一点都不欣赏,更不意味着憎恶并欲除之而后快。曹操不重用司马懿其实是因为一种心结，这个心结就是司马懿的出身以及他与孔融、崔琰乃至荀彧等人的关系，曹操的内心深处不太喜欢那些出身世族、"名头"很大的人，认为这样的人虽可借用但不能推心置腹。随着曹魏事业一天天壮大，曹操与汉室的矛盾逐渐难以掩饰，与那些忠于汉室的世族名士也逐渐有了隔阂，而司马懿不仅出身世族，而且与崔琰等人关系密切，这是曹操所忌讳的地方。但是曹操对司马懿的态度最终发生了改变，改变的标志是曹操改任司马懿为丞相府主簿，这个职务相当于丞相府办公室主任，不是心腹难当此任。造成这种改变的原因，《晋书》也有记载："太子素与帝善，每相全佑，故免。帝于是勤于吏职，夜以忘寝，至于刍牧之间，悉皆临履，由是魏武意遂安。"《晋书》认为，当曹操怀疑司马懿时，由于曹丕力保，司马懿才得以免祸，加之司马懿工作勤恳，经常加班加点不休息，平时做事小心翼翼、如履薄冰，打消了曹操的猜忌。《晋书》的这个说法基本可信，曹丕之所以为司马懿说话，是因为在曹丕与曹植争夺继承权的斗争中司马懿坚定地站在曹丕的一边，是曹丕身边所谓"太子四友"之一，曹丕将司马懿视为自己的心腹和得力助手，"每与大谋，辄有奇策"，司马懿争取到曹丕对自己的绝对信任。

4. 为曹操出谋划策

司马懿改任丞相主簿，成为曹操最重要的智囊之一。建安二十年（215）曹操征讨汉中张鲁，司马懿以丞相主簿身份随军，是曹操身边的主要参谋人员。夺取汉中后，司马懿建议趁势攻取益州，曹操没有接受，但事后又感到后悔，认为当时的确是一个夺取益州的好机会。

建安二十四年（219）司马懿升任太子中庶子，后转任军司马，这时曹丕已被明确为太子，司马懿的主要任务是辅佐曹丕，但他仍然充当着曹操智囊的角色。司马懿曾向曹操提出在边境地带屯田，以解决驻军的粮食问题，这个建议被曹操采纳。司马懿还提出荆州刺史胡修、南乡郡太守傅方等平时为人骄奢，不宜驻守边地，这个建议没有被曹操重视，结果关羽率军北上攻击襄阳、樊城，胡修、傅方等人果然投降了关羽。

关羽北伐，一度声势浩大，曹操产生将汉献帝从许县迁往别处以避锋芒的念头，司马懿认为此举是向敌人示弱，会使军心更加不稳，不宜施行。对眼前的困局，司马懿认为刘备与孙权表面联合，但内在里也有很深矛盾，可以利用孙权来解围，这个建议被曹操采纳，曹操打消了迁都的想法，组织力量增援樊城、襄阳，稳定住局面，之后与孙权秘密联手，由孙权在关羽背后突然一击，将关羽打败，从而化解了荆州之危。

二、由智囊到重臣

建安二十五年（220）正月魏王曹操病逝于洛阳，随后曹丕继任魏王。同年，曹丕以禅让方式取代东汉，建立了魏朝，曹丕为魏文帝，司马懿也成为曹魏的大臣，在曹丕的信任和关照下地位一步步上升。

1. 成为核心人物

魏文帝曹丕称帝后，下诏以贾诩为太尉、华歆为司徒、王朗为司空，曹丕说："此三公者，乃一代之伟人也，后世殆难继矣！"然而，贾诩等人担任的三公更多是一种荣誉和尊崇，真正的实权掌握在尚书台，由曹丕亲自掌控。尚书台为汉武帝首创，名义上是九卿之一少府卿属下的一个机构，长官称为尚书令，副长官称为尚书左、右仆射，下设尚书若干，尚书令的品秩仅一千石，仅介于县令和郡太守之间，而尚书仆射、尚书的品秩更低。但这个机构直接服务于皇帝本人，权力很大，是朝廷的"秘书局"，尚书令相当于朝廷的"秘书长"。所以，有人把三公、九卿称为"外朝"，而尚书台被称为"内朝"。

司马懿因为资历、名望无法与贾诩、华歆等人相比，所以不在三公九卿之列，他的主要职务在尚书台。曹丕任命桓阶为尚书令，陈群、邢颙为左、右仆射，司马懿等五人为尚书。在夺嫡之争中桓阶坚定地站在曹丕一边，多次向曹操陈述曹丕德优齿长，宜为储副，一再密谏，"前后恳至"，曹丕对此深为感激，加上桓阶资历较老，所以任命他为尚书台的长官，但桓阶身体不好，第二年便去世了，陈群接任尚书令，邢颙升任左仆射，司马懿顺势升任右仆射，相当于尚书台的第二副长官。又过了一年，邢颙改任司隶校尉，司马懿升任左仆射，仅用一两年时间，司马懿就升为尚书台的"二把手"。曹丕一再提升司马懿的职务，不仅是为了酬谢司马懿之前对自己的支持，更是因为司马懿有着出色的智谋和行政管理能力，已经成为自己的左膀右臂，许多重大决策推出的幕后都有司马懿的影子。

2. 文人带兵创先例

曹丕称帝后也想尽早统一天下，他多次亲征孙吴，但成效不大，均未能越过长江天险。黄初六年（225）春天曹丕又谋划伐吴大计，出兵前突然做出两项重要人事任命：以陈群为镇军大将军，录行尚书事，随车驾董督众军；以司马懿为抚军大将军，留守许昌，督后台文书。这是两项极为重要的决定，它影响到以后二三十年曹魏政局的走向，同时这也是两项出人意料的决定，因为在曹魏政坛和军界这样的任命没有先例。

曹魏阵营一直以来遵循严格的文臣、武将两条路径，文臣从不带兵，而武将中虽有个别人短时间内兼任过郡太守一类的行政官员，但极少向三公、九卿方向发展。文人就是文人，武人就是武人，这是两个不同的集团，在曹魏阵营有人概括出这两个集团分别有一个核心，文人的核心是汝颍集团，武人的核心是谯沛集团。曹魏的主要文臣中荀彧、荀攸、郭嘉、钟繇、杜袭、辛毗以及后起之秀陈群等人都是颍川郡或汝南郡人，这里自古出奇士，世家大族辈出，故称汝颍集团。而谯沛集团，是因为曹氏父子是沛国谯县人，与曹氏关系密切的夏侯氏也是谯县人，谯沛集团其实就是"诸夏侯曹"集团。两大集团分野清晰，互不替代，荀彧、郭嘉、荀攸和崔琰等文臣中最优秀的人物一生从未担任过军职，这既是因各人特长而造就的不同分工，也暗含着权力的制衡。

这是曹操驭人手段中的一种"潜规则"，有人负责决策，有人负责执行，决策的人不管执行，执行的人不考虑决策。由"武人"而入"文人"的有一特例，那就是程昱，他本来是一员武将，后来成为曹魏阵营的核心谋士，程昱的成功转型是仅有的一例，而且是由"武"入"文"，而非由"文"入"武"。兵权是曹魏最核心的权力，三公可以让，九卿可以给，但兵权不会轻易给你。曹魏掌兵者不超过三种情况：一是如"诸夏侯曹"，或宗族或姻亲；二是如张辽、张郃、徐晃等人，是职业军人，为打仗而生，为打仗而死，绝对效忠于曹氏父子；三是臧霸、张燕、张绣等曾经的地方实力派，被曹魏收编后暂时带兵，不过兵权最终会被稀释或整合。陈群和司马懿不属于以上任何一种情况，他们出身世族，尽管已身处权力核心，深得皇帝的倚重和信赖，但他们从未奢望过染指兵权。

曹魏的嫡系部队可以分为地方主力军团和中央军团两大部分，中央军团除中领军、中护军这些禁卫军外，还有一部分守卫在其他几个重要城市中。中领军、中护军简称"中军"，天子到哪里他们就守备于哪里，其他的中央军被编为镇军、抚军等兵团，由镇军大将军、抚军大将军指挥。司马懿担任的抚军大将军从名号看属于"杂号将军"范畴，但因为独特的地位和职责，重要性远在"杂号将军"之上，在军衔序列里次于骠骑将军、车骑将军、卫将军，与四征、四安、四镇将军大致相当，相当于"兵团司令"，从品秩上说略高于九卿。司马懿之前的身份仅是品秩不足千石的尚书仆射，品秩骤升，而且在执掌兵权的同时"督后台文书"，说明他仍然兼职于尚书台。曹丕命陈群、司马懿掌兵，也可以看作给尚书台加上了兵权，尚书台的长官直接带兵，恐怕连尚书台的缔造者汉武帝也没有这么做过。

对陈群、司马懿二人的分工，曹丕在诏书里也说得很清楚："吾今当征贼，欲守之积年。其以尚书令颍乡侯陈群为镇军大将军，尚书仆射西乡侯司马懿为抚军大将军。若吾临江授诸将方略,则抚军当留许昌,督后诸军,录后台文书事;镇军随车驾,当董督众军,录行尚书事;皆假节鼓吹,给中军兵骑六百人。"也就是说,曹丕如果上前线,司马懿就以抚军大将军的身份留守许昌,"督后诸军,录后台文书事",而陈群以镇军大将军的身份随车驾,"当董督众军,录行尚书事"。

陈群、司马懿成为集军政大权于一身的重臣,为树立二人的权威,魏文帝还诏令赐给二人"假节""鼓吹"及"中军兵骑六百人"。"节"是皇帝的符信,持此者如皇帝本人亲临,"鼓吹"是皇帝的仪仗队,"中军"是护卫皇帝的御林军,以上皆为皇帝颁赐的特权,人臣一旦拥有,就意味着具有皇帝代表或特使的身份,是极度崇高的荣誉和权力。上任之始,司马懿又接到曹丕的诏书:"吾深以后事为念,故以委卿。曹参虽有战功,而萧何为重。使吾无西顾之忧,不亦可乎!"曹丕将司马懿比作萧何,是一种极高的信任。这种无以复加的信赖仍然继续着,后来曹丕又专门下诏书给司马懿和陈群:"吾东,抚军当总西事;吾西,抚军当总东事。"曹丕将治国重任托付给二人,这样的信任已经超越了"诸夏侯曹"。

3. 成为托孤大臣

魏文帝曹丕志向远大,但他是一位英年早逝的皇帝,于黄初七年(226)五月驾崩于洛阳,年仅40岁。曹丕驾崩时皇太子曹叡虽然已经22岁了,但他一向长于深宫之中,与外界联系不多,不熟悉国政,也缺乏足够威望,所以曹丕仍然向重臣托孤。在洛阳崇华殿的托孤现场有三位重臣:曹真、陈群和司马懿。但一般说起此次托孤,公认的受托大臣有四位,还有一位是曹休,因为他此时身在扬州,所以没在现场。

上面这四个人都是曹丕所信赖的,曹真、曹休与曹丕同宗同辈,在战火中逐渐成长起来,不仅军事才干突出,而且在军中具有不容置疑的影响力,只要有他们二位保驾,政局便不会出现大的变动,但他们毕竟是武人,治国安邦除武力外还要会理政,在这方面曹真、曹休能力就不及了，而陈群和司马懿作为世族才俊，政治和经济才干突出，跟随自己多年，是君臣亦是朋友，自会兢兢业业辅佐幼主。在曹丕眼里，上面这四个人组成了一个理想的辅政团队，也是一个豪华阵容，有他们辅佐幼主，就可以放心了。

三、由重臣到权臣

黄初七年（226）五月曹叡继位，是为魏明帝。作为托孤大臣，司马懿升任骠骑大将军，继续执掌军权，在军职中的地位仅次于大将军，是魏军名义上的"二把手"，同时"加督荆、豫二州诸军事"，即负责荆州、豫州的军事工作，当时曹真负责西线关中方向、曹休负责东线合肥方向，司马懿则负责中线荆州方向，司马懿与曹真、曹休成为并驾齐驱的军中"三巨头"。此后司马懿一直活跃于军界，魏明帝时期曹魏有过三场大胜仗，分别是平孟达之战、拒诸葛亮北伐之战和平辽东之战，这三场胜仗的总指挥都是司马懿，司马懿逐渐在曹魏军中树立起无法撼动的威望。

1. 千里奔袭平孟达

太和元年（227），从蜀汉叛逃过来的新城郡太守孟达又准备反叛，相邻的魏兴郡太守申仪向朝廷告发，曹叡不相信，因为申仪与孟达向来有矛盾，他担心申仪是在报复，曹叡把这件事交给负责荆州事务的司马懿处理，司马懿派参军梁几到新城郡访查。经过秘密调查，申仪的举报被证实，司马懿向朝廷建议征孟达入朝，如果孟达要造反，他必不敢来。

孟达听到了风声，深感惊惧，决定提前起事。这时候司马懿还没有准备好，大军调动需要一些时间，为避免孟达马上反叛，司马懿专门给孟达写了一封信，来稳住他，孟达"得书大喜"，对是否起兵又犹豫不决起来。司马懿驻守的南阳郡宛县位于新城郡东面，两地相距一千二百里，这是汉代的里，约合现在四百二十公里，当时的行军速度一天约六十里，魏军从宛县讨伐新城郡，没有半个月无法到达。孟达很熟悉魏军的调兵体制，知道这么大的行动必须报请洛阳的曹叡批准，由宛县到洛阳又是八百里，一来一回又至少半个月，这样算下来就有的是时间，孟达打算转投蜀汉，已经向蜀汉求援，所以他并不着急。

司马懿决定不待曹叡诏书到达就向新城郡发兵，手下众将认为这有些不妥，建议再等等，司马懿向大家解释说："达无信义，此其相疑之时也，当及其未定促决之！"司马懿紧急调动驻扎在宛县附近的军队倍道兼行，直奔新城郡，只用了八天就到了，孟达固守在上庸城，此地在今湖北省竹山县境内，对司马懿的到来大吃一惊。司马懿指挥人马猛攻，十六天后便将城池攻破，抓到孟达，将其斩首，将首级呈报京师。魏兴郡太守申仪在地方上势力很大，对朝廷只是表面顺从，平时多有不法之举，甚至私自刻印授官。消灭孟达后荆州各地郡太守都奉礼来贺，申仪独不见来，司马懿让人专程去提醒他，申仪想了半天，还是来了。司马懿立即下令把申仪抓起来，质问他伪造朝廷命令私自授官的情况，之后将他押解到洛阳，安顿好新城郡的事务后司马懿即振旅而归。

新城之战是司马懿统率大军以来的首次大战，该战取得全胜，是"闪击战"的经典案例，一举消除了曹魏西南方向的孟达、申仪两个隐患。孟达的首级传到洛阳，魏明帝命焚其首级于洛阳交通要道上，下诏对司马懿予以嘉奖。

2. 阻击诸葛亮北伐

太和五年（231），曹魏负责西线战事的大司马曹真去世，诸葛亮于此时又发动了第四次北伐，魏明帝下诏由司马懿接替曹真"都督雍、凉二州诸军事"，统率关中、陇右各军，负责防卫曹魏的西线战场，司马懿的军职也由骠骑将军提升为大将军，诏书中还有一句话："西方有事，非君莫可付者。"司马懿于是进驻长安，督率车骑将军张郃、雍州刺史郭淮等迎战蜀军。当时诸葛亮又进攻祁山，司马懿率主力去增援，双方僵持于陇右，诸葛亮无法取胜，被迫撤退，诸葛亮第四次北伐结束。

青龙二年（234），诸葛亮再率十万人马通过秦岭山中的斜谷道攻击关中，当年四月，蜀军来到关中的郿县，司马懿率军迎战，蜀军在渭水以南，司马懿命令渡河，众将认为应与蜀军隔河对峙，司马懿说百姓积聚的粮食、财物都在渭水以南，因此非争不可。双方陷入对峙，诸葛亮看到一时无法取胜，就指挥蜀军占据五丈原，司马懿坚持据守不战的原则，诸葛亮几次挑战，司马懿都不出战，诸葛亮派人给司马懿送来女人的衣服、饰品，想激司马懿出战，司马懿仍不出战。魏将群情激愤，纷纷请战，为平息大家的不满，司马懿故意给曹叡上了一道请战奏疏，让将领们一一签上名字，曹叡会意，派辛毗拿着皇帝赐予的节杖来到魏军大营，魏将再请战，辛毗就持节杖立在军营门口阻止。蜀军长途远征，后勤保障压力很大，诸葛亮深感忧虑，于当年八月病逝于五丈原，之后蜀军主动撤退，司马懿登上五丈原，看到蜀军的营垒，称赞诸葛亮是"天下奇才"，诸葛亮第五次北伐也在司马懿的成功阻击下结束。

3. 借刀杀张郃的嫌疑

在诸葛亮第四次北伐中，张郃以车骑将军的身份受司马懿节制，魏明帝这样安排可以理解为对司马懿的牵制，但就在这场战役中张郃却死于敌军的伏击，而司马懿也落下借刀杀人的嫌疑。

诸葛亮在第四次北伐中受制于后方军粮供应不上，不得不撤军。看到蜀军撤退，司马懿下达了一项命令，让张郃亲自率兵去追击，张郃提出反对意见："军法，围城必开出路，归军勿追。"可司马懿不听，坚持派张郃追击。张郃去追，结果被诸葛亮打了伏击，死在了木门道。在这件事上，至少有三个疑点：首先，司马懿的追击命令与他一贯的应敌指导思想不符，司马懿在与诸葛亮的交锋中执行的是"消极进攻，积极防守"的方针，这一招抓住了蜀军远师来攻、后勤困难的弱点，非常奏效，主动出战和主动追击的情况较少出现。其次，司马懿的决定与兵法基本常识不符，正如张郃所说"归军勿追"，这是兵法上的一条原则，有人说不是"宜将胜勇追穷寇"吗？但那是"穷寇"，是被打败的，而蜀军是主动撤退的，不是"穷寇"，以诸葛亮的缜密，撤退方案里肯定有阻击敌人追击的安排，陇右地势复杂，可打埋伏的地方很多，比如木门道。最后，司马懿的命令与指挥体制不符，如果司马懿非要冒险，派一般将军就行了，派张郃亲自去有些不妥，因为张郃此时任车骑将军，相当于曹魏的"全国武装部队副总司令"，让他亲自带队执行这样一个冒险任务，除非别有用心，否则是不太妥当的，所以司马懿难以摆脱借刀杀人的嫌疑。张郃战死时的情形也很可疑，《三国志》说"飞矢中郃右膝"，《魏略》说"矢中左髀"，无论是膝盖还是髀骨，都不像咽喉、命门、胸口那样要害，一般来说不会一箭致死，所以在《三国志集解》中有人说："郃中右膝，焉得死，似非实录。"隐含的意思是，张郃甚至都有可能是受伤后被自己人干掉的。

所有疑点都指向了司马懿，这不是阴谋，简直是赤裸裸的"阳谋"。司马懿为什么要对张郃下死手呢？因为张郃不服他，对他的威胁又很大。司马懿是在曹真死后以大将军的身份负责西线战场指挥的，这个职务相当于"全国武装部队总司令"，诸葛亮第四次北伐前，司马懿刚从荆州赶来，到长安后司马懿立即主持召开会议，研究如何应敌，他提出将主力全部拉到陇右应战，张郃反对，认为关中也很重要，应分兵把守。司马懿坚持自己的看法，此战虽然让司马懿赌对了，蜀军没有分兵进攻关中，但这只能算一个冒险，张郃久居西部，对敌人更了解。张郃在西线魏军中的威望特别高，他"识变数，善处营陈，料战势地形，无不如计"，著名的街亭之战中要论功的话，跟当时的曹真和现在的司马懿都没有关系，完全是张郃一手创造的。《三国志》说张郃不仅在自己阵营里很有威望，就连对手都害怕他，"自诸葛亮皆惮之"。张郃还深得魏明帝的信赖，曹真死后魏明帝虽然用司马懿主持西线战事，但多少有些无奈，因为他对司马懿的信任程度并不高，一边用一边防范，所以在任命司马懿为大将军的同时又提拔张郃为车骑将军，用张郃牵制司马懿，这个用意非常明显。

不服自己、又威胁着自己的地位，这是司马懿向张郃下手的原因。问题是，司马懿不怕这么做的后果吗？司马懿肯定考虑过这些，但他之所以果断地向张郃下达了追击的命令，肯定也把这些事都想清楚了。放在曹魏鼎盛时期，即使司马懿已经如今天这么得势，也一定不敢做，因为那时曹魏名将如云，现在敢做，是因为曹真死后不久曹休也去世了，"诸夏侯曹"只剩下一位早就靠边站又行将入土的曹洪，"五子良将"只剩下眼前这位张郃。魏明帝登基以来曹魏"将运"不佳，名将纷纷凋落，凋落的速度有些快。生老病死表面上看是自然规律，但背后隐含的则是曹魏用人体制上的落后和迟缓，在新生代培养方面曹魏的步伐太慢了。司马懿表面低调、隐忍，实际上他无时无刻不在机警地观察着形势并伺机而动，抓住机会、奋力一击是他的拿手好戏，木门道就是他实现自保、自固的一次最佳机会，他抓住了。

4. 诗中的"政治密码"

诸葛亮去世后，西线压力暂缓，司马懿仍驻扎于长安，这时辽东又出了问题，需要司马懿去解决。在汉末三国时期，辽东长期被公孙氏割据占领，他们表面顺服曹魏，实际上割据称雄，公孙渊主事时试图独立，魏明帝曹叡派人征讨，却失败了。景初二年（238）正月，魏明帝决心再度讨伐辽东公孙渊，这一次魏明帝下了决心，把时任太尉、坐镇长安的司马懿从西线战场调过来，让他去征辽东。魏明帝对司马懿一直很防范，但现在"诸夏侯曹"没了，"五子良将"也没了，最能打、最有把握的只有司马懿一个人，为了江山社稷也就顾不得那么多了。

经过与司马懿的讨论，魏明帝最后命他率领四万人马远征。出发前，散骑常侍何曾提议此次出征辽东有四千多里，为确保万无一失，不如"选大臣名将威重宿著者，盛其礼秩，遣诣懿军"，也就是给司马懿派个副手，万一有不测的事情发生，魏军不至于群龙无首。此举监视、牵制的作用十分明显，这当然符合魏明帝的想法，但他知道这样容易招致司马懿的不满和抵触，毕竟现在征讨公孙渊才是头等大事，所以没有接受何曾的建议。为让司马懿不多心，魏明帝还把何曾从身边调离，让他出任河内郡太守，算是惩戒。其实魏明帝多虑了，何曾的父亲是前太傅何夔，何曾虽是曹魏的"官二代"，但私下里一直跟司马懿走得很近，后来他参与了司马懿父子发动的高平陵政变，现在故意提出这个建议，其实是替司马懿做试探的。

这一年的正月还没过完，征辽大军就出发了。魏明帝亲自送行，车驾送至洛阳的西明门，考虑到大军此去刚好路过司马懿的老家河内郡温县，魏明帝特意让尚书右仆射司马孚和散骑常侍司马师代表自己再送一程，一直送到温县。司马孚是司马懿的弟弟，司马师是司马懿的长子。司马懿率领大军路过温县老家，河内郡太守、本郡典农校尉等率地方各级官员前来拜见，他们是接到天子的诏书专程前来的，带来了天子所赐的谷帛牛酒。司马懿已经很多年没回过老家了，于是在附近一个叫虢公台的地方设宴招待乡邻和故旧，"宴饮累日"。

司马懿是一个内敛的人，喜怒较少外流，不是性情中人，但是重返故乡，见到了这么多昔日的亲朋故友，也让他心潮起伏。平时很少写诗的司马懿在宴会上不禁诗兴大发，临场吟出一首诗来："天地开辟，日月重光。遭遇际会，毕力遐方。将扫群秽，还过故乡。肃清万里，总齐八荒。告成归老，待罪舞阳。"这首诗被后世冠名为"燕饮歌"，诗的意思是："我大魏自宏业开创以来，太阳和月亮仿佛重新焕发出灿烂的光芒，天子命我率正义之师讨伐远方的敌人，在率领大军扫除恶人的途中我回到了故乡。我要铲除万里疆域中的敌人，统一四面八方，大功告成之后，我将待罪于舞阳。"今河南省中南部有舞阳县，属漯河市，魏明帝继位后司马懿被封为舞阳侯，按照这个意思理解，就是待我平定辽东后就退休回到封地去养老，言下之意，即使再建平辽的功勋也不要天子再加官晋爵了，守着一个舞阳侯就心满意足了，这么说当然是让魏明帝放心。还有一种说法，认为此处的舞阳不是舞阳县而是舞阳村，该村属温县孝敬里，司马懿就是这个村里的人。司马懿的意思是，我索性连封地爵位都不要了，作为一介平民，直接回故乡养老。不管哪一种解释是正确的，司马懿的用意都一样。"待罪"虽是自谦，退休却是真的，司马懿通过这首诗向魏明帝做了一次委婉表白：这次征伐辽东将是他最后一战，事成后他将主动淡出军界和政界。司马懿知道，魏明帝虽然没给自己派个副手做监军，但身边肯定安排有监视自己的人，也肯定会有人把这首诗一字不落地传给魏明帝。司马懿知道，魏明帝看过他吟的这首诗后一定会露出欣慰的笑容。

接下来，司马懿率魏军主力北进，这一仗打得很艰苦，但最终魏军在司马懿的指挥下取得了胜利。魏军春天出发，夏天赶到，秋天把仗打完，公孙渊战败被杀，魏军平定了辽东，解决了数十年来公孙氏割据称雄的问题。

四、由权臣到霸主

景初三年（239）正月魏明帝曹叡驾崩于洛阳，临终前再次托孤，将年仅8岁的养子曹芳托付给曹真的长子曹爽和司马懿。曹芳继位后曹爽担任大将军，司马懿担任太尉，两人共同辅政。一开始，曹爽在司马懿面前处以晚辈自居，遇到什么事都不敢独自做主，但时间长了这种两人同时辅政的格局便无法维持，矛盾越来越明显，司马懿则通过隐忍的办法稳住曹爽等人，最后趁对手不备发动政变，一举夺取了权力。

1."忍，不可忍"

景初三年（239）魏明帝曹叡驾崩，临终前4次急召平辽后正在归师途中的司马懿入京，最后曹叡在临死前见到了司马懿，曹叡拉着司马懿的手，将 8 岁的养子曹芳托付给他，让司马懿与曹爽共同辅政。这次辅政与当年曹丕驾崩时那次已有不同，现在的司马懿权力更巩固，而曹氏的势力更加式微。司马懿先迁侍中、持节、都督中外诸军、录尚书事，又迁太傅，享受了"入殿不趋，赞拜不名，剑履上殿"的殊荣，天子还要拜司马懿的所有儿子为骑都尉，全都封为列侯，司马懿"固让子弟官不受"。

司马懿在曹操身边做事长达十多年，曹操的行事风格和斗争经验对他深有影响，像曹操一样，司马懿也是一个重实轻名的人，并且有着高人一等的大局观。魏明帝驾崩后，新任皇帝曹芳微不足道，但司马懿仍然认为时机不成熟，曹操给后世子孙留下的政治遗产太丰厚，还有不少文武官员心向曹氏，曹魏还有一定的社会基础，在这种情况下不宜公开决裂，考虑到这种情况，司马懿继续选择忍耐，而曹爽等人竟浑然不觉，他们视司马懿的退让为胆怯，做事更加肆无忌惮。曹爽千方百计削弱司马懿的实权，同时重用何晏、邓飏、丁谧等一帮"浮华之友"，时人谓之"何、邓、丁，乱京城"。为了树立威望，曹爽还搞了一次伐蜀行动，故意不让司马懿参与，但这次伐蜀没有成功，曹爽讨了个没趣，而司马懿不想与曹爽发生正面冲突，索性"称疾不与政事"。

冀州的清河国和青州的平原郡为边界问题相争，八年不能决断。冀州刺史孙礼请出宫中所藏档案图谱为依据，认为清河国有理，但曹爽认为平原郡有理，不予采纳，孙礼上疏再辩，曹爽大怒，撤了孙礼的职务，并判刑五年，不过到后来又恢复了孙礼的自由，改任他为并州刺史。孙礼跑到司马懿那里，"有忿色而无言"，司马懿问他是嫌并州刺史职务太低还是为争界的事不平，孙礼说："今社稷将危，天下凶凶，此礼之所以不悦也！"说罢"涕泣横流"，司马懿赶紧劝住他，说了四个字："忍，不可忍！"

"忍，不可忍"是司马懿一生的绝好写照，他并非斗不过曹爽等人，但他考虑得更深远，他在等待机会。司马懿暗中拉拢那些对曹爽不满的人，继续培植自己的势力，但在表面上，他又不断做出假象麻痹敌人。曹爽的心腹李胜由河南尹调任为荆州刺史，临行前到司马懿府上辞行，曹爽让他顺便侦查一下司马懿的病情，司马懿装作病得很重的样子，由两名婢侍扶着出来相见，衣服都穿不好，婢侍给他喂粥，结果流得满胸都是，跟李胜答话也前言不搭后语，李胜回来向曹爽报告，说司马懿已经"尸居余气，形神已离，不足虑矣"，曹爽等人更加放松了对司马懿的防备。

2. 发动高平陵政变

正始十年（249），曹爽辅政已经十个年头了。折腾了这么久，家业该败的也败了，人心该散的也散了，到了算总账的时候。这年冬天，人们发现西北风刮得特别猛烈，吹倒了大树，掀翻了房屋，昏尘蔽天。著名术士管辂悄悄对朋友说"此为时刑大臣"，意思是有大人物要倒霉。

过了新年，按惯例天子要去洛阳以东的高平陵拜谒。高平陵是魏明帝曹叡的陵寝，位于洛水南岸的大石山，距洛阳九十里，合现在的三十七公里，在今河南省汝阳县境内。按往年做法，除少帝曹芳外大将军曹爽以及众多宦官、宫人、散骑常侍、宫廷秘书、羽林虎贲、武卫营都要去，整个队伍至少数百人，曹爽的弟弟中领军曹羲、武卫将军曹训、散骑常侍曹彦等也都在随行人员之列。大司农桓范觉得不太稳妥，劝曹爽留上一手，曹爽不听。桓范于建安末年进入曹操的丞相府，很有学识，也很有智谋，"号为晓事"，与当时大多数世族的政治选择不同，桓范与曹爽等人走得更近，这多半是由于他的祖籍也在沛国，与"诸夏侯曹"是同乡，又由于他与重臣蒋济素来不合，而蒋济为曹爽等人所厌，所以一来二去桓范就与曹爽等人走到了一起，是曹爽的头号智囊。桓范大概意识到某种危机正慢慢袭来，所以劝曹爽："总万机，典禁兵，不宜并出。若有闭城门，谁复内入者？"曹爽不以为意："谁敢尔邪！"桓范的担心其实并不多余，在家养病的司马懿一直都没有闲着，他知道曹爽是个对权力贪婪无度的人，一味忍让与退缩不是办法，迟早有一天曹爽一伙人会对他发起总清算，所以必须抓住机会抢先发动反击。曹爽和他的几个兄弟都离开了洛阳，这是一个绝好的机会。司马懿把大儿子司马师叫来，跟他秘密商量，大概是觉得小儿子司马昭还不够沉稳，暂时没有告诉他。

曹爽一伙虽然很无能，但经过十年的经营，朝廷上下、洛阳内外遍布了他们的心腹和死党，一下子就完全解决他们并不是容易的事，司马懿现在能依靠的主要是司马师手里掌握的一支力量，《晋书》说司马师"阴养死士三千，散在人间"，现在正是派上用场的时候了。死士，指敢死的勇士，有的是江湖侠客，有的是民间奇人，他们一般都重义轻利，为了报恩为主人卖命。在耳目众多的京城，司马师能做到这一点相当不简单，这得益于他曾担任中护军这个职务，中护军不仅是禁军的统领，也负责典选武官，主要是中下级的武官，司马师上任后"作选用之法，举不越功，吏无私焉"，当然这是明面上的，有没有私心其实得看指的是什么，提拔个军官，马上就收钱受贿，这当然是私心，不收钱而收买人心其实也是私心，只是更高明，司马师利用中护军这个职务干了不少收买死党的事。

只有这些自然还不够，司马懿又利用自己的影响，秘密得到了担任三公的蒋济和高柔的支持。蒋济多年掌管禁军，威望很高，对曹爽一伙早就恨之入骨，高柔为人耿直，一向敢说敢干，曹爽一伙也视之为眼中钉。除此之外，还有担任太仆卿的王观，他跟司马懿有旧交，一向支持司马懿，担任尚书仆射的三弟司马孚更不用说了，有了上面这些人的支持，司马懿觉得应该有把握。谒陵的队伍将于正月初三离开洛阳，前一天晚上司马懿才把计划告诉小儿子司马昭，说了明天行动，司马昭感到既兴奋又紧张，整晚"不能安席"。

谒陵的队伍将于早上出城，司马懿决定中午就动手，具体计划分为六个步骤：第一，集中五百人交给司马昭，任务是监视南宫和北宫，但不要攻打两宫，只保证不出不进就行；第二，司马懿自己率一部分人去占领武库，那里集中存放着兵器，平时为防有人突然作乱，对兵器有严格的管理制度，巡逻、侍卫时可带兵器，其他情况下要把兵器交武库保管，曹爽在城里的嫡系人马再多，把武库占了，他们中的大多数人也就没了战斗力；第三，司马孚和司马师率一部分人攻占司马门，这里是皇城的外门，也是皇城与百官居住区联系的中枢，控制住这里，至少文武官员不会发生异动；第四，高柔带人去曹爽的大将军营，出示皇太后的诏书，之后以代理大将军的身份临时接管军权；第五，王观带人去武卫将军营，同样出示皇太后的诏书，之后以代理中领军的身份坐镇那里，防止禁军和北军五营反攻；第六，如果前面五项计划顺利完成，意味着洛阳城已经被有效控制，司马懿与蒋济一起率兵出城，占领洛水之上的浮桥，迎击曹爽一伙人的反扑。

整个计划制订得相当周密，每一步都抓住了要害，但是其中有个最大难点，那就是皇太后的诏书。此时的皇太后是郭太后，魏明帝曹叡的正妻，她目前已迁居于永宁宫，实际上是被曹爽一伙软禁在了那里。郭太后对曹爽肯定有意见，但这不代表她愿意写这份诏书，如何说服她呢？对于这一点，司马懿很早就有了布局，司马懿早前就已经注意与郭太后一家拉近关系，郭太后的叔父郭立任宣德将军，他有个儿子叫郭德，司马懿让司马师把一个女儿嫁给郭德为妻，此女短命早死，司马懿又让司马昭把一个女儿嫁给郭德为继室，所以郭太后早已暗中站在了司马懿一边，加上曹爽一伙对她的排挤和迫害，她也愿意把这伙人除掉，为此冒些风险也情愿。有了郭太后的全力配合，诏书自然会想办法送到司马懿手中。在后面的行动中，郭太后的支持确实发挥了重要作用，成为整个部署中最关键、最重要的一环。郭太后的支持不仅增加了政变的合法性，保证行动的顺利进行，更重要的是事情成功之后也不至于让人诟病，把政变说成谋篡。

3. 消灭政治对手

在高平陵政变中，司马懿等人很快控制住了洛阳，之后司马懿和太尉蒋济带兵驻扎在洛水上的浮桥附近，派人上奏少帝曹芳，请求罢免曹爽。京城出现了巨大变故，在外谒陵的曹爽一时没了主意，想反抗又没有把握，十分犹豫。司马懿派平时与曹爽亲近的人去告诉他，朝廷只是免除他们兄弟几个的官职，仍可保他们的爵位和富贵，曹爽信以为真，于是回到洛阳，被司马懿软禁在府中。司马懿后来还是以谋反的罪名杀了曹爽及其党羽何晏、丁谧、邓飏、毕轨、李胜、桓范等，灭其三族，从而掌握了实权，少帝曹芳任命司马懿为丞相，司马懿固辞不受。

少帝曹芳成为司马懿的傀儡，这引起一些仍忠于曹氏的人不满，以车骑将军身份坐镇淮南的王凌与担任兖州刺史的外甥令狐愚密谋反叛，他们想立楚王曹彪为新帝，与司马懿抗衡，但还没有行动时令狐愚突然死了，司马懿也发现王凌的异动，于是改任他为司空，征其回朝，王凌只得放手一搏。嘉平三年（251）正月，王凌向朝廷报告说孙吴发起攻击，请求出兵征讨，司马懿识破其阴谋，不许兴兵。这一年四月司马懿亲自率军讨伐王凌，为稳住王凌，他先以少帝曹芳的名义下诏赦免王凌所有罪行，还写信进行安慰，让王凌放松了警惕。司马懿随后率大军突然来到淮南，王凌心中大乱，几次派人下书，希望能与司马懿直接对话，司马懿约他到一个叫丘头的地方相见。王凌乘一叶小舟单独前往，特意带上了印信、符节，他这时只想保命，对司马懿说自己统重兵在外，执掌一方，却心怀不义，有负朝廷，今后别无所求，只希望与妻子儿女同在一处，子孙后代平平安安地生活就行了。王凌已近八十岁了，在司马懿面前完全是一副乞怜的神态，哀求司马懿饶自己一条命。司马懿没有当场诛杀王凌，而是命六百名步骑押解王凌由陆路返回洛阳。王凌很想知道司马懿是让他活还是让他死，于是向押解自己的军士要了几个钉子，说是用来钉棺材用的，王凌请他们务必向司马懿报告一下。王凌认为，如果司马懿不给钉子，自己还有活命的可能，但经请示司马懿后王凌得到了钉子，王凌绝望，在半路上服毒自杀。司马懿率兵进驻寿春，对王凌的家人、心腹和嫡系进行了一场大清洗，凡参与谋反的人和事先知情而不报告的一律夷灭三族。这场叛乱平息后，少帝曹芳拜司马懿为相国，封安平郡公，但司马懿仍固辞不受。

在回师的路上司马懿病倒了，回到洛阳后病情进一步加重，司马懿给儿子们立下遗嘱，死后将权力交给长子司马师，还交代说自己死后葬在洛阳东北方向的首阳山，不坟不树，陪葬就用一些平时穿的衣服就行，不设明器，日后也不与其他人合葬，子孙不得祭陵。嘉平三年（251）八月五日，司马懿在洛阳病逝，时年72岁。少帝曹芳下诏授其谥号文贞，追封相国、郡公。后来司马懿的孙子司马炎建立晋朝，追谥他为宣皇帝，庙号晋高祖。

4. 历史功绩不容抹杀

在历史上，司马懿是一个有争议的人物。在多数人的印象中，司马懿即使不是"负能量"的代表，也至少是个复杂的人。《晋书》既赞其"天挺之姿，应期佐命，文以缵治，武以棱威"，认为其"用人如在己，求贤若不及；情深阻而莫测，性宽绰而能容"，但同时又说他"内忌而外宽，猜忌多权变"。两面性几乎成为对司马懿评价的定论，在他的身上既有"正能量"也有"负能量"，有人甚至认为后者居多。学者李宗吾总结："诸葛武侯天下奇才，是三代下第一人，遇到司马懿还是没有办法……"

三国最后归晋，站在成功学角度看司马懿无疑是那个时代最后的赢家，但与此同时，他又被贴上了"阴谋家"的标签，有人还从私德的角度批评其虚伪、奸诈、残忍，说他在曹操、曹丕和曹叡时代刻意伪装逢迎，从而一步步走向权力核心；在战争中他"刚重凌厉"，留下屠城的记载；高平陵政变后夺取权力，对那些已无力反抗的对手们仍以最残酷的手段予以彻底消灭。即便没有最后的魏晋"禅代",司马懿一生走过的路也足够复杂,也足以任人去评说。历史上的司马懿性格之所以复杂,与其出身和成长经历有一定关系,但起着更大作用的是时代因素。汉末以后社会陷入了严重动荡,原来的一切都被打破了,时代变迁不仅改变了国家的命运,更影响到大时代中的每一个人。

司马懿出身于官宦世家,虽然早年接受了儒学教育,对汉代所竭力推崇的名教也深为信服,但原有的格局已然不复存在,像司马懿这样的儒生们不可能再按照之前的道路成为一名"治世能臣",作为一个社会阶层他们被乱世分化和消解,少部分人退居林泉、隐居不仕,大部分人则投身到混战中的各个阵营。从黄巾起义到三国归晋,社会乱了差不多一百年,长年战争不仅极大地消耗了物力和人力,而且也逐渐侵蚀着儒学所倡导的那些仁义、礼教,权谋、奸诈、背叛成为军事斗争和政治斗争的武器,光明正大反而成了那个时代稀缺的东西。

司马懿以儒生的身份被曹操征辟,与那些带兵打仗的将军们不同,忠心侍奉主上是他生存的唯一依凭,批评司马懿善于逢迎的人是没有看到他的这种处境。在战场上司马懿经常展现出凶狠的一面,这也是严酷斗争环境造成的。汉末幽州牧刘虞是个温厚长者,他以优势兵力围住公孙瓒,发起总攻前下令"无伤余人",让将士们务必注意战场纪律,结果打起来他的手下便畏手畏脚,反被公孙瓒所破,刘虞本人被公孙瓒抓住后杀了。在名声与实用之间,多数人选择了实用,刘虞成为这种选择的反证。在时代的洪流面前个人都是弱小的,往往只能被裹挟,即使司马懿这样的"非常之人"也难以避免,这是司马懿复杂、多元又充满矛盾的性格形成的原因。

然而,个人性格上的矛盾不影响对其历史贡献的评价,司马懿是对历史做出过重要贡献的人。曹爽等人专权期间,曹魏内部失和,政治混乱,国力不断下降,其间也曾出兵伐蜀,但一场大雨就让其不了了之,反映出曹魏军队战斗力的衰减。虽然"一强对二弱"的三国鼎立总体格局未变，但强弱之间的差距如果逐渐减小的话，就会达到一种"恐怖平衡"，意味着谁都无法消灭对方，如果真是那样的话，三国分裂的局面可能不止持续数十年，也许会提前出现南北朝那样的大分裂时期。后赵皇帝石勒评价司马懿父子"欺他孤儿寡妇，狐媚以取天下也"，这个评价非常不公平，司马懿父子发动政变，无论出于怎样的动机，从结果看其实产生了为北方政权"止损"的作用，制止了"恐怖平衡"的出现，最终使国家很快实现了统一，这是司马懿对历史发展贡献之所在。

参考文献

王粲. 汉末英雄记 [M]. [出版信息不详].

范晔. 后汉书 [M]. 北京：中华书局，2007.

诸葛亮. 诸葛亮集 [M]. 北京：中华书局，2009.

陈寿. 三国志 [M]. 北京：中华书局，2011.

严可均. 全后汉文 [M]. 北京：商务印书馆，1999.

陈寿. 三国志 [M]. 裴松之, 注. 北京：中华书局，2011.

曹操. 曹操集 [M]. 北京：中华书局，2000.

彭定求等. 全唐诗 [M]. 北京：中华书局，2008.

常璩. 华阳国志 [M]. 重庆：重庆出版社，2008.

房玄龄. 晋书 [M]. 北京：中华书局，1996.